Zones paranormales

Joslan F. Keller

Zones paranormales

Max Milo
BTLV
MYSTÈRES ET INEXPLIQUÉS...

www.maxmilo.com
ISBN : 978-2-315-00977-0

L'auteur

Né au milieu des années 1960 en Alsace, Joslan F. Keller est un historien de l'étrange, passionné par l'insolite et le paranormal depuis sa prime jeunesse.

Spécialiste de communication, toujours en quête d'énigmes et de récits extraordinaires, il fait la chasse aux affaires énigmatiques, tentant d'extraire le vrai de la légende ou de la rumeur.

Grand voyageur dans l'âme, Joslan F. Keller aime se rendre sur les sites historiques ou archéologiques mystérieux. Auteur de plusieurs ouvrages consacrés au paranormal, il a également publié plusieurs romans de science-fiction.

Depuis 2015, il intervient très régulièrement sur BTLV, la chaîne n° 1 du mystère et de l'inexpliqué en France. Il a aussi contribué à de nombreuses reprises à l'émission *Enquêtes paranormales* sur C8.

Vous pouvez consulter son blog, *www.dossiersinexpliques.com*, et le suivre sur Facebook, Twitter et Instagram.

Mes remerciements amicaux à…

Bob Bellanca et toute l'équipe de BTLV pour leur accueil dans cette nouvelle collection et me permettre de proposer chaque mois une émission sur mes dossiers inexpliqués ;

Jean-Charles Gérard et les Éditions Max Milo pour leur confiance et leur aide afin de concrétiser ce premier projet en commun ;

Pascal Fechner et toute l'équipe de Maybe Planet, qui suivent mes pérégrinations dans l'étrange et m'offrent régulièrement l'occasion d'en parler sur leur antenne ;

Yves Lignon, Christian Page, Thibaut Canuti, Egon Kragel, David Galley, Gilles Diharce, Pascale Lafargue, Stéphanie Del Regno, Jocelin Morisson, Philippe Crétal, Véronique Geffroy, Philippe Marlin et Erick Fearson, dont les travaux et les analyses sont toujours une grande source de réflexion ;

Et tous les lecteurs qui me soutiennent depuis mon premier livre sur le paranormal et qui n'ont de cesse de m'encourager, de me suggérer des sujets ou des témoignages.

Introduction

« C'est une sotte présomption d'aller dédaignant et condamnant pour faux ce qui ne nous semble pas vraisemblable. »
Michel de Montaigne

« Une légende est une quintessence de vérité possible. »
Jules Michelet

« La vérité n'est jamais pure et rarement simple. »
Oscar Wilde

Ce que nous savons, c'est que nous ne savons rien.

C'est tout le paradoxe qu'a lancé Socrate en son temps. Plus notre savoir, nos connaissances progressent, plus nous prenons conscience que de larges pans de l'univers nous échappent, comme si les frontières entre le connu et l'inconnu reculaient à chaque fois que nous avançons d'un pas.

À la fin du XIXe siècle, certains savants présomptueux osaient affirmer que la science avait à peu près tout expliqué. En ce début du XXIe siècle, c'est l'humilité qui devrait prévaloir. Certes, les sciences nous ont permis de défricher et de mieux comprendre bien des domaines, mais c'est dérisoire en comparaison de tous les sujets qui demeurent encore énigmatiques. Dans son *Dracula*, l'écrivain Bram Stoker écrivait déjà : « Il est des mystères que l'on peut à peine imaginer, et que l'on ne résoudra qu'en partie. »

Sommes-nous le fruit du hasard ou d'un créateur tout-puissant ? Y-a-t-il quelque chose après la mort ? Sommes-nous seuls dans l'univers ? L'humanité poursuit-elle une voie écrite d'avance ou dispose-t-elle de son libre arbitre ? Des milliers d'années après que les premiers hommes se sont posés ces questions existentielles, nous ne savons toujours pas leur apporter une véritable réponse.

Certes, les recherches avancent, des hypothèses voient le jour, mais il semble que dans un curieux jeu de balancier, des sujets restent encore négligés, quand ils ne sont pas stigmatisés. Regardez les réactions autour de vous lorsque des sujets comme la vie après la mort ou l'existence des extraterrestres s'immiscent dans la conversation...

Pourtant, ces interrogations sont légitimes et probablement moins stupides que d'autres préoccupations humaines qui mobilisent notre temps et nos cerveaux. D'autant que l'être humain, à moins de préférer le confort de son canapé et la douce hypnose des écrans, a toujours été une créature curieuse et aventureuse.

En ces temps où nous nous enfonçons dans un monde de plus en plus virtuel et immatériel, où les réseaux et le numérique règnent en maîtres, *où l'on ne peut plus croire aucune image sauf celle que l'on prend soi-même*, jamais la question de l'essence de la réalité n'a été posée avec autant d'acuité.

Si le monde matériel que nous pensons avoir toujours connu et éprouvé ne couvre pas tout le champ de *la* réalité comme certains l'affirment, alors il est peut-être temps d'accorder davantage d'intérêt à ce que nous avons toujours considéré jusqu'ici comme extérieur à notre perception. Et toujours avec cette humilité que prônait Blaise Pascal lorsqu'il écrivait que « la dernière démarche de la raison est de reconnaître qu'il y a une infinité de choses qui la surpasse ».

Dans ce monde, rien n'est blanc ou noir. Il existe une infinité de zones grises méconnues, peu ou pas explorées, dominées par des forces ou des lois qui échappent à notre entendement. Du moins pour le moment. C'est d'ailleurs la définition du paranormal, de ces phénomènes, d'existence établie ou non, dont le mécanisme et les causes sont inexpliqués *dans l'état actuel de nos connaissances.*

Si vous avez lu mes précédents ouvrages ou m'avez suivi sur BTLV ou C8, vous savez que ma position est parfois inconfortable, entre des sceptiques parfois obtus qui considèrent que le monde de l'étrange relève soit du fantasme, soit de la supercherie, et les bienheureux croyants pour lesquels le merveilleux et le rêve l'emportent sur la raison et le bon sens. Les premiers n'ont même pas envie de chercher des preuves, les seconds n'en ont pas besoin car ils sont déjà convaincus.

Rejeté dans le camp d'en face par chaque parti, je tente malgré tout de préserver mon objectivité et mon indépendance d'esprit en glanant des affaires que je juge emblématiques de cette zone grise où l'impossible est envisageable. Repérer ces dossiers hors du commun et les dépouiller de toutes leurs scories demeure une tâche fastidieuse à l'heure des *fake news* et des récits fictifs prémâchés destinés à impressionner les âmes les plus vulnérables.

Dans ces « chroniques de l'improbable », je vous propose une sélection personnelle d'histoires, toutes authentiques et documentées, qui devraient ébranler vos certitudes et vous laisser songeur.

Des phénomènes inexpliqués dans le ciel, une incursion dans le monde des esprits, des rencontres avec des personnages hors du commun, des contacts rapprochés avec des ovnis, la visite de lieux dérangeants et, pour finir, des coïncidences dramatiques, voilà le programme que je vous invite à découvrir en tournant la page…

Bienvenue dans l'impensable !

Joslan F. Keller, mars 2021.

LE MONDE DES ESPRITS

1.
Le *poltergeist* auvergnat

Si ce titre vous a fait penser à une nouvelle spécialité gastronomique, détrompez-vous! En réalité, il s'agit d'une bien curieuse affaire d'esprit frappeur qui a agité, voici plus de soixante ans, une petite localité de la région Auvergne-Rhône-Alpes.

Saint-Martin-d'Ollières est un village comme il en existe tant en France, tranquille et sans histoire. Juché sur une colline parsemée de pins, il est situé à la frontière du Puy-de-Dôme et de la Haute-Loire, à trente-cinq kilomètres au sud-est d'Issoire. Les « ollières », ce sont des exploitations de terre à oules, des poteries pour la maison. Donc il est probable que l'on a fait de la poterie dans ce village et depuis fort longtemps, car Saint-Martin-d'Ollières existe sous son nom complet depuis 1347.

De nos jours, le village ne compte que cent cinquante habitants environ. Au milieu des années 1950, au moment des faits, on en dénombrait le double. Des campagnards qui vivent au calme au rythme des saisons. Alors forcément, quand il se passe quelque chose d'inhabituel, la curiosité se réveille et les langues se délient.

Une banale maison de vacances

Et justement, cet événement extraordinaire surgit durant l'été 1956, le 27 juillet précisément. Celle qui va en parler la première, au risque de passer pour folle, dira-t-elle, c'est Madame Géreau. Cette vieille dame aux cheveux gris, à la mine revêche mais l'œil vif, selon ceux qui l'ont rencontrée, n'habite pas le village à proprement parler. Mais elle en est originaire, comme toute sa famille qui réside à l'époque à Drancy, en région parisienne.

Depuis six ans maintenant, la famille loue pour les vacances une maison, située au cœur du village, juste à gauche de la mairie, et ce 27 juillet, elle est occupée par madame Géreau ainsi que par ses trois petits-enfants, Josiane, dite Josie, âgée d'environ dix ans, et ses deux petits frères de sept et six ans. Les parents sont attendus plus tard, au mois d'août.

Ceux qui ont connu la petite Josie racontent qu'elle avait une imagination débordante et racontait tout le temps des histoires extravagantes. Mais ce qui se passait à l'intérieur de la maison, étrangement, elle n'en parlait pas…

Tumulte chez la grand-mère

C'est donc sa grand-mère qui va finir par lâcher le morceau. D'abord réticente, elle commence à parler d'étranges bruits dans la maison. Des bruits vraiment forts, violents mêmes, qui semblent provenir de sous le lit des petits-enfants. Mais elle se rend compte ensuite que ces bruits inconnus viennent peut-être de la cave, ou du grenier, bref elle ne sait pas vraiment.

Avec ses mots, la grand-mère essaie de décrire ces bruits incongrus : tantôt ils sont réguliers et on dirait les pas d'un homme qui marche avec des sabots, tantôt on dirait le son de grosses valises qu'on traîne dans tous les sens sur le plancher.

Au début, la grand-mère croit à une blague de ses petits-enfants qui dorment à l'étage, mais les bruits se produisent alors que Josie et ses deux frères sont sagement couchés : « Tu vois bien, Mamie, ce n'est pas nous ! »

Dès que la grand-mère commence à en parler, l'affaire s'ébruite très vite. Est-ce étonnant ? Une histoire de maison hantée, ça excite la curiosité, surtout dans un village où il ne se passe rien de trépidant.

Et puis la maison en question n'est pas très avenante. Avec ses persiennes rouillées, ses vitres sales, ses herbes folles dans le jardin, c'est un décor parfait pour une histoire fantastique.

Dans un premier temps, les voisins sont sceptiques : cette mamie ne seraitelle pas en train de délirer ? Aurait-elle des troubles auditifs ?

Mais la nuit venue, il leur faut bien se rendre à l'évidence : les bruits existent réellement. Quelques voisins entrent dans la maison, mais ne parviennent pas à trouver l'origine des coups.

Tout de suite, certains se disent, dans l'entourage de Madame Géreau, que si c'est un esprit, il n'y a qu'à lui poser des questions et il n'aura qu'à frapper un, deux ou trois coups.

Et le responsable du chahut répond!

Esprit, es-tu là? Un coup pour oui, deux coups pour non et même jusqu'à six coups, ce qui prouve trois choses: l'entité sait compter, elle n'est pas sourde et elle ne se formalise pas qu'on la tutoie!

Il est d'ailleurs curieux qu'en matière de dialogue avec une âme désincarnée, le tutoiement soit toujours de rigueur... Les esprits apprécient-ils cette familiarité des vivants?

Investigations

Après quoi, les gendarmes s'en mêlent. Ils fouillent, enquêtent, de la cave au grenier, sans succès. Et cela n'enchante guère notre esprit frappeur, qui garde comme un silence boudeur lorsque la maréchaussée est dans la maison.

En présence des gendarmes, quelques coups, mais plus timides. Le plus cocasse, c'est que la force des coups est proportionnelle au nombre de galons: la présence d'un simple gendarme accentue le phénomène, celle du maréchal des logis-chef le minimise et c'est le silence total en présence d'un officier. Autrement dit, l'esprit frappeur n'aime pas les gradés.

Autre fait curieux, les bruits se font entendre tous les jours à la même heure, entre vingt-deux heures et minuit. Une copine de Josie, qui habitait dans la maison à côté, a raconté bien plus tard qu'elle avait elle aussi entendu les bruits de sa chambre.

L'esprit face au curé

Deux jours après le début du phénomène, débarque un jeune ecclésiastique de la région, qui s'est muni d'un magnétophone, un appareil très novateur à l'époque puisque dans les journaux de l'époque, on explique ce que c'est.

La gendarmerie accepte l'expérience. Alors le prêtre demande:

« Si je te gêne, dis-le en frappant deux coups... »

Et tous, gendarmes, voisins, le maire du village, entendent deux coups très nets. Le prêtre insiste :

« Si tu préfères que je m'en aille, frappe six coups! »

Et six coups bien distincts résonnent dans la maison... Le prêtre s'en va, mortifié.

L'un des articles de la presse de l'époque rapporte aussi que le maire de l'époque, M. Édouard Marseille, a demandé en patois à « l'esprit » de sonner l'angélus... Et l'esprit a fait sonner les coups au rythme des cloches (trois séries de trois tintements suivis d'une « pleine volée ») !

Ce qui nous conduit à penser que ledit esprit, s'il n'aime pas les curés, possède néanmoins une certaine culture religieuse. Et qu'il est polyglotte puisqu'il comprend le patois !

Agitation publique

Après quelques jours, selon le journal *La Montagne* qui a envoyé des reporters sur place, il y a sur la place de la mairie une bonne cinquantaine de voitures stationnées : on vient de toute la région d'Auzon, de Jumeaux, d'Issoire et d'ailleurs, pour voir la maison de la hantise et entendre les coups. Le couple qui tient le restaurant du coin se frotte les mains.

Quant à la grand-mère, qui en a vite assez de se faire harceler, elle verse de temps en temps un seau d'eau sur la tête des plus curieux. Elle se contente de dire que les enfants n'ont pas peur du tout. Pour elle, ils sont parfaitement équilibrés et se trouvent très bien dans la maison.

Jour et nuit, de petits groupes de badauds attendent devant la maison et l'histoire fait rire en collectivité. Mais au fond d'eux-mêmes, les gens ne sont pas si rassurés que ça, d'autant que la région abonde en légendes de toutes sortes, à base de revenants et d'apparitions, d'histoires de chiens fantômes, de chats diaboliques et de mobilier qui se déplace tout seul.

Premières pistes

Un écrivain auvergnat, Henri Pourrat, intrigué, se rend à Saint-Martin-d'Ollières. Il émet plusieurs hypothèses : et si c'était un ventriloque venu d'un village de la région ? Et qui est ce vendeur de livres consacrés au surnaturel qui est apparu comme par hasard dans le coin ? Ou alors, est-ce que ce serait la grand-mère que certains, mal intentionnés, commencent déjà à traiter de « sorcière » ?

Mais peu à peu, c'est la petite Josie qui monopolise l'attention. On s'aperçoit que lorsque les coups retentissent, elle semble ailleurs, comme absente... Elle est souvent distraite, rêveuse. Ce sont les gendarmes eux-mêmes qui le remarquent et le notent dans leur rapport.

L'arrivée du père

Averti de l'agitation au village, le père des enfants arrive en urgence dans la maison de vacances, depuis Drancy.

En sa présence les bruits continuent, mais lorsqu'il observe sa fille et ordonne aux bruits de cesser, la maison devient silencieuse, comme si le père avait autorité sur ce « fantôme ».

En revanche, après son arrivée, les coups résonnent à toute heure de la journée, alors qu'auparavant ils ne se faisaient entendre qu'entre dix heures du soir et minuit.

Le dimanche 26 août 1956, la famille Géreau repart à Drancy, laissant la grand-mère sur place pendant encore quelque temps. Là, surprise, selon la presse qui a suivi l'affaire, il semble que le bruit se soit déplacé avec la famille en région parisienne, mais qu'il soit resté aussi encore une nuit à Saint-Martin-d'Ollières. La grand-mère entend les coups plus fort que jamais, durant plusieurs heures, et cela lui fait même peur.

Dans les deux endroits, le vacarme disparaîtra ensuite pour ne jamais revenir, apparemment...

Tentative d'interprétation

Que penser de cette histoire ? D'abord, les faits sont indéniables, ils ont été attestés par de nombreux témoins, tous dignes de foi. Aucun trucage, ni aucune cause naturelle n'ont pu être avancés pour expliquer le phénomène.

Comme dans beaucoup d'histoires similaires, il y a la présence d'une jeune personne à qui l'on prête un étrange pouvoir. Mais comme je le dis souvent dans ce type d'affaire d'esprit frappeur, à supposer que la petite Josiane soit une sorte de médium capable de provoquer ces coups, il faudrait encore pouvoir expliquer par quel mystérieux mécanisme son subconscient est capable de produire des effets matériels aussi violents qu'un piétinement de sabots – c'est ce qu'ont entendu les époux Géreau de retour à Drancy – ou un plancher qui vibre violemment.

En général, dans les cas dits de petite hantise, il n'y a pas d'intervention extérieure. C'est la psyché de la jeune personne qui semble déclencher le phénomène. L'affaire de Saint-Martin-d'Ollières présente malgré tout une particularité : les coups ont continué durant une nuit, alors que la petite Josie était partie. Est-ce elle qui a pu les déclencher à distance, ou bien une énergie résiduelle a-t-elle brièvement perduré dans la maison (comme une pile qui finit de perdre toute sa puissance). Ou est-ce autre chose ?

Par la suite, la maison n'a plus jamais été louée. Elle est demeurée close pendant plus de vingt ans. Le propriétaire de l'époque l'a revendue et celui qui y habitait en 2017 dit n'avoir jamais eu de problème. Ce qui n'empêche pas les gens du coin d'appeler le nouveau propriétaire le diable... mais bien entendu, c'est juste pour rire. Ce sont les mêmes habitants qui sont persuadés qu'il ne faut jamais chercher à brusquer les esprits. Mieux vaut les laisser frapper que chercher à les faire taire...

Sources

« L'esprit frappe où il veut à Saint-Martin-d'Ollières », *La Liberté,* 5 août 1956.

« L'esprit frappeur redouble d'activité et attire la grande foule », *La Liberté,* 6 août 1956.

« Le fantôme de Saint-Martin-d'Ollières est-il parti en vacances ? », *La Montagne,* 7 août 1956.

« Le mystère de la maison hantée de Saint-Martin-d'Ollières n'est toujours pas éclairci », *La Liberté,* 5 septembre 1956.

Thibaut Solano, « La petite fille de la maison hantée en Auvergne », *La Montagne,* 4 août 2017.

Le site d'une spécialiste de Saint-Martin-d'Ollières : www.pixis.org

2.
L'esprit frappeur de Savoie : l'affaire Teresa Costa

Durant l'hiver 1955, une étrange affaire, aujourd'hui bien oubliée, défraya la chronique dans la vallée de la Maurienne, en Savoie. Dans une famille d'immigrés italiens, se déclenchent des « diableries » : des coups d'origine inconnue résonnent, des objets de la maisonnée chutent et se déplacent sans intervention humaine, devant des dizaines de témoins médusés. Retour sur un fait-divers paranormal plutôt troublant.

Les départements de Savoie et de Haute-Savoie, mais aussi le territoire de Genève, ont une lointaine tradition de sorcellerie. Dès le XVe siècle, on y chasse les sorcières, un mouvement qui atteint son apogée au XVIIe et début du XVIIIe siècle. Dès juillet 1682, Louis XIV fait publier une ordonnance qui assimile les crimes de magie et de sorcellerie au droit commun. Ce qui signifie que seules les personnes coupables d'avoir attenté à la vie d'autrui par un quelconque maléfice ou poison sont punies de mort. Mais il semble qu'en Savoie, qui n'est pas encore française mais sous la tutelle de Victor-Amédée II, duc de Savoie, le dernier bûcher de sorciers se soit enflammé bien plus tard, le 17 août 1715.

Est-ce une résurgence de cet héritage, profondément ancré dans les mentalités locales ? Toujours est-il que pour beaucoup de témoins, ce qui s'est passé au milieu des années 1950 dans une petite ville de Savoie relève bel et bien de la sorcellerie.

L'histoire commence un soir de février 1955, dans la petite bourgade de Saint-Jean-de-Maurienne, la principale cité d'une vallée savoyarde encaissée sur la route de l'Italie, aux confluents de deux cours d'eau, l'Arc et l'Arvan.

En 1943, Raoul Blanchard écrivit dans son livre sur les Alpes occidentales que, « si le bourg [de Saint-Jean] est devenu de bonne heure le premier de Maurienne, c'est qu'il était le débouché de toute une haute province peuplée et prospère dès les temps préhistoriques, son centre d'échanges avec l'extérieur ».

Dans les années 1950, malgré le début des Trente Glorieuses, la vie demeure rude et austère dans cette vallée entourée de hautes montagnes qui laissent peu passer le soleil. Les habitants y mènent une vie de labeur dans les usines d'aluminium ou de coutellerie qui font la réputation de la ville.

Dans le quartier de Bonrieux, des familles d'ouvriers immigrés italiens s'entassent dans des maisons vieilles de plusieurs siècles, au confort plus que rudimentaire, pour ne pas dire qu'elles sont vétustes. Et, au cœur de l'hiver, le temps exécrable, les pluies fréquentes et les chutes de neige incitent les habitants à se calfeutrer chez eux, dans la chaleur du foyer.

Chez les Calabrais, solidarité et convivialité ne sont pas de vains mots. Ainsi, dans une bâtisse du XIVe siècle d'apparence plutôt insalubre, cohabitent deux familles, les Castrignano et les Rotella. Les premiers habitent à l'étage, les seconds la partie inférieure de la masure. Et ce soir du 24 février 1955, les Castrignano hébergent aussi leur beau-frère et belle-sœur, le couple Costa.

Les premières manifestations

La soirée se déroule tout à fait paisiblement, les enfants jouent ensemble tandis que les parents bavardent de choses et d'autres. Puis, la nuit avançant, tout le monde part se coucher.

Les trois familles dorment paisiblement lorsque tout à coup, vers cinq heures et demie du matin, des coups violents sont frappés à la porte de la chambre des Castrignano. Irrité d'être réveillé en sursaut, le jeune père de famille se rue vers la porte, l'ouvre… Mais il n'y a personne dans le couloir. L'homme se recouche, perplexe, en se disant qu'il a dû rêver ou entendre un coup de tonnerre résonner dans la vallée…

Mais peu après, cela recommence, cette fois à l'étage en dessous, chez les Rotella. Là encore, des coups violents semblant venir de nulle part. Mais ce n'est pas tout : des objets se déplacent tout seuls !

Nicola Rotella, un ouvrier sérieux qui travaille à l'usine de coutellerie Opinel en plein centre de Saint-Jean-de-Maurienne, n'a pas la réputation d'être un farfelu, ni un blagueur. La veille au soir, il n'a pas non plus abusé de la bouteille, et il se porte comme un charme. Pourtant, il doit se rendre à l'évidence : il se passe quelque chose de complètement anormal chez lui.

Dans la matinée du 25 février, pas de retour au calme. Au contraire, les phénomènes déroutants se multiplient : les casseroles tombent brutalement sur le sol, la cuisinière tressaute, un buffet et un tabouret semblent s'animer comme s'ils étaient vivants. Pourtant, tous les membres de la famille s'en tiennent éloignés, frissonnants d'inquiétude et d'incompréhension. Rotella marmonne des « Je n'ai pas peur, je n'ai pas peur » comme pour se donner du courage.

Devant témoins

Les manifestations ne semblant pas vouloir s'amenuiser, on s'en va héler le maire Samuel Pasquier, la maréchaussée, mais aussi un homme d'Église, le chanoine Bellet.

Le premier élu de la ville va le confirmer tout de suite : ses administrés italiens ne sont pas devenus fous, d'autant que des voisins, venus en curieux, ont également assisté à l'agitation incompréhensible. Quant au chanoine, il se trouve bien embarrassé. Il n'a d'autre salut que de bénir la maison afin de rassurer ses ouailles apeurées.

Rien n'y fait. La maisonnée est toujours la proie de coups et de déplacements d'objets. Au point que vers vingt et une heures, lorsque le correspondant du journal régional, *Le Dauphiné libéré*, se présente chez les Rotella, il assiste lui-même au mouvement brutal d'un tabouret que, pourtant, personne ne touche ! Sur le coup, il peine à croire ce qu'il vient de voir. Ses yeux l'ont-ils trompé ? Avec toutes ces personnes presque hystériques autour de lui, l'une d'entre elles n'aurait-elle pas heurté le siège sans qu'il ne l'aperçoive ?

Évacuation

Le maire, tout comme le curé, choisissent le camp du rationalisme. Ce quartier de la ville est formé d'un agglomérat de très vieilles maisons, comme celle des familles Rotella et Castrignano. La grande majorité de ces demeures surmontent des caves voûtées, parfois plus âgées qu'elles. Et si les pluies diluviennes qui ont noyé la région ces derniers temps avaient commencé à saper les fondations ?

Pour les partisans du raisonnable, cette hypothèse a le mérite d'écarter celle, plus effrayante, de la hantise de la maison par un esprit malfaisant, voire diabolique.

Sauf que retenir cette explication, c'est admettre que la maison peut s'effondrer sur elle-même. Ce qui conduit le maire, prudent, à ordonner, dès le 26 février au matin, l'évacuation de la demeure dès que possible. Même s'ils s'inquiètent pour leur prochain logement, les Castrignano et les Rotella ne vont pas se faire prier. Le plus tôt sera le mieux ! Il n'est plus question de rester dans cette maison du diable.

Les occupants de la maison sont d'autant plus déterminés à la quitter que les phénomènes mystérieux ne cessent pas.

Une veillée mouvementée

En attendant, on décide d'organiser une veillée pour tirer ce mystère au clair. Le dimanche soir, le jour du Seigneur, l'esprit démoniaque osera-t-il venir perturber la quiétude de la famille ?

C'est toute une équipe qui va venir s'entasser dans la minuscule cuisine des Rotella. Sont présents Samuel Pasquier, le maire de la commune depuis deux ans, son prédécesseur Florimond Girard, mais aussi le commissaire, le journaliste du *Dauphiné libéré*, le curé et quelques voisins curieux.

Bref, aucun notable ne manque à l'appel et tous sont venus voir de leurs propres yeux ce qui se passe au sein des familles Rotella, Castrignano et Costa. Il y là aussi un technicien du son qui est venu avec un magnétophone pour enregistrer les bruits inexpliqués. Il est important de faire appel à la technologie moderne !

Tous les témoins sont silencieux et attentifs au moindre phénomène insolite. Les heures défilent, lentement. L'épouse Costa, Teresa, son bébé dans les bras, peine à masquer sa nervosité. Mais rien ne se passe. Au point que la tension de départ tend à s'amoindrir.

Après minuit, on commence à se dire qu'il ne va rien se passer ce soir-là et qu'on peut peut-être envisager de rentrer dans ses foyers. C'est le technicien du son, probablement lassé, qui lance le mouvement du départ, en commençant à rassembler son équipement. Les témoins se lèvent, enfilent leur veste et entament les salutations de départ.

Quand, soudain, la petite assemblée se fige. Tout le monde, secoué, se regarde sans trop y croire. L'un des invités, Aimé Socquet, un ouvrier aux usines électrométallurgiques de Péchiney, le racontera par la suite dans *Le Dauphiné libéré* : « On était en train de se souhaiter le bonsoir. Tout à coup, on entend un choc et on voit les verres qui sont littéralement catapultés. C'était quelque chose de fantastique. Quelqu'un qui n'a pas vu ça ne peut pas se rendre compte. Je me retourne sans penser à rien et à ce moment-là je vois voltiger le broc. Je réussis à l'attraper au vol, je le repose sur la table mais il retombe. »

De son côté, Florimond Girard est tout aussi stupéfait : « Je n'y croyais pas, j'aime mieux vous le dire. Je repérais les objets et j'ai vu passer le broc devant moi comme un éclair venir frapper M. Castrignano dans le dos. Il n'y avait personne à côté susceptible de le renverser. Je me suis baissé et j'ai passé la main autour pour voir s'il n'y avait pas un fil invisible accroché. »

Le petit groupe, réveillé et survolté, assiste à plusieurs phénomènes bizarres : la table se soulève, de la vaisselle se brise, la bouteille de limonade fait un bond de plus d'un demi-mètre…

André Socquet, comme d'autres, feront remarquer qu'il aurait fallu essayer d'isoler madame Costa en l'entourant afin de « la libérer de son fluide ».

Drôle de coïncidence

Madame Costa ? Son nom commence à revenir dans les conversations. Mais pourquoi se tourner vers cette jeune femme italienne âgée de vingt-quatre ans ? Parce que personne ou presque n'a manqué de remarquer que depuis le début des faits, elle affiche une très grande nervosité, bien trop intense en dépit de l'étrangeté des phénomènes. D'ailleurs, elle va même tomber en syncope, ce qui conduira le médecin de Saint-Jean-de-Maurienne, le docteur Bochet, à l'examiner et à constater une raideur très inhabituelle, similaire à la catalepsie.

Teresa Costa attire aussi les regards car personne ne la connaît vraiment. Elle ne vient d'arriver en Savoie que depuis tout récemment, en décembre 1954, avec ses deux enfants en bas âge.

C'est une jeune femme discrète, au sourire rare, qui ne parle pas un mot de français. Même les Italiens ont du mal à la comprendre car le plus souvent, elle s'exprime en patois calabrais.

Lorsqu'elle était dans sa région natale, cette croyante convaincue avait raconté avoir vu en rêve saint Joseph lui montrant un endroit où était dissimulée une cassette pleine d'or. Dans la réalité, elle n'a rien trouvé, mais a songé se vouer à la religion dans un couvent. En définitive, elle a choisi la vie des hommes car elle désirait plus que tout fonder une famille. Parmi ses concitoyens, elle a donc épousé Valentino Costa, avec lequel elle a eu deux enfants. L'époux s'étant exilé en France pour trouver du travail, elle n'a pu le rejoindre que neuf mois plus tard.

Même si rien ne le prouve, à partir de cette veillée mouvementée, beaucoup dans le voisinage vont être convaincus d'avoir trouvé l'explication : ce n'est pas la demeure qui est hantée, c'est Teresa Costa qui déclenche ces diableries. L'ex-maire, Florimond Girard, confirmera avoir « vu remuer le tabouret sur lequel madame Costa était assise, elle a poussé un cri en faisant un saut en l'air ! »

En tout cas, l'affaire fait jaser toute la population de Saint-Jean-de-Maurienne. C'est le sujet principal de conversation entre voisins. Certains tentent d'en plaisanter, mais il y a un vieux fond de croyance au diable bien présent et on évite de trop se gausser en public, pour le cas où le démon n'apprécierait pas ! Comme le note le correspondant du *Dauphiné libéré*; « il y a trop de gens, de braves gens dont la bonne foi ne peut être mise en doute ».

Les phénomènes suivent les humains

En ville, plus personne n'a trop envie de retourner dans la maison maudite. De toute manière, plus personne n'y dort, car ses occupants, les trois familles, sont partis dans un autre quartier, au Moulin des Prés, chez les beaux-parents des Castrignano.

Doit-on s'étonner que le calme revienne presqu'aussitôt dans la maison de Bonrieux ? Ceux qui s'y aventurent en reviennent rassurés, affirmant qu'il n'y a plus aucun bruit inexpliqué dans la maison désertée.

Mais très vite, la rumeur va enfler : les phénomènes se sont déplacés avec les familles ! Cette fois-ci, le malaise frappe la maison du Moulin des Prés. Les mêmes manifestations (coups sourds, objets qui volent) se reproduisent, et à chaque fois la pauvre Teresa semble très affectée, au bord de l'évanouissement.

Il est vrai que les personnes présentes assistent à l'incroyable. Ainsi, Rotella raconte avoir vu l'une de ses chaussures traverser une pièce, puis l'autre faire de même un quart d'heure après. À un autre moment, alors que Rotella s'est absenté hors de la maison pour chercher du lait, c'est sa femme qui hurle de peur lorsqu'une pierre grosse comme le poing, venue de nulle part, s'écrase à ses pieds dans un couloir. Elle mentionnera un point précis : elle était accompagnée de Teresa.

La situation empirant, Valentino Costa finit par ramener son épouse, les nerfs à vif, et ses enfants, chez eux à quelques kilomètres de là, dans le petit village de Saint-Julien-de-Maurienne (qui s'appelle aujourd'hui Saint-Julien-Mont-Denis).

Leur hôte provisoire au Moulin des Prés, monsieur Castrignano père, confie, un brin cynique : « Nous ne sommes pas assez riches pour que notre vaisselle se brise comme ça, pièce par pièce, alors il a bien fallu que Teresa s'en aille. »

Une fois encore, la maison quittée retrouve sa tranquillité, au grand soulagement de ses occupants.

Dans la population et dans la communauté italienne, on se dit que le pire est passé, qu'on va pouvoir retourner à la normale. C'est d'ailleurs le souhait des notables de la ville, le maire et le commissaire de police en tête, qui entendent bien maintenir l'ordre public par-dessus tout. Il sera bien temps de trouver une explication à toute cette agitation. Le correspondant du *Dauphiné* résume l'état d'esprit général : « Il est probable que bien vite, d'autres sujets d'actualité effaceront le souvenir de ce qui fut un jour la maison hantée de Saint-Jean-de-Maurienne. »

Il se trompe…

La sarabande reprend de plus belle

Certes, tout début mars, on n'évoque plus la maison hantée de Saint-Jean, mais il est désormais question de Saint-Julien ! Car les phénomènes ont repris, de plus belle, chez les Costa. Une certitude vient se confirmer pour les curieux : le lieu importe moins que les personnes. Et Teresa Costa reste en ligne de mire, comme la source volontaire ou non de toute ces manifestations.

Le 2 mars, la sœur de Teresa, Anonciata, qui vit déjà dans la région, vient lui rendre visite. Elle constate que Teresa a l'air épuisée. Très vite, c'est le premier phénomène : une marmite d'eau en train de chauffer sur la cuisinière tombe toute seule. Anonciata file chercher une voisine, madame Varnier, et lorsque les deux femmes reviennent, elles trouvent Teresa comme tétanisée par la peur : deux bouteilles ont valdingué sur le sol. La voisine les replace sur la table, mais à peine quelques minutes se passent que les deux bouteilles sont balayées comme par une main invisible tandis que des bruits sourds et réguliers résonnent à l'intérieur d'un placard !

Lorsque Valentino Costa revient de son travail, il trouve chez lui le maire de Saint-Julien, Achille Charvoz, avec quelques voisins. Les correspondants du *Dauphiné* et du *Progrès* font à leur tour leur apparition. La farandole des objets volants recommence. Ébahis, les témoins voient le banc de Teresa aller percuter un mur. On tente bien de s'en saisir, de le bloquer, mais c'est alors Teresa qui tremble de tous ses membres. Puis c'est au tour du couvercle d'une bouilloire en fonte de se propulser dans l'air. La tension est à son paroxysme chez les Costa.

Pendant ce temps, la pauvre Teresa se porte de plus en plus mal. Au point que le lendemain, on décide de l'emmener chez un psychiatre de Chambéry. La science et la médecine seront-elles capables de la soulager ?

Le spécialiste consulté est formel : en dépit de tout ce qui se passe, Teresa est dans un état de nervosité tel qu'elle a besoin d'un repos complet sans tarder, et il recommande de l'hospitaliser à Chambéry.

Il n'est pas question qu'elle demeure chez elle, exposée à la curiosité de tous. En son absence, ce sont des journalistes étrangers qui se sont présentés, déçus de ne rien voir d'insolite, et pour cause…

L'œil du grand reporter

Dans la vallée de l'Arc, c'est l'effervescence. Vu de loin, cette épidémie paranormale semble incompréhensible. Au siège du *Dauphiné libéré*, on décide de passer la vitesse supérieure. Les lecteurs ont l'air de se passionner pour cette histoire invraisemblable, il est temps de l'examiner avec un œil nouveau et aguerri.

C'est pourquoi le quotidien régional fait appel à l'un de ses grands reporters, Roger-Louis Lachat, qui se rend sur place en compagnie d'un photographe.

L'homme est un journaliste expérimenté, à qui on ne la fait pas. Lui-même le déclare, ces histoires d'esprits, au départ, il n'y croit absolument pas : « En plusieurs lustres d'exercices journalistiques, les maisons hantées ne nous manquèrent point, finissant invariablement par une pitrerie. »

Sauf que cette fois-ci, son ressenti va être différent. Lachat le confiera à son retour dans un article : « C'est du solide. On revient des lieux du maléfice la gorge sèche, saisi d'une sorte de malaise sourd et – pourquoi ne pas le dire – bouleversé. »

Pourtant, il admet n'avoir rien découvert. L'atmosphère était sombre, mais il est persuadé que tout le monde autour de lui était sincère et qu'aucun truqueur n'est mêlé à cette affaire.

Près de quarante témoins

Lachat procède à sa manière. Il passe en revue tous les protagonistes de l'affaire, histoire de bien saisir à qui il a affaire. En commençant par Teresa Costa, qu'on prétend être au cœur des manifestations. Lachat est d'emblée impressionné par la jeune femme, qui paraît très affectée par les événements. Lorsqu'il lui rend visite, elle est alitée. Depuis des jours, elle ne trouve plus le sommeil et ne mange presque plus rien. Tandis que dans la pièce d'à côté, les objets se déplacent et les coups se font entendre, Teresa demeure prostrée sur son lit, les doigts serrés sur un crucifix, laissant échapper des cris et des gémissements. Lachat la compare à une mystique en pleine transe.

Outre Teresa, Lachat recense pas moins de trente-sept personnes ayant assisté aux manifestations paranormales. Un nombre impressionnant, d'autant que le grand reporter a volontairement écarté les témoins qu'il juge peu fiables et ceux qu'il estime trop proches des familles italiennes. Cela reste un nombre considérable et cela forme une assistance de personnalités respectables de la commune : on a là deux maires, un ancien élu, le garde-champêtre, une enseignante, un médecin, deux prêtres, un agent de police… Ne manque que le commissaire Maigret et sa célèbre pipe !

En les interrogeant à tour de rôle, Lachat va vite se rendre compte que les récits sont très similaires. Achille Charvoz, le maire de Saint-Julien, ose le reconnaître : « On n'a pas peur au pays des ardoisiers, sous la montagne des gars bien trempés. Eh bien moi, je n'ai pas honte d'avouer encore que lorsque j'en suis revenu, j'étais blanc comme un linge. » De son côté, Constant Rol, chasseur de son état, dit sans barguigner qu'il a été pétrifié au point « de n'avoir plus une goutte de sang dans les veines ».

Finalement, Teresa accepte qu'on la conduise à Chambéry pour un séjour de repos. Là, soignée et au calme, elle commence peu à peu à reprendre des forces. Mais, au terme d'une semaine seulement, son époux Valentino demande son retour et contre l'avis du corps médical, Teresa revient dans la vallée de l'Arc…

Le magicien entre en scène

L'histoire aurait pu en rester là, avec cette jeune femme aux pouvoirs énigmatiques, qu'on aurait sans doute fini par oublier avec le temps. Mais un énigmatique personnage va faire son apparition.

C'est le cas de le dire, puisque l'homme, un Suisse qui dit s'appeler Isma Visco, de son vrai nom François Cuttat, est un illusionniste professionnel. Oublié aujourd'hui, ce professionnel de la magie, né à Délémont dans le Jura suisse en 1922 et décédé en juin 1976, eut son heure de gloire dans les années 1950-1960, en Suisse comme en France. L'homme a fait une bonne vingtaine de métiers et a passé son doctorat de philosophie tout en donnant des spectacles-conférences de magie ! Dans son édition du 5 janvier 1954, le journal helvétique *L'Impartial* le décrit comme « un jeune homme, maigre à souhait, pourvu d'une formidable chevelure noire et d'yeux terribles luisant magnifiquement au fond d'orbites osseuses et saillantes de la plus inquiétante façon. Il flottait comme un ectoplasme vivant dans ses habits de gala, qui lui battaient les mollets. Il avait un rire caverneux, à la fois envoûtant et qui faisait peur. Des mains longues, sèches et agiles. Il troublait… »

Son spectacle a ceci de particulier qu'il est en deux parties. Lors de la première séquence, il passe en revue quantité de tours et d'illusions (jeux de cartes, tables tournantes, mentalisme, hypnotisme, passes magnétiques…), emportant l'adhésion de son public au point qu'à l'entracte, mêmes les plus sceptiques ont l'air convaincus. Après quoi, monte sur scène le… désillusionniste ! Après avoir fait des tours comme un professionnel, Visco explique maintenant à son public que tout, absolument tout, était de la supercherie, reposant surtout sur la suggestion et sur un sens affiné de la psychologie. Comme l'illusionniste le raconte à *L'Impartial*, « il y a des forces qui nous dépassent, mais dont nous prenons connaissance chaque jour, en les analysant, en les étudiant, en les capturant. Comme la radio, l'électricité et d'autres phénomènes sur lesquels nous sommes aujourd'hui parfaitement renseignés ».

Plus que d'inconnu, Visco préfère parler d'« inconnaissable ». Et lorsqu'il apprend par hasard l'histoire de Teresa Costa, l'homme de spectacle réagit assez rapidement : tout ceci n'est que du flan et il promet de le démontrer !

L'illusionniste commence par se rendre dans le quartier de Bonrieux, dans la maison que les Rotella et les Castrignano ont fini par regagner. À l'aide de fils de nylon, il tente de faire bouger des objets de la manière dont l'ont décrit les témoins, mais sa démonstration échoue, les fils cassent ou sont visibles par tous…

De son côté, Teresa, sortie de l'hôpital, est provisoirement hébergée dans un autre quartier, chez un couple d'amis, les Crespo… chez qui les phénomènes se déclenchent à nouveau !

Les enquêteurs spirites

Or, il s'avère que les Crespo sont spirites à leurs heures perdues. On ne sait trop comment, mais ils parviennent à amplifier l'affaire qui remonte aux oreilles de *La Revue Spirite*, à Paris. Celle-ci dépêche sur place deux spécialistes du paranormal, René Chimier et Pierre de Varga, qui déboulent en Savoie après une longue route à bord de leur 203. Ils comprennent rapidement qu'après les railleries du début, la valeur des témoignages accumulés a chassé le sarcasme dans les esprits des habitants de la Maurienne. Non seulement ils prennent connaissance des manifestations observées avant leur arrivée, mais eux-mêmes vont être témoins de l'inexplicable.

Ils décrivent le moment où ils ont grimpé les « marches usées d'un noir escalier de pierre en colimaçon » de la « masure lépreuse que les siècles ont cruellement marquée de leur empreinte », pour pénétrer dans « le très humble logis du ménage Costa ».

Leur venue semble « éclairer le visage aux yeux de fièvre de la malheureuse jeune femme » qui serre dans ses bras son dernier-né. Chimier et de Varga notent aussi bien l'ameublement très modeste que la présence de nombreuses images pieuses. En compagnie de leur photographe, Chrysanthe Azaris, les deux hommes s'installent dans la chambre de Teresa, près du lit où elle est étendue. Ils attendent.

Soudain, Teresa, les yeux hagards, semble en proie à un effroyable cauchemar. Elle est agitée par de violents tremblements et se redresse en gémissant : « Mamma ! Mamma ! » Puis, les mains crispées sur son crucifix, elle retrouve l'immobilité alors que son pouls reprend un rythme régulier. Les deux enquêteurs s'éloignent pour se concerter. À ce moment, selon eux, « un fracas épouvantable se fait entendre ». Revenus dans la chambre, ils sont saisis de stupeur. Le lourd couvercle d'une malle est en train de se soulever et de retomber à une cadence inhumaine, comme soufflé puis aspiré par une force située à l'intérieur. Plus incroyable, alors que l'ouverture est infime, deux vêtements d'enfant jaillissent de la malle et viennent s'étaler sur le plancher !

La scène dure une poignée de secondes mais impressionne les deux hommes, qui demandent à Teresa, affaiblie, de se lever et de venir dans la cuisine où sa sœur lui sert à manger. Presqu'aussitôt, un escabeau voltige et fait tomber assiette et verre, qui se brisent aux pieds des enquêteurs. Comme la fatigue et la tension creusent les visages, nourries par la présence invisible de curieux qui se pressent au-dehors de la « maison maudite », Chimier et de Varga choisissent de se retirer.

Le lendemain, avant de repartir à Paris, ils repassent voir le ménage Costa, plus détendu que la veille au soir. La nuit a été calme, juste quelques coups dans les boiseries. Aux quelques amis du couple venus en soutien, les deux spécialistes de *La Revue spirite* assurent que ce n'est pas l'œuvre du diable, et cette simple information a l'art d'apaiser tout le monde.

Désormais, à Saint-Jean-de-Maurienne et aux alentours, deux camps s'affrontent : ceux qui croient aux phénomènes et ceux qui pensent que c'est une habile supercherie.

Pour couper court aux conflits qui s'enveniment, Isma Visco annonce qu'il va organiser, le 28 mars, une grande soirée de gala au théâtre municipal. Enfin, on saura la vérité ! Tous les témoins principaux de l'affaire pourront être présents et les bénéfices seront offerts aux œuvres de la ville.

Mieux encore, Visco s'engage à verser un million de francs de l'époque à ces œuvres si Teresa Costa parvient à déplacer des objets devant lui, sans qu'il puisse prouver qu'il y a une combine !

Un pouvoir maîtrisé ?

Sollicité, la famille Costa accepte. Certains, parmi les proches, commencent même à raconter que Teresa est désormais capable de maîtriser son pouvoir et qu'elle peut faire bouger les objets par le biais de sa simple volonté. Des journalistes venus sur place vont pouvoir le constater *de visu*, comme ces envoyés de l'hebdomadaire parisien *Samedi Soir*, qui vont assister à la valse impossible des casseroles et des ciseaux.

Quant au correspondant du *Dauphiné*, il est présent lorsqu'un tabouret bouge tout seul pour aller heurter violemment un mur. Il témoigne d'ailleurs du fait que n'importe quel lieu peut s'animer en présence de Teresa. Le 22 mars, la jeune femme se trouve dans le bureau du correspondant du journal lorsqu'un colis posé sur un meuble s'élève dans les airs pour retomber devant les pieds de Valentino Costa.

Le lendemain, c'est une bouteille de limonade qui se met à voltiger alors que Teresa est au restaurant. Il n'est donc pas sûr qu'elle contrôle son « pouvoir ».

Le gala de magie

Dans ce climat fiévreux, tout le monde attend avec impatience la soirée du 28 mars. Il n'y a plus une place disponible pour le gala d'Isma Visco. Dans le public, fébrile, se pressent aussi bien des habitants de la Maurienne, notables et gens du peuple, que des experts de la magie. On croise aussi des personnages plus folkloriques, comme les adeptes d'une secte, les disciples du « Christ de Montfavet » – un employé des PTT d'Avignon, guérisseur à ses heures, s'est autoproclamé après la guerre la réincarnation du Christ, rencontrant un succès hélas délirant ; plusieurs de ses adeptes, présents en Maurienne, se sont mêlés de l'affaire Costa, venant de temps en temps frapper à la porte de la maison pour venir chasser le démon…

Isma Visco n'a cessé de répéter à tous ceux qui ont vu les phénomènes : « Vous pensez avoir vu, mais vous n'avez pas vu… » Il monte sur scène pour donner son fameux spectacle en deux parties. D'abord, il subjugue tout le monde avec des tours de fakir, de magnétisme et de transmission de pensée, puis il les démonte un à un, expliquant les techniques mises en œuvre pour créer des illusions ou berner le public. La prestation du magicien est saluée par de vifs applaudissements.

En revanche, les échanges avec les témoins tournent au dialogue de sourds. Ceux qui ont assisté aux manifestations inexpliquées campent sur leur position : ils ont vraiment vu ce qu'ils disent avoir vu. Le chanoine de la paroisse n'est pas le dernier à se lever pour affirmer – a-t-il été jusqu'à jurer ? – qu'il s'agissait vraiment de scènes impossibles. Aucun compromis ne semble possible entre les convaincus du don de Teresa et les sceptiques qui penchent pour un phénomène de suggestion collective. Tard dans la nuit, on continue de palabrer devant le théâtre de la ville.

L'ultime défi

Tout le monde s'accorde à dire que c'est le défi, fixé au lendemain 29 mars, qui va permettre de régler la question une fois pour toutes. Les organisateurs souhaitent que l'« épreuve » ne puisse pas donner lieu à une polémique. Aussi rédigent-ils un protocole très précis. Parmi les officiels, figurent le maire de Saint-Jean-de-Maurienne, un huissier, maître Dupré, ainsi qu'un avocat de Neuchâtel venu à la demande d'Isma Visco pour le représenter.

Tout ce petit monde trouve un premier accord. Concrètement, le défi aura lieu dans un endroit qui sera désigné au dernier moment. Il faudra que ce soit une pièce vide, à l'exception de quatre objets : un broc, un pot à lait, une marmite et un tabouret. Ces objets seront posés sur une table avec rien autour. Chaque « camp » aura droit à cinq chaises, une douzaine supplémentaire sera destinée aux journalistes. Aucun public ne sera admis dans la salle. On accorde à Teresa le droit, si elle le souhaite, de décaler la séance d'une journée.

Dans l'entourage de la jeune femme règne une agitation croissante. Non qu'on doute des capacités de Teresa, mais on apprécierait bien une compensation financière pour se rendre disponible et participer à la confrontation. Après tout, si Visco est prêt à donner un million aux bonnes œuvres, pourquoi les Costa ne toucheraient-ils rien ? L'époux de Teresa le fait donc savoir : ils sont d'accord pour se prêter à l'expérience contre cinq cent mille francs. Les organisateurs rechignent quand, soudain, en pleine négociation, un escabeau se met à voltiger. Au final, on se met d'accord pour régler la somme demandée, à condition que le phénomène se reproduise dans le cadre du protocole.

Report

Le 29 mars, la tension est à son comble lorsqu'à dix heures du matin, l'huissier indique le lieu de l'épreuve décisive. Le défi se tiendra dans la véranda d'un ingénieur de Péchiney, monsieur Plançon, qui a bien voulu prêter cette pièce après l'avoir vidée.

Après vérification de la part de l'huissier, on dispose la table sur laquelle on pose un pot à lait, une marmite, un broc et un tabouret. Autour de la table, une ligne est tracée à la craie, à deux mètres de distance. Personne n'a le droit de franchir cette ligne, ni de se lever, ni de quitter la pièce. Il a été convenu que s'il se produisait un phénomène paranormal, c'est-à-dire si l'un des objets se déplaçait brusquement sans explication et sans intervention humaine visible, le magicien de Lausanne devrait prouver que le phénomène s'est produit selon les lois de la physique. S'il échouait à le faire, il perdrait son pari et verserait un million de francs français aux œuvres de la localité. À onze heures du matin, tout le monde est présent… sauf Teresa. On patiente une heure, puis Visco envoie une voiture la chercher. Débarque alors la jeune femme avec son bébé, mais aussi toute une bande bruyante de proches, son mari, sa cousine et une bonne partie de la famille, et même quelques amis.

Tout cela n'est pas prévu dans la convention entre les parties. De plus, le mari, Valentino, veut modifier les conditions. Il exige maintenant deux cent mille francs au bas mot... Il accepte finalement cent mille francs.

Quant à Teresa, elle ne demande qu'une chose, ne pas rester seule. Si on interdit à ses proches de rester, elle ne fera rien.

Contrarié, Isma Visco finit par céder. Mais l'illusionniste suisse demande à son tour qu'un médecin soit présent afin de vérifier les faits et gestes des proches de Teresa.

Trois amies de la jeune femme l'accompagneront donc lors de la séance, mais on décide d'un commun accord de reporter la confrontation au lendemain.

Le défi

Le 30 mars, il est huit heures et demie du matin lorsque le reporter du *Dauphiné*, Roger-Louis Lachat, et le photographe Albert Ramus vont eux-mêmes récupérer la famille Costa à Saint-Julien pour les amener jusqu'au lieu du défi.

Dans la maison, Teresa, entourée de quelques proches, achève ses préparatifs. Soudain, une casserole d'eau s'élève du fourneau et chute sur le plancher avec un bruit étrange. Roger-Louis Lachat, qui n'a pas vu le mouvement, est frustré. Mais Ramus, le photographe, a tout vu : comme l'écrira le grand reporter dans son compte-rendu, son collègue « est pâle comme notre carnet de notes, bouche bée, gorge sèche ». Tous deux verront bien, avant de partir, un filet à provisions qui s'agite tout seul... De quoi se mettre dans l'ambiance alors même que le défi n'a pas encore été lancé !

Il est neuf heures. Tout le monde, de Teresa à Visco en passant par le maire, les journalistes, l'huissier, etc., se retrouve dans la fameuse véranda que l'on a décidé de conserver. Chacun prend place à l'endroit qui lui a été assigné. Le défi peut commencer.

Dans un silence de plomb, tous les témoins vont observer tour à tour les objets posés sur la table et Teresa assise dans un coin de la pièce. Les minutes, puis les heures s'écoulent. Rien ne se passe. Aucun mouvement, aucun bruit. L'assistance patiente, mais commence à trouver le temps long.

En revanche, ce que remarquent les témoins, c'est l'attitude changeante de Teresa. La jeune Calabraise semble très mal vivre cette épreuve. Son teint devient livide, elle laisse échapper quelques gémissements. Puis, elle craque et tombe dans les bras de ses amies. Le médecin l'examine brièvement et conclut que cette crise traduit des « symptômes normaux d'état hystérique ».

On demande à Teresa si elle accepte de reprendre l'expérience dans l'après-midi. Son époux est réticent, accusant Isma Visco d'avoir jeté un sort à sa femme. Mais Teresa finit par accepter. Dans l'après-midi, jusqu'à dix-neuf heures, tous les participants reprennent position dans la véranda. En vain. Pas plus que dans la matinée, les objets sur la table ne bougent d'un millimètre.

En définitive, chaque camp va se séparer sans pouvoir rien conclure. Isma Visco fait annuler le pari en présence de son avocat et de l'huissier. La ville ne recevra pas le million du magicien helvétique, les journalistes n'auront pas de grain à moudre pour leurs articles et l'émotion finira par retomber dans la vallée. Teresa Costa et sa famille ne feront plus parler d'eux, en tout cas personne du côté de la presse ou des chercheurs en paranormal ne semblent avoir cherché à savoir ce que la jeune femme est devenue par la suite. Tout ce que l'on sait, c'est qu'elle a fini par retourner en Calabre.

Une âme errante ?

Un peu plus tard, *Le Dauphiné Libéré* va faire état d'un homme, monsieur Fantgauthier, patron d'une grande fabrique lyonnaise de corsets et, côté loisirs, président de la Société d'études psychiques et spirites, qui se serait penché sur l'affaire. Au grand reporter Roger-Louis Lachat, il confie qu'il est en communication permanente avec Teresa *via* un contact médiumnique.

Il raconte que vers 1850, dans la maison où résidait Teresa Costa à Saint-Jean-de-Maurienne, deux vieillards commirent un crime, tuant un pauvre homme qui réclamait pain et asile. La victime fut enterrée dans l'une des caves et son âme aurait commencé à errer dans la maison, jusqu'au moment où elle est venue se loger dans le corps de l'infortunée Teresa. Fantgauthier affirme au journal qu'il n'y qu'à creuser le sol des caves pour exhumer le squelette. Mais personne ne s'est donné la peine de vérifier si cette hypothèse avait un fonds de vérité…

Que penser de cette affaire ?

D'une part, ce fait divers paranormal, médiatisé en son temps mais oublié depuis, a permis d'obtenir de nombreux témoignages venant de diverses personnes que l'on peut juger dignes de bonne foi. On peut donc attester sans risque qu'il s'est vraiment passé quelque chose d'inhabituel en Maurienne. Toute la question est de déterminer la nature et l'origine de ces manifestations.

D'autre part, le descriptif des phénomènes rassemble une large partie des observations classiques dans les affaires de *poltergeist* (ou esprit frappeur), à savoir les coups sourds et répétés dans les murs, les déplacements violents et imprévisibles d'objets divers avec certains mouvements qui semblent ne pas répondre aux lois de la physique connue, et même des objets traversant de la matière comme l'apparition subite dans la maison d'un caillou venu de nulle part. Sans parler de la présence d'une personne de toute évidence perturbée, mais aussi de jeunes enfants. Manquent en revanche des éléments souvent rapportés, comme des anomalies électriques ou des odeurs nauséabondes.

Trois hypothèses s'ouvrent ainsi à l'analyse :

- *les phénomènes étaient d'origine naturelle.* Cela m'apparaît peu probable dans la mesure où les lieux ont été minutieusement fouillés et étudiés afin d'écarter des défauts de construction, des explications liées au magnétisme, à l'eau, aux rongeurs, etc., et où les phénomènes n'ont pas été localisés. On a certes évoqué une « maison maudite », mais en réalité, les manifestations ont été observées en plusieurs lieux et même plusieurs localités de la région. Si ces phénomènes étaient naturels, ils auraient dû se poursuivre en l'absence de la famille Costa, ce qui ne fut pas le cas ;
- *les phénomènes résultaient d'une intervention non humaine.* C'était la crainte viscérale des habitants de la Maurienne qui ont pour certains songé à de la sorcellerie ou à la présence du Malin au sein de la communauté. Mais là encore, rien dans ce qui a été rapporté ne fait état d'événements perçus lors d'une « possession ». Très pieuse, Teresa Costa a toujours conservé auprès d'elle un crucifix et des images pieuses. Si certains mouvements d'objets ont pu paraître agressifs aux témoins, il n'y a rien eu de haineux ou d'antireligieux dans l'attitude des principaux protagonistes. Les phénomènes inexpliqués n'ont été accompagnés d'aucune apparition ou de voix inconnues. Tout s'est concentré sur l'environnement immédiat de Teresa. Il est vrai que la jeune femme a souvent paru souffrir lors de ses crises incontrôlées, elle n'a pas su décrire ce qu'elle ressentait précisément, mais rien n'a montré qu'elle était sous l'effet d'une emprise externe ;

- *les phénomènes résultaient d'une intervention humaine.* Si c'était le cas, il faudrait distinguer une action commise par un tiers de Teresa Costa, au centre des débats. Envisager l'initiative d'une autre personne que la jeune femme, c'est penser soit à une blague, soit à une action malfaisante.

La plaisanterie semble hors sujet tant cette famille d'immigrés italiens, arrivée de fraîche date, n'avait sans doute pas envie de se faire remarquer aux yeux de toute la ville (pour le coup, c'est plutôt raté) et de l'avis des témoins, il n'était pas dans leurs manières de se comporter de manière légère. Les Costa, comme leurs proches de la communauté transalpine, menaient une vie rude et laborieuse et l'amusement passait bien après le souci de s'intégrer dans leur pays d'accueil.

On peut aussi songer à une forme de vengeance, mais de la part de qui et pour quel motif? Pour discréditer la communauté italienne jugée inopportune en Maurienne? Pour régler un différend familial? Voilà qui serait une étrange manière de procéder et, surtout, comment s'y serait-on pris? Même le mage Isma Visco s'est montré incapable de reproduire les effets avec des trucages.

Reste ce que tout le voisinage a rapidement pressenti de façon quasi instinctive: le lien entre Teresa Costa et les phénomènes. Dès lors que toutes les manifestations se sont déclenchées en sa présence et, dans le même temps, qu'aucune manifestation n'ait été observée en son absence, il est facile d'en déduire que la jeune femme jouait un rôle dans cette affaire.

Voilà une jeune mère avec deux enfants à charge qui se retrouve du jour au lendemain déracinée, obligée d'aller vivre dans un pays de montagne, rude et loin de sa terre natale, dont elle ne maîtrise pas du tout la langue.

Il faut ajouter à cela le fait que le climat au sein du couple Costa n'était peut-être pas très serein, que Teresa vivait très mal sa nouvelle vie, qu'elle traversait peut-être une crise personnelle, liée à sa grande piété ou à son inquiétude quant à la santé fragile de ses tout jeunes enfants – les deux vêtements d'enfant qui jaillirent de la malle étaient-ils un appel au secours?

À l'évidence, tout cela avait de quoi créer un profond mal-être doublé d'un stress intense qui se sont extériorisés par des effets incongrus et choquants comme des bruits violents ou des déplacements d'objets.

Comme souvent en pareil cas (voir, par exemple, les célèbres affaires de Rosenheim en 1963, de La Machine en 1973, ou d'Enfield en 1977), il est question de la présence dans les lieux d'une jeune personne perturbée (de la préadolescence à l'adulte de moins de trente ans) qui, par des mécanismes que l'on ne s'explique pas encore, met en jeu des forces invisibles qui souvent la dépassent.

Du fait de l'imprévisibilité et de la brièveté de ces phénomènes, impossibles à reproduire à la demande comme le montra le défi du magicien, il s'avère très compliqué d'en envisager l'étude scientifique approfondie, sauf à recenser toutes les données fournies par les témoins.

L'affaire Teresa Costa, moins connue que d'autres cas similaires, vient en tout cas renforcer l'idée que la clé est du côté des pouvoirs cachés de l'esprit. Tout porte à croire que la plupart des phénomènes de *poltergeist* authentiques (ceux dont on a exclu les fraudes et les causes naturelles évidentes) ne sont pas le fruit d'une intervention externe, mais bien le produit d'un être humain qui, sous le coup de grandes émotions, parvient, on ne sait comment, à mobiliser assez d'énergie pour agir psychiquement sur la matière et soulager ainsi sa tension extrême. Pour s'en convaincre, il suffirait juste de pouvoir le prouver…

Sources

Sylvaine Romanaz, « La maison hantée de Teresa : panique dans les Alpes », *Le Dauphiné Libéré*, 23 février 2020.

« Isma Visco tente d'anéantir le fantôme », *L'Impartial*, 30 mars 1955.

René Chimier, « Nous avons observé le médium de Saint-Jean-de-Maurienne », *La Revue spirite*, mai-juin 1955.

Michèle Brocart-Plaut, « Diableries et sorcelleries en pays de Savoie », sur le site de la Société d'histoire et d'archéologie de Maurienne, www.sha-maurienne.fr

3.
Des fantômes à Hollywood

À Hollywood, rien n'est comme ailleurs. « Tinseltown », la ville des paillettes comme on la surnomme, vit dans le présent, le futur, mais se nourrit aussi de ses légendes passées. Rien d'étonnant à ce qu'elle possède ses propres histoires de fantômes, qui contribuent d'ailleurs à nourrir le mythe de la cité des stars bien au-delà de ses frontières. Un jeune couple très glamour dans les années 1960 put s'en rendre compte à ses dépens.

Les fantômes appartiennent au système hollywoodien en ce sens qu'ils sont *bankable*, ils rapportent de l'argent. On ne compte plus le nombre de films qui ont pour sujet des fantômes, ou même juste un titre avec le nom « fantômes ».

Or parfois ces entités éthérées désertent les écrans et les salles obscures pour venir s'aventurer dans des lieux publics, quand ce n'est pas chez les célébrités elles-mêmes.

Une star anonyme a déclaré : « J'ai un fantôme chez moi. Je ne pense pas qu'il soit mort ici parce qu'il y a une loi à Los Angeles qui oblige les agents immobiliers à indiquer aux acheteurs potentiels si quelqu'un est mort dans la maison. Et on ne m'a rien dit. Donc il n'est pas mort chez moi et je ne sais pas pourquoi il est là. Mais il est très gentil. »

S'il fallait procéder à une typologie des spectres hollywoodiens, il faudrait distinguer, d'une part, le cas des anciennes stars devenues des fantômes et qui surgiraient du néant, çà et là dans la ville, et d'autre part, les fantômes qui viendraient hanter les célébrités à domicile. À ce propos, nous disposons d'une histoire bien documentée puisque son principal protagoniste en a même tiré un livre.

Les stars fantômes

À en croire les experts du paranormal à Hollywood, les spectres d'à peu près toutes les grandes célébrités disparues du cinéma feraient leur apparition de temps en temps dans un lieu privé ou public. On dit notamment que le

Roosevelt Hotel, sur Hollywood Boulevard, serait le lieu de résidence de plusieurs fantômes de stars du cinéma.

Dont, en premier lieu, Marilyn Monroe, qui, au sommet de sa popularité, fut une résidente régulière de l'établissement. Bien qu'elle soit morte dans sa maison de Brentwood, Marylin, ou plutôt son image spectrale, aurait été aperçue à plusieurs reprises dans un miroir en pied, dans la suite n° 1200, près de la piscine. Plus tard, le miroir en question a été déplacé au niveau inférieur, près des ascenseurs où les touristes peuvent toujours se prendre en photo devant.

Des visiteurs racontent aussi que le fantôme du mythique acteur américain Montgomery Clift, décédé à quarante-cinq ans après avoir tourné avec les plus grands réalisateurs (Hawks, Wyler, Hitchcock, Kazan…) logerait aussi au Roosevelt. Selon le personnel de l'hôtel, son esprit hanterait la chambre 928.

Il est vrai que Montgomery Clift a séjourné dans cette suite en 1953, se déplaçant en long et en large, en train de mémoriser ses dialogues pour le film *Tant qu'il y aura des hommes*. Des bruits lourds, inexpliqués, ont été souvent entendus dans cette pièce, où le téléphone fixe aurait une fâcheuse tendance à tomber sur le sol, loin de son support.

Un détail qui a son importance : c'est au Roosevelt Hotel que s'est déroulée la toute première cérémonie des Oscars en 1929. Elle eut lieu dans une salle de réception, la Blossom Ballroom. Et il y aurait, paraît-il, dans cette pièce une petite zone d'environ soixante-quinze centimètres de diamètre qui reste de manière inexpliquée toujours froide, avec dix à douze degrés de moins que le reste de la pièce, en toute saison…

D'Orson Welles à Thelma Todd

Une autre star mythique hanterait encore son restaurant favori. Les employés du Sweet Lady Jane, sur Melrose Avenue, sont formels, c'est bien le fantôme d'Orson Welles qu'on y verrait de temps à autre, portant une cape sombre et un chapeau noir à larges bords ; certains témoins auraient même senti des effluves de cigare et de son bourbon favori. Si vous passez dans le coin, allez boire un café et soyez patient !

D'autres fantômes encore : celui de Rudolph Valentino, le bourreau des cœurs du cinéma muet, apparaît parfois dans la chambre et dans les écuries de sa vieille maison d'Hollywood. Le spectre de la blonde et sensuelle Jean

Harlow hanterait de son côté la chambre de sa maison de North Palm Drive, à un endroit dramatique, celui-là même où son mari avait l'habitude de la battre…

Et puis il faut parler de Thelma Todd. Oubliée aujourd'hui, c'était une starlette très en vogue dans les années 1930. Elle a joué dans de nombreuses comédies avec les Marx Brothers, Laurel et Hardy ou Buster Keaton.

Cette carrière prometteuse s'est arrêtée brutalement en 1935, lorsqu'on l'a retrouvée morte dans sa voiture, garée non loin du café qu'elle possédait sur la Pacific Coast Highway. Officiellement, sa mort a été déclarée comme résultant d'un suicide, mais en coulisses, nombre d'observateurs ont privilégié la thèse du meurtre, couvert par les autorités à la demande de puissants personnages d'Hollywood.

L'immeuble qui fut autrefois le fameux café de Thelma Todd est actuellement la propriété de Paulist Productions, et il se raconte que des employés ont témoigné avoir vu le fantôme de la starlette en train de descendre les escaliers de l'immeuble…

La célèbre affaire Hyams et Sommer

L'aventure qu'ont vécu dans les années 1960, Elke Sommer et Joe Hyams demeure l'exemple parfait de célébrités confrontées bien malgré elles à des événements paranormaux.

Toujours vivante en 2020, mais un peu oubliée, Elke Sommer, de son vraie nom Elke Schletz, fut une actrice allemande très populaire dans les années 1960. Née en 1940 à Berlin d'un père pasteur luthérien d'origine noble, mort lorsqu'elle avait quatorze ans, la jeune Elke s'installe en 1957 à Londres comme jeune fille au pair, puis se fait repérer en Italie où elle commence une carrière dans le cinéma. En 1962, elle est nominée aux Golden Globes pour un film allemand qui lui sert de tremplin pour Hollywood. Elle y fait ses débuts en 1964 aux côtés de Paul Newman dans le film *Pas de lauriers pour les tueurs* de Mark Robson.

Vivant désormais en Californie, cette blonde qui n'a pas froid aux yeux devient rapidement un sex-symbol et l'une des pin-up les plus populaires de cette époque en posant pour le célèbre magazine *Playboy*.

Si elle est apparue dans quantité de films médiocres, dont des films d'épouvante comme *La Maison de l'exorcisme* et *Baron vampire*, elle a quand même joué dans quelques longs-métrages de qualité comme *Quand l'inspecteur s'emmêle* avec Peter Sellers, le deuxième film de la série de *La Panthère rose*, peut-être le meilleur...

À peine arrivée à Hollywood, elle rencontre et épouse, en 1964, le journaliste et écrivain Joe Hyams. Ce dernier est un éditorialiste très introduit dans le milieu du *show business*, ami proche de stars hollywoodiennes accomplies comme Humphrey Bogart ou de vedettes montantes comme Marlon Brando et Steve McQueen. Hyams est aussi expert en arts martiaux et il est notamment l'auteur d'un livre de conseils de maîtres comme Bruce Lee.

La maison du « bonheur »

Très vite, les deux tourtereaux décident de s'installer dans une vaste maison au nord de Beverly Hills, située au 2644 Benedict Canyon Drive. Une maison dont on a très peu de photos mais que l'on peut deviner vue de haut grâce à Google Maps.

C'est l'une de ces villas californiennes situées dans un quartier très huppé, où la discrétion et la vie privée de chacun est hautement respectée. Elle n'est pas très loin à vol d'oiseau de Cielo Drive, où se trouvait la maison de Roman Polanski, théâtre du massacre de Sharon Tate et de ses amis par des adeptes de Charles Manson, cinq ans plus tard en août 1969.

D'Elke Sommer, sa nouvelle épouse, Joe Hyams dira plus tard que « c'était le genre de fille qui, une fois, avait tué un serpent à sonnette dans notre jardin avec une paire de cisailles, et qui n'avait peur que des araignées et des critiques ».

Cela tombe bien, car du courage ils vont devoir en montrer. En effet, leur maison est un peu différente de celle de leurs voisins de Beverly Hills : elle est hantée.

Tout ce qui va s'y passer, on le sait grâce à Joe Hyams qui le raconta quelques années plus tard dans son article « The day I gave up the ghost » (« Le jour où j'ai cédé au fantôme »).

L'inconnu de la salle à manger

Selon Hyams, c'est le 6 juillet 1964, peu de temps après qu'ils ont emménagé, que s'est produit la première manifestation paranormale.

Ce jour-là, Elke Sommer reçoit chez elle la journaliste allemande Edith Dahfeld. Elle est en train de revenir de la cuisine où elle est partie préparer du café lorsque la journaliste lui demande :

« Pourriez-vous me présenter ce monsieur ?

— Quel monsieur ? » lui répond Elke car à sa connaissance, il n'y a personne d'autre chez elle. À ce moment, son mari Joe n'est pas présent dans la maison.

« Eh bien, poursuit la journaliste, celui qui se trouvait dans l'entrée et qui vient juste de passer dans la salle à manger… »

Elke est perplexe. Ce doit être Joe qui est rentré plus tôt que prévu. Elle se lève pour aller le chercher. Mais elle a beau regarder dans chaque pièce, à l'évidence, il n'y a personne.

La journaliste allemande lui dit que, pourtant, elle a bien aperçu un homme de forte stature, vêtu d'un pantalon noir et d'une chemise blanche ornée d'une cravate noire. Ce qui l'a marqué chez cet inconnu, c'est son gros nez, en forme de pomme de terre. Elke est embarrassée. Elle ne sait pas quoi lui répondre, hormis qu'il ne s'agit manifestement pas de Joe Hyams.

Le soir, l'actrice en parle à son mari et ils essaient tous deux de comprendre ce qui a pu se passer. Tous deux sont plus accaparés par leur vie mondaine que par d'étranges phénomènes. Finalement, ne trouvant pas d'explication rationnelle, ils décident de classer l'incident, selon l'expression de Joe, « dans la catégorie des faits inexplicables devant lesquels on hausse les épaules puis qu'on oublie ».

Apparition devant la belle-mère

À peine deux semaines se sont écoulées qu'un autre incident intervient. Renata, la mère d'Elke, séjourne alors chez sa fille et son gendre. Un matin, toute affolée, elle vient les trouver en prétendant avoir trouvé à son réveil, dans sa chambre au rez-de-chaussée, un homme debout au pied de son lit. L'inconnu avait le regard fixé sur elle. Avant qu'elle ait seulement eu le temps de crier, il a disparu.

Durant le petit déjeuner, Hyams réussit à persuader sa belle-mère que, mal réveillée, elle a dû apercevoir un rôdeur à sa fenêtre et le croire présent dans sa chambre. Mais quand il se rend dehors, devant cette fenêtre, il ne trouve pas la moindre empreinte, qui devrait être forcément visible car durant la nuit la pluie a amolli la terre.

Bruits inexpliqués

C'est à cette période, toujours selon Joe Hyams, que le couple commence à entendre des bruits bizarres. Presque chaque nuit, des chaises semblent racler fortement le plancher de la salle à manger. Le même bruit que feraient des convives s'ils quittaient tous la table à la fin d'un repas. Mais à chaque fois, les chaises sont parfaitement immobiles.

Le 8 août, Elke part tourner un film en Yougoslavie et Joe se retrouve seul dans la maison. Durant la nuit, ça recommence, il entend à nouveau les mêmes bruits venant de la salle à manger. À trois reprises, il retrouve grandes ouvertes des fenêtres qu'il a soigneusement fermées. Deux fois aussi, il entend la porte d'entrée claquer violemment alors qu'elle est bien verrouillée de l'intérieur.

Joe décide alors d'installer un dispositif de surveillance dans la maison. Nous sommes au milieu des années 1960, les webcams n'existent pas... Mais il achète trois émetteurs miniatures, ainsi que trois récepteurs en modulation de fréquence connectés à des magnétophones afin d'enregistrer les bruits qui proviendraient des émetteurs.

Il dissimule l'un d'entre eux au bout de l'allée menant à la maison afin de déceler toute intrusion. Il en cache un autre près de la porte d'entrée et le troisième dans la salle à manger. Enfin, dans cette pièce, il marque à la craie l'emplacement des pieds des chaises sur le plancher.

La nuit suivante, depuis sa chambre, il entend nettement le bruit désormais familier des chaises de la salle à manger qui frottent contre le plancher. Il se saisit de son pistolet calibre 38, rangé dans sa table de nuit, et gagne silencieusement la porte ouverte de la salle à manger. Là, il braque son arme et fait jaillir la lumière. Rien... La pièce est vide et silencieuse. Les pieds des chaises se trouvent exactement à l'endroit des marques au sol.

Au matin, lorsqu'il écoute les enregistrements, Joe Hyams ne constate rien d'anormal, ni dans l'allée, ni au niveau de la porte d'entrée. En revanche, l'enregistrement de la salle à manger le stupéfie. Sur cette bande, on perçoit parfaitement le bruit des chaises déplacées. Le bruit cesse brusquement au moment où Hyams appuie sur l'interrupteur en faisant une petite toux nerveuse. Surtout, le bruit reprend après qu'il a quitté la pièce !

Autre témoin

Quelque peu sur les nerfs, Joe invite son ami George Mueller à séjourner chez lui, sans lui parler du fantôme. De manière étonnante, l'entité ne se manifeste pas.

Joe part à son tour rejoindre Elke sur son tournage en Yougoslavie, laissant George seul dans la maison.

Et là, les choses se gâtent. À chaque fois qu'il entre dans la salle à manger, George sent ses cheveux se hérisser sur sa nuque. Il commence lui aussi, comme Joe et Elke, à entendre des bruits étranges, avec les fenêtres du rez-de-chaussée qui s'ouvrent sans raison. George fait appel à un détective privé pour surveiller la maison et celui-ci retrouve à plusieurs reprises les fenêtres ouvertes, alors que George a pourtant tout fermé pour la nuit et que rien ne manque dans les pièces de la maison.

Une nuit que George s'est absenté, mais que le détective est resté sur place à l'extérieur, toutes les lumières de la maison s'allument subitement à deux heures et demie du matin et s'éteignent avant que le détective ait pu atteindre la maison... On interroge un électricien, qui avoue son impuissance à expliquer le phénomène.

Investigations de la cave au plafond

Lorsque le couple revient d'Europe, les mêmes bruits étranges reprennent dans la maison. Joe Hyams veut en avoir le cœur net. Il fait appel à toute une escouade de spécialistes qui vont passer la maison en revue, du sol jusqu'au toit.

Plan de la maison en main, un architecte inspecte minutieusement la bâtisse en compagnie de Joe. Une équipe spécialisée dans la recherche des insectes xylophages (autrement dit, des termites) en explore chaque recoin, des fondations aux combles. Ils recherchent une fente quelconque ou un interstice dans lequel pourrait s'abriter un hôte indésirable. Sans succès.

Un détective privé et des experts en électronique affirment qu'aucun être humain ne pourrait avoir un accès secret à la maison. Il n'y a pas non plus d'écureuils, de rongeurs, de branches frottant contre les fenêtres ou de zones réfléchissantes pouvant produire des images spectrales.

Enfin, des géologues et spécialistes du bâtiment assurent à Joe Hyams que sa maison et le sol sur lequel elle est construite sont parfaitement stables.

Au final, Hyams se demande dans son livre si toute l'affaire ne se ramène pas à une « surchauffe imaginative alimentée par quelques coïncidences ».

Vivre avec un fantôme

Elke et Joe ont du mal à accepter l'hypothèse d'un fantôme, mais le jour où on leur dit que les fantômes se plaisent dans un cadre immuable, ils décident de modifier complètement l'agencement de leur salle à manger. En pure perte, car les bruits continuent de se faire entendre.

Le petit chien du couple devient à son tour très nerveux. Il adopte des comportements bizarres, par exemple il se met à aboyer vers un coin de la salle à manger vide.

En 1965, le couple s'absente à nouveau et demande à un ami de surveiller la maison pour eux. Durant cette période, quoi qu'il fasse pour fermer soigneusement la maison, il trouve toujours une porte restée ouverte…

C'est dans la même période que passe le technicien chargé de la maintenance de la piscine. Il racontera plus tard qu'il lui est arrivé une aventure incroyable. On lui avait dit que la maison était vide et pourtant, depuis l'extérieur, il a clairement vu un homme qui se tenait dans la salle à manger. Il s'est approché pour lui demander quand les Hyams allaient rentrer, lorsque l'homme s'est littéralement volatilisé devant ses yeux !

Il a cru à une blague et quand on lui a demandé de décrire l'homme en question, il a parlé d'un individu de forte carrure, plutôt grand, avec une chemise blanche et une cravate noire. Exactement le même homme qu'avait aperçu la journaliste allemande !

Tout le monde voit le fantôme, sauf le couple

Dans les mois qui suivent, les invités du couple Hyams-Sommer continuent d'apercevoir la puissante carrure de l'homme en chemise blanche et cravate noire. Mais ni Joe, ni Elke ne l'ont jamais vu !

Le résultat, c'est que ça commence à se savoir et que pas mal de familiers du couple, effrayés, ne veulent plus venir chez eux.

En septembre 1965, leur ami John Sherlock leur demande malgré tout s'il peut rester y dormir alors que le couple est à nouveau en déplacement. Dès le jour suivant, il décampe.

Il s'avéra qu'à son entrée dans la maison, vers onze heures du soir, il eut le sentiment très fort que quelqu'un l'observait. Il laissa une lumière allumée dans le vestibule et alla se coucher dans la chambre du rez-de-chaussée vers une heure moins le quart du matin.

« J'étais sur le point de me mettre au lit lorsque j'ai senti une présence toute proche et je me suis retourné. Dans le couloir, j'ai vu le visage d'un homme, d'un mètre quatre-vingts environ, qui me regardait. J'ai juste eu le temps de voir qu'il portait un pantalon sombre, une chemise blanche et une cravate noire. Je n'ai jamais ressenti une telle sensation de menace. Le temps que je me précipite dans le couloir, le spectre avait disparu. Mais je sentais toujours sa présence autour de moi. »

Joe et Elke sont interloqués lorsque Sherlock leur raconte son histoire. Ils n'ont toujours pas vu le personnage insaisissable que nombre de leurs visiteurs affirment avoir croisé.

Avant le couple

Joe se renseigne auprès des propriétaires précédents de la maison. Ceux qui leur ont vendu y ont vécu seulement un an et demi. Ils n'ont jamais rien observé, mais avouent à demi-mot qu'ils ont entendu des sons inexpliqués, notamment dans la salle à manger.

Les propriétaires précédents lui disent qu'ils ne sont restés qu'un an, car la femme du couple était persuadée que la demeure était hantée...

Deux des anciens propriétaires de la maison qui ont revendu la maison peu de temps après son acquisition, de crainte qu'elle ne fût hantée, c'est suffisant pour terroriser Elke Sommer !

Place aux parapsychologues

Hyams prend alors la décision de demander l'aide de la section locale de Los Angeles de l' American Society for Psychical Research (ASPR).

On pourrait se dire que des enquêteurs du paranormal viendraient avec tout un équipement de caméra infrarouges, de microphones, de poudres, etc., pour détecter les intrus, mais pas du tout ! L'ASPR fait plutôt appel, dans les semaines qui suivent, à plusieurs médiums « sérieux et je crois, à quelques exceptions près, honnêtes », *dixit* Joe Hyams, ainsi qu'à quelques chercheurs intrigués de l'université de Californie.

Tous sont venus passer du temps dans la maison de Benedict Canyon Drive lorsque les propriétaires en étaient absents, afin qu'il y n'ait pas de brouillage avec les esprits des personnes physiques.

Autant dire que les perceptions de plusieurs de ces médiums présentent des similitudes frappantes avec les témoignages des proches du couple, alors que les médiums ont été tenus dans l'ignorance des événements antérieurs et même de l'identité des propriétaires de la maison.

Ainsi, l'un deux décrit le fantôme comme un homme corpulent à moustache, « un Européen aimant la musique et qui a vécu sa vie passée à payer de sa personne ». Deux autres évoquent un gros homme, manifestement le même, d'environ cinquante-huit ans, victime d'une crise cardiaque.

Un médium indique même qu'il s'agit d'un médecin de cinquante-huit ans qui serait mort avant d'avoir achevé une tâche avec l'homme qui habite la maison, c'est-à-dire Joe Hyams. De fait, quelques années auparavant, ce dernier avait effectivement travaillé à la rédaction d'un livre avec un médecin de cet âge, qui avait succombé à un arrêt du cœur... On ne sait pas bien pourquoi, mais Elke se met en tête que le fantôme pourrait être celui de son père, un pasteur luthérien, austère mais inoffensif, mort alors qu'elle était adolescente.

Certains médiums aboutissent à des conclusions très différentes. Une femme perçoit un gros homme négligé, un « monstre plein de haine et complètement ivre ». Pour un autre, c'est une jeune fille blonde de dix-sept ans, morte d'une affection pulmonaire, dont la maison a ensuite brûlé. Elke Sommer fait le lien avec une jeune amie, décédée trois ans plus tôt, qui a habité une maison par la suite détruite lors d'un incendie. Mais cela ne va pas plus loin.

Photos voilées

Allan Grant, photographe au célèbre magazine américain *Life* et ami de Joe Hyams, apprend ce qu'il se passe chez lui. Lorsqu'il arrive à la maison, il est sceptique ; il l'est moins lorsqu'il en repart :

« Je n'ai pas personnellement été le témoin de quoi que ce soit durant mon passage dans la maison. Mais j'ai remarqué quelque chose de très curieux : sur l'une des pellicules que j'ai faites dans la pièce où le fantôme a été aperçu, il y avait sept clichés qui devenaient de plus en plus voilés, donnant une apparence fantomatique, notamment à Joe Hyams qui était sur le cliché. Quand je m'en suis aperçu, j'ai pensé que cela ne pouvait pas se produire. Au centre de la pellicule... J'étais à court d'explication logique. J'ai eu une longue carrière de photographe et cela ne m'était jamais arrivé auparavant. Quelque chose s'est passé dans cette maison. »

Dernier recours

En dernière extrémité, au bout de deux ans, comme les phénomènes ne cessent pas, Joe Hyams et Elke Sommer envisagent de procéder au rituel ultime, un exorcisme pour faire fuir leur fantôme. Ils ne trouvent pas d'homme d'Église pour cela, mais ils demandent à l'une des médiums envoyés par l'ASPR, Lotte von Strahl, de prendre en charge la cérémonie.

Selon Hyams, l'intervention de madame von Strahl est brève et plutôt ordinaire. Elle se tient au bout de la table de la salle à manger, silencieuse. Puis elle déclare tout d'un coup que le monstre horrible et brutal se trouve debout près d'elle.

Elle demande alors à Elke de prier avec elle en silence un bref instant, puis elle apostrophe le fantôme : « Par Jésus-Christ, je t'ordonne de quitter sur le champ cette maison. Laisse en paix les braves gens qui l'habitent et cesse de troubler leur foyer ! » Elle prononce encore quelques mots, puis se tait.

Après un bref silence, madame de Stahl se tourne vers ses hôtes et leur annonce triomphalement : « Il s'en va ! »

Le soir venu, Joe et Elke, ayant verrouillé portes et fenêtres, vont se coucher. Joe commence à peine à s'assoupir lorsqu'Elke s'écrie : « Écoute ! » Tous deux entendent à nouveau le raclement des pieds de chaise sur le plancher de la salle à manger…

La médium avait été trop présomptueuse et, selon certains, elle aurait usé du nom de Jésus comme une sorte de talisman magique et non comme un commandement divin. En tout cas, le fantôme n'a guère été impressionné…

Dans le récit qu'il a publié de ces deux années de frayeurs nocturnes, d'apparitions et de bruits étranges, Hyams écrit : « J'ai moi-même fini par admettre que nous avions chez nous au moins un fantôme. Mais nous n'avions pas l'intention de déménager. »

Et Joe de lancer une promesse : « Je ne me laisserai pas terroriser par un individu au point de quitter ma maison, à plus forte raison si c'est un mort ! »

Environ un an plus tard, la promesse ne tient plus.

Le drame final

Le 13 mars 1967, de très bonne heure, Joe et Elke sont brusquement réveillés en sursaut par un coup violent asséné sur la porte de leur chambre. À ce moment-là, raconte Hyams, il entend comme des éclats de rire qui proviennent du rez-de-chaussée. Sans hésiter, il saisit à nouveau son pistolet et ouvre la porte de la chambre. Il ne voit personne, mais remarque aussitôt les volutes de fumée qui s'élèvent depuis l'escalier.

Hyams fait volte-face et entraîne sa femme vers une fenêtre qui donne accès au toit. En dévalant celui-ci, pentu jusqu'au sol, le couple parvient à s'échapper. C'est depuis leur jardin qu'ils assistent à l'embrasement de leur salle à manger.

Pour les enquêteurs, c'est le mystère le plus complet. Ni le coup porté sur la porte de la chambre (qui a sauvé la vie au couple), ni le sinistre n'ont jamais été clairement élucidés.

En tout cas, pour Elke et Joe, c'est l'événement de trop. Hyams cède et met la maison en vente.

Joe Hyams et Elke Sommer poursuivront leur vie ailleurs. Le couple finira par divorcer en 1991, chacun refaisant ensuite sa vie de son côté. Elke épousera, le 29 août 1993, Wolf Walther, le directeur d'un hôtel de luxe new-yorkais.

Joe Hyams est décédé en 2008, à l'âge de quatre-vingt-cinq ans, dans le Colorado, laissant derrière lui sa quatrième épouse Melissa, deux garçons et deux filles. Elke vit toujours avec son nouveau mari tout en s'adonnant à la peinture.

On ignore si d'autres manifestations ont été signalées dans leur ancienne maison. En tout cas, il se dit que cette dernière aurait changé de mains près de vingt fois, soit un séjour de guère plus de deux à trois ans en moyenne par propriétaire ! À l'évidence, il y a quelque chose dans cette bâtisse qui décourage ses habitants d'y rester.

S'y passe-t-il encore quelque chose ? Si vous passez devant le 2644 Benedict Canyon Drive, vous pouvez toujours essayer de sonner. Vous verrez bien si la voix qui vous répond est humaine… ou pas.

Une histoire de fantôme somme toute classique

Cette aventure paranormale au pays des autoroutes et des studios de cinéma appelle quelques commentaires.

Voilà un couple de célébrités qui a fait connaissance avec le monde obscur des entités qui peuplent les histoires de fantômes. Globalement, c'est une histoire très conventionnelle, avec l'apparition d'un personnage à la présence quasi réelle, avec une récurrence au même endroit et qui est perceptible par un ou plusieurs individus mais rarement par tout le monde.

Dans le cas des Hyams, l'apparition semble liée à la salle à manger. Aucune personne qui l'a vu n'a été capable d'identifier cet inconnu, même si les médiums ont ouvert des pistes.

Autre élément important, un bruit imite une activité humaine, en l'occurrence le raclement de pieds de chaise sur le plancher. Il est effectivement très fréquent dans les lieux dit hantés d'entendre des meubles déplacés, des bruits de pas dans une pièce, ou un fracas de vaisselle brisée.

Il faut mentionner aussi le chien du couple qui aboie en direction de la salle à manger. L'animal semble avoir repéré une activité suspecte dans la pièce et, comme souvent en pareille circonstance, il regarde fixement vers un coin de la pièce vide.

Une autre manifestation typique : les fenêtres retrouvées ouvertes alors qu'on les croit fermées. Comme le fait que les manifestations sont surtout nocturnes.

À l'évidence, l'apparition du fantôme n'était pas liée à la présence de telle ou telle personne. Ainsi, des témoins, pas toujours les mêmes, ont dit l'avoir vu alors que Elke était absente, ou bien Joe, ou le couple…

En revanche, d'autres phénomènes ne sont pas présents dans l'histoire des Hyams, comme une boule de feu ou une manifestation lumineuse ; il n'y eut pas de soubresauts de la literie non plus. Pas non plus d'odeur sulfureuse ou de chute brutale de la température…

Si l'incendie inexpliqué est d'origine paranormale, c'est très inhabituel. Les manifestations de fantômes peuvent être pénibles, mais elles sont rarement agressives et dangereuses pour l'intégrité physique des personnes. D'ailleurs, on a le sentiment qu'on a voulu avertir les Hyams afin qu'ils puissent se sauver.

Enfin, on est passé par un exorcisme pour essayer de ramener le calme dans la maison, une pratique courante dans la culture anglo-saxonne.

Fantômes chez d'autres célébrités

Le couple Hyams-Sommer n'est pas le seul à avoir vécu une expérience paranormale à Hollywood. On ne compte plus les stars (acteurs, actrices, réalisateurs) qui affirment avoir vu des fantômes chez eux, comme si les entités étaient attirées par l'aura de leur notoriété.

De son temps, l'acteur d'origine canadienne Glenn Ford (1916-2006), que l'on a vu dans le classique *Gilda* avec Rita Hayworth ou dans la série mythique

Sam Cade, a rapporté que sa demeure hébergeait aussi des fantômes. Lui et sa femme Cynthia entendaient parfois la nuit les bruits d'une réception dans leur jardin, qui s'avéra être un cimetière amérindien : « On entendait les gens trinquer et rire comme si quelqu'un venait de raconter une blague. Une fois, j'ai trouvé toutes les chaises de jardin placées en rond, comme pour une cérémonie. C'était une fête joyeuse, apparemment. Un soir d'été, nous est même parvenu jusqu'à la fenêtre de notre chambre le parfum d'une eau de Cologne qui n'existe plus. Dans la maison, il se passe aussi des choses incompréhensibles : les tableaux changent de place ou tombent des murs, les coussins bougent tout seuls… »

Plus récemment, la comédienne Emma Stone (que l'on a vu dans des films de Spiderman ou dans *La La Land*) a raconté en 2014, dans un talk-show, qu'elle avait des interactions avec son grand-père, pourtant décédé avant sa naissance. Elle a expliqué qu'entre sa famille et les fantômes, c'était une longue histoire. Le fantôme du grand-père serait même sympa puisqu'il laisse derrière lui des pièces de vingt-cinq cents ! Trop généreux de sa part !

Keanu Reeves, le héros de *Matrix* qu'on ne présente plus, déclare avoir vu des fantômes lorsqu'il était âgé de six ans. Il a su que c'était des entités désincarnées lorsqu'il a vu une veste voler à travers la maison, sans personne dedans. À six ans, la future star a compris que le phénomène n'était pas ordinaire en voyant sa nounou complètement pétrifiée.

De son côté, Matthew McConaughey, l'acteur d'*Insterstellar* ou de la série *True Detective*, a également affirmé que sa maison d'Hollywood était hantée par le fantôme d'une certaine madame Blu. Lui a décidé d'être franc d'entrée de jeu avec la vieille dame : elle peut hanter tant qu'elle veut, il ne déménagera pas. Il semblerait que madame Blu ait encore erré quelques semaines avant de se volatiliser pour de bon. Pour une fois, c'est le fantôme qui a cédé le premier !

L'acteur Tim Robbins (*Les Évadés, Mystic River*) n'a jamais vu de fantômes, mais lorsqu'il a emménagé dans un nouvel appartement en 1984, il a si fortement ressenti une présence invisible qu'il a déménagé dès le lendemain.

Jean-Claude Van Damme, la star belge du film d'action qui vit aussi à Hollywood, jure avoir vu un fantôme dans son miroir de salle de bains alors qu'il se brossait les dents. Il est possible qu'il se soit agi de lui-même et qu'il ne se soit pas reconnu…

Hugh Grant, l'acteur britannique spécialiste des comédies romantiques, vit en fait à Los Angeles. On se souvient de ses déboires avec la police il y a quelques années du fait d'une histoire de prostituée. Il prétend aussi qu'avec des amis, il a entendu les lamentations et les cris d'un esprit tourmenté dans sa maison de Los Angeles. Il suppose même que cela pourrait être le fantôme d'une ancienne résidente et star d'Hollywood, Bette Davis.

Même les chasseurs de fantômes au cinéma en ont vu chez eux ! Dan Aykroyd, qui a joué dans *Les Blues Brothers* et *Ghostbusters*, est persuadé que sa maison est habitée. « Un fantôme hante certainement ma maison », dit-il. « Une fois, il a même rampé dans le lit avec moi. Le fantôme allume également mon appareil de course à pied et il déplace des bijoux à travers une commode. »

Richard Dreyfuss (*Les Dents de la mer, Rencontres du troisième type, Always*) a traversé une période difficile à la fin des années 1970 à cause d'un problème de cocaïne. Selon lui, les visions d'un fantôme l'auraient aidé à se débarrasser de son addiction. « J'ai eu un accident de voiture à la fin des années 1970, quand j'étais vraiment foutu, et j'ai commencé à avoir ces visions fantomatiques d'une petite fille tous les soirs. Je ne pouvais pas effacer cette image. Chaque jour, c'était plus clair et je ne savais pas qui elle était. Puis j'ai réalisé que cette gamine était soit l'enfant que je n'ai pas tuée la nuit où j'ai détruit ma voiture, soit c'était la fille que je n'avais pas encore. J'ai fini par arrêter la drogue. »

La star du rock Sting, qu'on a vu aussi dans plusieurs films, et sa femme Trudie ont aussi vu des fantômes dans leur maison. « Je n'aurais jamais dit que je croyais aux fantômes si je n'en avais pas vu un, mais j'ai vu un fantôme de mes propres yeux ! », expliqua Sting sur une radio en 2009. « J'étais dans mon lit une nuit, dans une très vieille maison où j'habitais. Et je me suis réveillé à trois heures du matin, droit comme un i, j'ai regardé dans le coin de la chambre, et j'ai vu Trudie debout avec un enfant – notre enfant – dans ses bras, en train de me dévisager. »

Sauf que cette dernière était également à ses côtés dans le lit !

« J'ai soudain eu la chair de poule. Elle s'est réveillée, et a dit : "Bon dieu, qu'est-ce que c'est " Elle voyait aussi cette femme et cet enfant dans le coin de la pièce », poursuivit le chanteur, profondément marqué par cette expérience paranormale qu'il n'a jamais pu s'expliquer.

Témoignages dramatiques

Celle qui a eu l'expérience la plus douloureuse, c'est certainement la regrettée Carrie Fisher, qui a interprété l'inoubliable Princesse Leia dans *Star Wars*.

En 2006, elle a révélé dans *Vanity Fair* que l'un de ses amis était mort d'overdose une nuit dans sa propriété de Beverly Hills. Par la suite, elle a senti la présence du fantôme de cet ami et celui-ci, de toute évidence, était en colère : « Les lumières s'allumaient et s'éteignaient toutes seules. J'avais ce jouet qui disait : "Va te faire f... !" quand on le touchait. Et il se mettait en route tout seul la nuit dans mon placard. J'ai été complètement folle pendant un an. »

Toujours à propos de Carrie Fisher, décédée le 27 décembre 2016, un jour avant sa mère Debbie Reynolds, il existe une anecdote glaçante racontée par son frère Todd trois ans plus tard, en 2019.

Alors qu'il fait du tri dans le bureau de sa sœur, l'homme tombe sur une lettre écrite par Carrie Fisher. Si le document n'est apparemment pas daté, son contenu est troublant : « Je suis morte. Comment vas-tu ? Je te verrai bientôt... Je t'appellerai pour te dire à quoi ça ressemble, mais il n'y a pas de réception ici. [...] J'ai enfin obtenu la partie que j'ai répétée toute ma vie. Dieu m'a donné le rôle. C'est la fin du chemin que j'ai parcouru toute ma vie. » Selon Todd Fisher, sa sœur a toujours nourri une sorte d'obsession pour la mort...

Le fantôme de la colline

Impossible de clore ce chapitre consacré aux fantômes d'Hollywood sans parler de Peg Entwistle, le fantôme de l'enseigne d'Hollywood.

Peg est une actrice galloise qui a brièvement tenté de percer à Hollywood dans les années 1930, sans vraiment y parvenir. En 1932, à vingt-quatre ans, elle arrive à Hollywood en avril mais va de désillusion en désillusion. Dépressive, elle vit très mal ses premiers échecs et au lieu de s'accrocher, se désespère rapidement après seulement quelques mois. À son oncle qui l'héberge, elle prétend qu'elle va rejoindre des amis, mais en vérité, la nuit du 18 septembre 1932, elle gravit la colline d'Hollywood et pose tranquillement ses affaires au pied de la célèbre enseigne. À l'époque, celle-ci arbore le nom d'Hollywoodland, qui ne sera raccourci en Hollywood qu'en 1949 seulement.

Peg Entwistle monte au sommet de la lettre H et, de là-haut, elle se jette dans le vide... On pense qu'elle est morte instantanément en s'écrasant sur le sol.

Le lendemain, un randonneur retrouve son corps disloqué. Dans ses vêtements, la police exhume un message : « J'ai bien peur d'être lâche. Je suis désolée pour tout. Si j'avais fait cela il y a longtemps, ça aurait évité beaucoup de souffrances. P.E. »

L'ironie de l'histoire, c'est que, coïncidence tragique, son oncle reçoit deux jours plus tard une lettre pour la jeune Peg expédiée la veille de sa mort par le Beverly Hills Playhouse. La lettre contient une proposition de premier rôle dans une pièce de théâtre, pièce dans laquelle le personnage principal qu'elle aurait dû jouer se suicide au dernier acte…

Là où l'histoire dépasse celle du drame personnel, c'est que de nombreuses personnes, des randonneurs, des touristes de passage, des *rangers*, ont affirmé, depuis les années 1940, avoir aperçu de loin une femme blonde et triste qui rôdait sur la colline, et qui disparaissait lorsqu'on faisait mine de l'approcher.

Par exemple, une certaine Devin Morgan, résidente à Beachwood Canyon, a remarqué la présence de la jeune femme lors d'une randonnée : « Elle avait l'air très étrange pour moi, elle était très éthérique. Au lieu de marcher, elle semblait presque glisser. Elle ne flottait pas… Elle n'avait pas l'air d'être un fantôme, mais il y avait quelque chose de très étrange à son sujet. » Devin Morgan précise qu'après sa disparition, un parfum intense continua de flotter dans l'air.

De nos jours encore, le panneau Hollywood a la réputation d'être hanté.

Sources

Riley Hansard Crabb, « Haunted Hyams and his house », sur le site hborderlandsciences.org/

Joe Hyams, « Haunted », *The Saturday Evening Post*, 2 juillet 1966.

Joe Hyams, « The day I gave up the ghost », *The Saturday Evening Post*, 3 juin 1967.

James Crenshaw, « Mediums compare ghosts in Elke Sommer's haunted house », *Fate Magazine*, août 1968.

Lisa Waller Rogers, « Elke Sommer's ghost story », lisawallerrogers.com

Stephen Wagner, « The ghost of the Hollywood sign », Liveabout.com, 2 septembre 2018.

Michael Goldstein, « Haunted Hollywood and its ghosts await the intrepid tourist », Forbes.com, 16 octobre 2020

Les témoignages de stars sont issus d'interviews dans des magazines people ou d'actualités générales.

4.
Un message de l'au-delà au bout du fil ?

Est-il possible d'échanger entre l'au-delà et le monde des vivants ? Selon certains, ce serait possible, même sans le biais d'un médium. Et le téléphone pourrait jouer un rôle important dans ce dialogue. Voici trois histoires troublantes qui interrogent sur d'éventuels échanges téléphoniques avec nos chers défunts.

Environ un quart des Français affirment avoir déjà en contact avec un défunt. Ce pourcentage peut paraître très élevé, mais on ne compte plus les témoignages de personnes disant avoir reçu le signe d'un proche décédé. Chez BTLV, nous avons eu l'occasion de nous en rendre compte lors des émissions « Libre antenne » du lundi soir, où de nombreux auditeurs ont raconté avoir vu, entendu, senti ou ressenti une présence autre que la leur, peu après la disparition d'un proche. En l'absence de preuve de nature scientifique, on ne peut que recourir au partage d'expériences pour attester de ces phénomènes.

Au fil du temps, on s'aperçoit que les morts ont tendance à s'approprier les nouvelles technologies pour entrer en contact avec les vivants. Même si le téléphone se passe désormais de fil depuis un moment, il demeure un appareil privilégié pour le dialogue entre notre monde et l'au-delà. Combien de témoignages ne font-ils pas part d'un écran d'appel affichant le numéro d'une personne décédée alors que personne n'est au bout du fil et que, lorsqu'on vérifie, ledit numéro n'est en fait plus utilisé depuis longtemps ?

Ces messages téléphoniques d'outre-tombe, que l'on a baptisés « appels fantômes », se transmettraient *via* l'électricité statique. S'il est impossible d'établir une certitude à leur propos, il semble aussi qu'ils se produisent soit très tôt après le décès d'un être cher, soit des années plus tard, à l'occasion de dates anniversaires notamment. Quant à leur source, ces appels proviendraient d'une source inconnue, impossible à localiser, ou bien de l'appareil de l'être décédé, mais qui entretemps a cessé de fonctionner, a été perdu, détruit, ou la ligne a été résiliée depuis longtemps.

Réalité ou fiction, voici en tout cas trois histoires authentiques sur des appels fantômes qui laissent plus que perplexe.

Coups de fil posthumes

Ce 12 septembre 2008, dans la vallée de San Fernando en Californie (États-Unis), Charles E. Peck ignore qu'il a rendez-vous avec son destin. Cet homme, un grand brun de quarante-neuf ans, n'est pas du tout de la région puisqu'il travaille comme bagagiste pour la compagnie aérienne Delta Airlines, à l'aéroport de Salt Lake City, dans l'Utah.

Mais ce jour-là, il a pris un vol pour Los Angeles puis grimpé dans un train de la Metrolink County Line car il a un rendez-vous professionnel important : il se rend à un entretien d'embauche à l'aéroport de Van Nuys, à Los Angeles. Pour lui, l'enjeu est de taille et sa motivation est extrême, au point de le rendre anxieux. En effet, décrocher un nouveau job en Californie lui permettrait d'épouser et de s'installer avec sa fiancée, Andrea Katz, qui réside justement en Californie.

Pour Charles E. Peck, ce serait un nouveau départ dans la vie, un second mariage après une précédente union qui lui déjà donné trois enfants. Andrea et lui ont d'ailleurs prévu d'aller célébrer son cinquantième anniversaire en Floride. De plus, venir en Californie permettrait à Charles de se rapprocher de ses parents et de ses enfants, qui vivent aussi dans cet État.

« Ce jour-là fut le plus heureux pour lui depuis des mois. Il se sentait vraiment bien. Les choses allaient dans le sens qu'il souhaitait », se souvient son amie et collègue Jennifer Frisnegger pour le *Salt Lake Tribune.*

Mais le conte de fées va tourner au cauchemar. À seize heures vingt-deux, ce 12 septembre 2008, le train de voyageurs de la Metrolink County Line, avec deux cent vingt-cinq passagers à bord, percute de plein fouet un train de marchandises de l'Union Pacific conduit par une équipe de trois personnes. L'impact, à plus de cent kilomètres à l'heure à l'est de Topanga Canyon Boulevard, près de Stoney Point Park, est effroyable. Le bilan de ce que l'on va appeler ensuite le crash de Chatsworth (le lieu de la collision) est dramatique : vingt-cinq morts, cent trente-cinq blessés dont quarante-six dans un état très grave.

Andrea Katz est en train d'aller chercher son fiancé à la gare de Moorpark lorsqu'elle apprend la terrible nouvelle. Bouleversée, elle est bientôt rejointe par les parents et les enfants de Charles. Tous vont devoir attendre plus de onze heures avant que l'on retrouve Charles E. Peck dans les décombres des deux trains encastrés.

C'est là que commence l'inexplicable. Pendant ces onze heures, du vendredi soir au samedi matin, tous les proches de Charles E. Peck reçoivent des appels téléphoniques passés depuis le portable du disparu. Sa fiancée, sa mère, sa sœur, ses fils, sa belle-mère reçoivent tous des communications, trente-cinq au total. Mais dès qu'ils décrochent, ils n'entendent que des bruits parasites.

Personne au bout de la ligne…

CJ, l'un des fils de Charles, crie même dans le téléphone : « Tiens bon, papa, ils viennent te chercher ! », mais sans obtenir de signe de vie en réponse.

Lorsque les membres de la famille rappellent le numéro de Charles, ils tombent directement sur la messagerie vocale. Mais pour Andrea et toute la famille, c'est certain, Charles est bien vivant. Il est juste bloqué dans les wagons détruits et il essaie de les joindre…

Grâce à ces multiples appels, on finit par géolocaliser l'endroit d'où ils sont émis. Finalement, les sauveteurs, qui ont travaillé sans relâche pour libérer les passagers encore piégés dans le train, parviennent enfin à retrouver Charles. Hélas, c'est son corps sans vie qu'ils extraient de l'un des premiers wagons du Metrolink.

Mais lors de l'autopsie qui suit, c'est le choc. Les médecins légistes sont formels, Charles E. Peck a été tué sur le coup lors de la collision…

Autrement dit, il est absolument impossible qu'il ait passé les trente-cinq appels aux heures où ils ont été enregistrés puisqu'il était déjà mort à ce moment-là…

Pour Charles Peck Jr., un fils de Charles, c'est l'incompréhension la plus totale : « Ils nous ont dit qu'il est mort instantanément lors du crash, qu'il n'a rien vu venir. Mais nous avons reçu des appels téléphoniques depuis son téléphone, de manière répétée tout au long de la nuit, jusqu'à quatre heures du matin ! Il a appelé les enfants, son frère… Il a appelé tout un tas de gens depuis son téléphone. »

Et au journaliste qui lui demande s'il a laissé des messages, le fils du défunt répond : « Non, juste du silence. Et ils l'ont retrouvé [ce fut l'un des derniers à être sorti de l'épave du train] en identifiant son emplacement précis grâce à son téléphone portable. » Un appareil, d'ailleurs, qui n'a jamais été retrouvé près du corps ou sur le site de la collision…

Alors, qui a passé plus de trente coups de fils aux proches de la victime ? Comment le téléphone a-t-il pu émettre ces appels silencieux alors que de toute évidence son propriétaire était déjà mort ? Et s'il avait été récupéré par quelqu'un d'autre, comment expliquer qu'il indiquait l'endroit exact où gisait Charles E. Peck ? Autant de questions auxquelles personne n'a pu apporter un début de réponse.

Vous voulez savoir l'ironie de cette histoire inexpliquée qui n'est pas une légende urbaine ? C'est un autre téléphone qui serait en partie responsable de la tragédie. En effet, les enquêteurs ont révélé que le conducteur du train de passagers était en train d'envoyer des SMS peu avant la catastrophe et qu'il aurait manqué un feu rouge. Cela aurait entraîné son convoi sur une voie unique, avec un autre train arrivant en sens inverse…

Le dernier signe du lieutenant Murphy

Cette autre histoire vraie, c'est celle d'une incroyable synchronicité, mais aussi l'histoire d'un authentique héros.

Aimé et respecté de tous, Michael Murphy était un militaire américain, titulaire du grade de lieutenant dans l'unité des SEALs, la principale force spéciale de la marine de guerre américaine (la fameuse US Navy).

En 2005, il est envoyé dans les montagnes d'Afghanistan pour y diriger une mission de reconnaissance chargée de recueillir des informations sur un chef terroriste local.

Mais son équipe de quatre hommes et lui-même ne peuvent mener leur mission à son terme. Ils tombent dans une embuscade et sont attaqués par des éleveurs de chèvres locaux qui indiquent ensuite leur position aux talibans.

Les cinq soldats, isolés, doivent alors affronter dans un combat terrible des troupes adverses largement plus nombreuses. Dans le feu de l'action, le lieutenant Murphy s'expose au feu ennemi afin d'envoyer un message radio à son quartier général et obtenir de l'aide. Il y parvient mais, hélas, il est mortellement blessé.

Pour son sacrifice, le 28 juin 2005, afin que ses hommes aient une chance de survivre, Michael Murphy reçoit à titre posthume la Medal of Honor le

22 octobre 2007 des mains du président G. W. Bush. C'est la première récompense de ce genre depuis la guerre du Vietnam.

Aux États-Unis, de nombreux sites (rues, parcs…) portent désormais le nom de Murphy. En outre, un film a été tiré de son histoire en 2013 : *Lone Survivor* (*Du sang et des larmes* en français) de Peter Berg, avec Mark Wahlberg et Eric Bana.

C'est lors des funérailles de Michael Murphy au cimetière national de Calverton, le 13 juillet 2005, que se passe un événement insolite. Après la cérémonie, ses parents, Dan et Maureen, dévastés par le chagrin, sont en train de regagner leur véhicule quand, soudain, le téléphone de Maureen se met à biper. Elle n'a pas la tête à consulter son téléphone à ce moment-là mais par réflexe, elle regarde quand même l'écran. Elle vient de recevoir un message…

« *Momma, home safe and sound. Mike* » (« Maman, sain et sauf à la maison. Mike. »)

Les mains de Maureen se mettent à trembler. D'émotion, elle lâche son téléphone, qu'elle ramasse ensuite. Le message est toujours là. Elle le montre aussitôt à Dan pour qu'il le lise à son tour. Ils se tournent alors l'un vers l'autre et, malgré leur chagrin, ils esquissent un sourire…

Le SMS de Murphy ne vient pas de l'au-delà, du moins pas directement. Au fil des années, le militaire a pris l'habitude d'appeler ou de texter ses parents à chaque fois qu'il arrive à une nouvelle destination. C'était sa manière à lui de leur faire savoir que tout allait bien de son côté. Vérification faite, il a bien émis le SMS qu'a reçu sa mère, mais plusieurs mois auparavant, alors qu'il arrivait à son lieu d'affectation à Hawaï.

Ce qui demeure inexpliqué et troublant, c'est pourquoi ce SMS a mis autant de temps pour être envoyé et par quelle coïncidence il est parvenu à sa destinataire à un moment aussi douloureux, avec un message qui prit instantanément une nouvelle signification.

Quoi qu'il en soit, Dan et Maureen Murphy, fervents catholiques, ont interprété cet ultime message comme le signe que leur fils était bien arrivé dans son foyer éternel.

Le mari défunt appelle les secours

C'est une histoire invraisemblable qu'a vécue Katie Couric, une célèbre animatrice de télévision américaine, qui l'a racontée en public en 2013.

Née le 7 janvier 1957, Katherine Anne Couric est une femme de médias accomplie, à la fois journaliste, animatrice, productrice et auteure, à la tête d'une entreprise de production et d'information multimédia, Katic Couric Media.

Secrétaire de rédaction chez CNN au début de sa carrière, Katie est apparue sur les trois grands réseaux américains : NBC News de 1989 à 2006, CBS News de 2006 à 2011, et ABC News de 2011 à 2014. En parallèle de cette dernière fonction, elle a animé son propre talk-show quotidien, « Katie », produit par Disney-ABC de septembre 2012 à juin 2014.

Côté vie privée, Katie Couric a épousé, en 1989, John « Jay » Paul Monahan III, analyste juridique chez MSNBC. Mais en 1998, ce dernier meurt prématurément d'un cancer du côlon à l'âge de quarante-deux ans, laissant Katie avec ses deux filles.

Étrangement, Jay Monahan aurait envoyé un signe depuis l'au-delà quinze ans plus tard. En février 2013, Katie Couric arrive en retard à l'enregistrement de son show, manifestement bouleversée. Elle explique à la production et à une partie du public qu'elle a très peu dormi les nuits précédentes, en raison d'un phénomène inexpliqué chez elle.

Apparemment, tous les mardis vers deux heures du matin, un appel téléphonique partant de la ligne fixe de son mari défunt alerte la police en composant le fameux numéro d'alerte, 911. Une patrouille de police se déplace à dix reprises, mais pour rien, car à ce moment ni Katie ni personne d'autre ne se trouve dans l'appartement.

Les premières fois, Katie n'est pas en ville, et ce sont les messages de la police qui l'avertissent du problème. Ensuite elle est bien chez elle. Naturellement, elle n'a pas conscience qu'un appel part de l'ancienne ligne fixe de son mari. En revanche, le rappel de la police la réveille en sursaut.

Effrayée par la répétition du phénomène, Katie Couric finit par contacter Ray Kelly, le chef de la police de la fameuse NYPD, la police de New York, qu'elle a déjà rencontré à plusieurs reprises, pour lui demander son aide. Celui-ci la réoriente vers l'un de ses collaborateurs afin qu'il mène l'enquête.

Assez vite, les autorités de police se penchent sur deux hypothèses, soit un dysfonctionnement du téléphone, soit la plaisanterie de mauvais goût d'un farceur doué en télécommunications. En avril 2013, une enquête technique conclut à un mauvais branchement de fils, ce qui déclencherait les appels vers la plateforme de secours. Dans le même temps, les coups de fils intempestifs cessent.

Autant dire que beaucoup ont trouvé cette explication officielle peu satisfaisante, car plusieurs questions restent sans réponse.

Les appels ont lieu tous les mardis, à deux heures du matin. A-t-on déjà vu un dysfonctionnement au mécanisme aussi régulier qu'une horloge ? Et pourquoi le mardi seulement ? C'est encore plus étrange que l'heure elle-même. Katie Couric ne s'est jamais prononcée sur ce jour et cette heure. Représentaient-ils quelque chose pour elle ? Il ne s'agit pas du jour et de l'heure du décès de Jay Monahan puisque celui-ci est décédé le samedi 24 janvier 1998. Mais d'une autre date symbolique pour le couple ? Est-ce justement parce qu'elle a reçu une sorte de message qu'elle était bouleversée à ce point ?

Un autre point reste non élucidé : si les appels étaient déclenchés par un mauvais branchement, comment expliquer qu'ils aient cessé du jour au lendemain, en l'absence de toute intervention technique ?

Sources

Frank Stoltze, « Doctor remembers Metrolink crash », 89.3 KPCC, 11 septembre 2009.

La biographie de Charles E. Peck sur le site findagrave.com : fr.findagrave.com/memorial/29867982/charles-peck

La biographie de Michael Murphy sur Wikipédia.

Murph The Protector, documentaire de Scott Mactavish, 2013.

Adam Martin, « Katie Couric's late husband's phone is prank calling 911 », Nymag.com, 14 février 2013/

« D911 calls from Katie Couric's late husband's phone were "Technical Glitch" », *The Huffington Post*, 10 avril 2013.

PERSONNAGES EXTRAORDINAIRES

5.
Émilie Sagée, la jeune femme qui se dédoublait

Dans la grande famille des phénomènes paranormaux, il en est un tout à fait curieux, le dédoublement. Sous ce vocable, on désigne le fait d'apparaître aux yeux de ses contemporains sous deux formes identiques simultanées, l'une étant la copie conforme de l'autre. Les Allemands ont un nom pour cela, doppelgänger, *un terme qui renvoie à l'idée du sosie, du double, tout en laissant planer un doute quant à sa réalité.*

Mythe ou réalité? Ce n'est pas simple de trancher comme vous allez le voir avec le cas d'une jeune femme, Émilie Sagée, qui reste, encore aujourd'hui, l'une des histoires les plus troublantes du monde de l'inexpliqué.

Dans un pensionnat féminin vers 1845

Nous sommes à l'est de l'Europe, en Lettonie, au milieu du XIXe siècle. Il faut savoir qu'à cette époque, ce territoire n'est pas encore un pays balte indépendant, comme aujourd'hui. C'est une province intégrée à l'Empire de Russie où règne alors le tsar Nicolas 1er. D'ailleurs, on ne parle pas de Lettonie, mais plutôt de la province de Courlande ou de Livonie.

Même si la région est sous la coupe des Russes – la monnaie locale est d'ailleurs le rouble –,beaucoup portent des noms d'origine germanique car la noblesse lettonne est composée en grande partie de luthériens allemands. Voilà pour le contexte historique.

Dans la petite ville de Neuwelcke, qui s'appelle aujourd'hui Jaunvelki, près de Valmiera, il y a un pensionnat féminin tenu par un certain monsieur Buch, qui reçoit des jeunes filles de bonne famille, appartenant donc à la noblesse allemande locale.

En 1845, monsieur Buch se met en quête d'une nouvelle professeure de français. Je rappelle qu'à l'époque, le français est une langue prisée et largement pratiquée par les aristocrates dans les pays de l'Est, beaucoup plus que l'anglais par exemple.

Une nouvelle enseignante... plutôt étrange

On ne sait trop comment, monsieur Buch reçoit la candidature d'une certaine Émilie Sagée, dont les références font un très bel effet. De cette jeune femme, on ne sait pas grand-chose, sinon qu'elle a trente-deux ans, qu'elle est grande, blonde aux yeux bleus et qu'elle est française d'origine bourguignonne, de Dijon plus précisément.

Très vite, semble-t-il, Émilie Sagée semble faire l'unanimité parmi ses collègues et les quarante-deux élèves, aussi bien par ses méthodes pédagogiques, sa compétence, que son caractère doux et enjoué. Tout le monde est conquis. Même si elle se montre parfois un peu nerveuse, Émilie s'avère une excellente enseignante.

Pourtant, après quelques semaines calmes et sans aucun problème, des phénomènes étranges commencent à se manifester. Au point que les jeunes filles commencent à en parler entre elles. Apparemment, plusieurs d'entre elles affirment avoir vu leur professeure de français à des endroits différents au même moment ! Quand l'une affirme l'avoir vue dans une partie de l'établissement, une autre lui dit : « Non, c'est impossible, je viens de la croiser dans l'escalier ! »

Au début, on pense à un malentendu, mais comme les faits se reproduisent, les jeunes pensionnaires commencent à raconter des histoires un peu folles qui finissent par arriver aux oreilles des autres enseignantes.

Le jardinier

Au début, les collègues de travail d'Émilie ne prêtent guère attention à ce que leur disent leurs élèves, elles considèrent leurs commérages comme un fantasme, pour ne pas dire une plaisanterie collective.

Mais il y a l'histoire du jardinier. Un soir, l'homme chargé de l'entretien du domaine aperçoit Émilie se promenant dans le parc à l'heure du dîner. Cela l'intrigue car à cette heure, tout le monde, professeures et élèves, se trouve normalement au réfectoire. Perturbé, le jardinier entre dans le bâtiment, se rend dans la cantine et là, il y voit la jeune Française occupée à dîner paisiblement à la table des enseignantes.

Stupéfait, le jardinier retourne aussitôt dans le parc où il aperçoit à nouveau Émilie ! Celle-ci marche à sa rencontre, un livre à la main, il essaie de lui parler, mais elle le croise sans répondre à son salut.

Le jardinier est trop pétrifié pour penser à la suivre...

Le cours de français

Les rumeurs ne vont pas s'arrêter là car d'autres incidents s'enchaînent. Notamment pendant un cours de français.

Selon les témoignages, Émilie est en train de donner un cours de grammaire ou d'écrire à la craie sur le tableau noir un poème de La Fontaine. Peu importe, les treize élèves d'Émilie présentes racontent qu'à ce moment son double est apparu à côté d'elle, comme s'il se détachait d'elle. Il s'est mis à imiter ses gestes à la perfection, mais en écrivant dans le vide.

Évidemment, les élèves poussent des cris mais Émilie, la vraie, celle qui a un morceau de craie à la main, ne remarque rien, elle semble ailleurs. L'autre Émilie lui ressemble trait pour trait et suit tous ses mouvements.

Soudain, le double disparaît et Émilie, la vraie, prise d'une sorte de malaise, s'écroule sur une chaise. Lorsqu'elle reprend ses esprits, elle découvre en face d'elle les visages tétanisés de ses élèves qui sont sous le choc. Émilie ne comprend pas vraiment ce qu'il se passe, hormis qu'elle se sent très fatiguée.

Un peu plus tard au réfectoire, les quarante-deux élèves, les professeures et quelques membres du personnel peuvent observer Émilie et son double qui font les mêmes gestes, portent la nourriture à leur bouche, l'une mangeant réellement, l'autre faisant semblant.

Une autre fois, ils diront avoir vu brièvement le double rester assis à la table de la cantine, tandis que la jeune enseignante se lève de table et sort de la pièce !

Mademoiselle de Wrangel

Deux incidents concernent surtout l'une des élèves, Antoinette de Wrangel. Une première fois, cette demoiselle voulait se rendre à une fête locale du voisinage. Elle était occupée à terminer sa toilette, et mademoiselle Sagée, avec sa serviabilité habituelle, l'aidait à agrafer sa robe par-derrière. La jeune fille, s'étant retournée par hasard, aperçut dans la glace deux Émilie Sagée qui s'occupaient d'elle. Elle fut tellement effrayée de cette apparition qu'elle perdit connaissance.

Cela ne l'empêcha pas, plus tard, alors qu'Émilie était couchée à cause d'un gros rhume – il était exceptionnel qu'elle fût malade –, de venir lui faire la lecture dans sa chambre. Antoinette de Wrangel était donc assise près de son lit lorsqu'elle vit Émilie se raidir et pâlir comme si elle allait se trouver mal. L'enseignante marmonnait quelque chose d'une voix très faible, comme mourante. Alors, en se retournant, Antoinette dit qu'elle a clairement aperçu le double de la malade qui se promenait de long en large dans la chambre!

Cette fois-là, l'élève réussit à se dominer et à ne pas quitter la chambre en hurlant tandis que le double continuait à faire les cent pas dans la pièce, mais elle est très vite descendue pour raconter ce dont elle avait été témoin. Lorsqu'elle est revenue avec des enseignantes, la situation était redevenue normale...

Selon le témoignage des domestiques de l'institution, au cours des mois qui suivirent, ce « double » inquiétant se manifesta à de nombreuses reprises. Son comportement devint de plus en plus imprévisible.

Le cours de broderie

Lors d'un cours de broderie, dans une salle d'études, il se passa un phénomène incroyable. À cette occasion, les quarante-deux pensionnaires étaient réunies dans la même salle du rez-de-chaussée et elles étaient occupées à faire des travaux de broderie sous la surveillance d'une enseignante.

Par les fenêtres ouvertes, elles voyaient distinctement Émilie Sagée dans la cour en train de cueillir des fleurs et de confectionner des bouquets.

Mais voilà que la professeure qui les surveillait se leva de son fauteuil et s'absenta un instant.

Alors se produisit l'extraordinaire: toutes les élèves virent tout à coup apparaître, sur le fauteuil resté vide, le double d'Émilie, assise immobile et silencieuse... Les élèves furent choquées, une fois encore, et sous le coup de la panique certaines s'évanouirent, ce qui provoqua un remue-ménage dans le pensionnat.

Pendant ce temps, inconsciente du phénomène, la véritable Émilie continuait de faire des bouquets dans le jardin, mais ses mouvements semblaient alourdis, lents, comme si elle était épuisée. Les élèves dirent plus tard qu'elle avait le teint très pâle, qu'elle avait l'air de se figer, d'avoir le plus grand mal à se mouvoir.

Dans le fauteuil, le double de Mlle Sagée avait une telle apparence de réalité que les jeunes filles pouvaient croire que c'était bien elle. Mais certaines élèves savaient qu'elles n'avaient pas affaire à une personne véritable. Deux d'entre elles, plus curieuses et plus intrépides que les autres, s'enhardirent et quittèrent leur place. Elles s'approchèrent du double, essayèrent de lui parler et même de le toucher pour voir s'il était bien réel. Elles effleurèrent du doigt le « fantôme » ou ce qui y ressemblait, sans que celui-ci ne réagît. Elles dirent ensuite qu'elles sentirent une certaine résistance, « comme celle qu'offrirait un léger tissu de mousseline ou de crêpe ». Leurs mains traversèrent les vêtements et les chairs du double comme si elles ne rencontraient que du vide.

Puis l'étrange apparition se mit à disparaître, lentement, graduellement, comme si elle se dissipait dans l'air.

Les filles surexcitées sortirent dans la cour et allèrent à la rencontre d'Émilie. Celle-ci avait l'air de sortir d'un profond sommeil; elle reprit sa cueillette de fleurs. Les élèves lui racontèrent l'incroyable manifestation. Tout ce qu'Émilie put dire, c'est qu'en voyant la surveillante sortir de la salle, elle avait pensé: « J'aimerais mieux qu'elle ne s'en aille pas. Ces demoiselles vont sûrement perdre leur temps et commettre quelques espiègleries. »

Le renvoi

Les rumeurs n'en étaient plus. Chacun a une histoire à raconter sur Émilie. Comme aucune des jeunes élèves n'osait en parler à leurs professeures, elles racontèrent l'histoire avec des frissons à leurs gouvernantes ou à leurs parents en l'enjolivant de mille détails troublants. Devant de tels faits, les parents réagirent et, inquiets, demandèrent des explications à la direction, qui nia tout problème.

Mais en fin d'année scolaire, plusieurs familles retirèrent leur progéniture de l'établissement. Aux vacances d'été, il ne restait plus qu'une douzaine d'adolescentes sur les quarante-deux que l'institution comptait en début d'année. Ce qui menaçait forcément sa survie.

La direction, qui se félicitait des qualités d'Émilie Sagée, n'eut d'autre choix que de convoquer la jeune femme et de lui signifier, à contrecœur, son renvoi. Le directeur de l'école, monsieur Buch, qui n'avait jamais assisté en personne au phénomène, était très ennuyé. Il ne croyait pas à ce qu'il considérait comme des sornettes, mais il agit sous la pression des familles et pour le bien de son établissement.

C'est alors, a-t-on dit, qu'Émilie aurait reconnu qu'elle s'était déjà faite renvoyer dix-neuf fois pour les mêmes raisons depuis ses débuts d'enseignante vers l'âge de dix-huit ans!

Mais elle jura qu'elle n'y était pour rien.

Partout où elle était passée avant de venir à Neuwelcke, les mêmes phénomènes s'étaient produits et avaient motivé son renvoi. Comme les directeurs des établissements étaient contents d'elle à tous les autres points de vue, ils lui donnaient à chaque fois d'excellents certificats! Émilie cherchait alors une nouvelle place dans un endroit aussi éloigné que possible du précédent.

Gouvernante

Par la suite, il s'est dit qu'Émilie, lasse de toutes ces pérégrinations, se serait réfugiée auprès d'une belle-sœur qui avait de jeunes enfants. Ses deux neveux, âgés de trois et quatre ans, ont dit simplement que cela ne les dérangeait pas du tout d'avoir deux tantes Émilie, l'une gaie et souriante, l'autre triste et inerte.

Une autre version a circulé. Après ses déboires au pensionnat, Émilie Sagée serait devenue la dame de compagnie d'une riche douairière russe qui l'avait prise en affection. Elle aurait enfin retrouvé le calme et la sérénité. Sauf qu'un jour, sa protectrice fut retrouvée morte dans son palais. Des témoins dignes de foi affirmèrent avoir vu Émilie sortir de la demeure la nuit même du décès de sa maîtresse… Le problème, c'est qu'Émilie, cette même nuit, se trouvait dans la résidence d'été de la comtesse, à cinquante kilomètres de Saint Pétersbourg, ce que confirmèrent plusieurs personnes, parmi lesquelles l'intendant et le régisseur du domaine. Finalement, à la suite de cet événement tragique, Émilie ne fut pas inquiétée.

Nous étions alors en 1850, Émilie disparut et plus personne n'a jamais eu de ses nouvelles par la suite…

D'où vient cette histoire?

La première remarque qui m'est venue à l'esprit, et au vôtre aussi sans doute, c'est: d'où provient cette histoire? De mes recherches, il résulte que ce récit extraordinaire a été rapporté par trois auteurs, Robert Dale Owen, Alexandre Aksakof et Camille Flammarion.

Chronologiquement, le premier à en avoir parlé serait l'écrivain et homme politique américain Robert Dale Owen, qui publie l'histoire d'Émilie dès 1860, dans son ouvrage *Footfalls on the Boundary of Another World*. Selon ses dires, il le tient du témoignage direct de l'une des pensionnaires de l'établissement, la jeune Julie von Güldenstubbe, seconde fille du baron von Güldenstubbe. La demoiselle l'aurait autorisé à mentionner son nom ainsi que celui des personnes impliquées.

En 1883, le magazine *Light: A Journal of Psychical, Occult, and Mystical Research* publie un texte présenté comme un rapport plus complet de l'histoire, dont Owen aurait publié une version condensée. En réalité, c'est le même texte, au mot près.

Dans la foulée d'Owen, une personnalité bien de chez nous, l'astronome français Camille Flammarion, féru de paranormal, s'intéresse à son tour au sujet. Dès 1862, il aurait rencontré la jeune Julie von Güldenstubbe et son frère, le nouveau baron, apparemment très actifs dans le milieu spirite parisien. Le baron a d'ailleurs publié un petit opuscule sur l'inexpliqué intitulé *La Réalité des esprits et le phénomène merveilleux de leur écriture directe*. À propos des deux personnages, Flammarion écrit qu'ils étaient « très sincères, peut-être un peu mystiques mais d'une loyauté inattaquable ».

Étant en France, Flammarion mène son enquête du côté de Dijon afin d'y retrouver la trace d'une Émilie Sagée, qui y serait née vers 1813. Il ne trouve aucune famille de ce nom dans les registres de l'état civil. En revanche, il découvre une enfant illégitime du nom d'Octavie Saget, née le 3 janvier 1813.

Les registres de l'état civil de Dijon indiquent précisément que « le 3 janvier, à six heures du matin, Marguerite Saget, âgée de trente ans, ouvrière native d'Orbigny, département de la Haute-Marne et demeurant à Dijon, fille majeure, est accouchée d'un enfant de sexe féminin et auquel elle a donné le prénom d'Octavie ».

Cet acte de naissance succinct est-il le seul indice fiable attestant de l'existence d'Émilie Sagée? Car Flammarion suggère qu'Émilie et Octavie sont peut-être une seule et même personne. Le nom d'origine, Saget, aurait été altéré ensuite, soit par Julie von Güldenstubbe dans son témoignage, soit par Robert Dale Owen dans son livre. À moins qu'Émilie elle-même ait choisi de changer ses nom et prénom pour masquer son illégitimité, chose courante à l'époque.

Quant au troisième auteur, Alexandre Aksakof, on ignore précisément quand il a pris connaissance de l'histoire d'Émilie Sagée.

Né en 1832, mort en 1903, Aksakof – et non Aksarof comme je l'ai souvent lu – est un auteur russe en parapsychologie, connu pour ses observations menées sur des médiums et pour ses analyses de phénomènes liées au spiritisme, dont il était convaincu de l'importance. C'est peut-être lui, finalement, qui a rencontré la jeune Julie le premier. On dit, mais c'est impossible à vérifier, qu'il aurait même rencontré Émilie en personne et l'aurait présentée à la riche aristocrate russe pour qu'elle l'engage comme gouvernante. Il aurait ensuite, comme tout le monde, perdu sa trace…

Ce dont on est sûr, en tout cas, c'est qu'il a narré l'affaire Émilie Sagée en 1890, dans son livre *Animismus und Spiritismus*, dans lequel il examine différents phénomènes psychiques. Cet ouvrage sera traduit en français, en 1906, sous le titre d'*Animisme et spiritisme*.

Reste le point gênant du moment où Aksakof découvre cette histoire. Si c'est effectivement vers 1850, pourquoi a-t-il attendu 1890, soit quarante ans, pour la raconter dans un livre ? Les informations étaient-elles alors encore fraîches dans sa mémoire ? S'il l'a appris bien plus tard, alors c'est la jeune élève de treize ans, devenue femme, qui lui a raconté, avec forcément des souvenirs moins nets des événements…

Par la suite, on va retrouver l'histoire d'Émilie, avec plusieurs variations et quelques détails différents (cours de grammaire ou cours de poésie…), chez plusieurs auteurs au XXe siècle, dont André Breton et Louis Pauwels, qui ne sont pas forcément des sources historiques très fiables. Si la trame demeure la même, il n'est pas exclu que des détails inutiles aient été ajoutés à chaque reprise du récit par un nouvel auteur.

L'absence de preuves

Dans cette histoire, hormis le témoignage de Julie von Güldenstubbe, il faut bien avouer qu'il n'y a rien d'autre à analyser.

À propos du pensionnat en Lettonie, des recherches plus récentes n'ont pas permis d'en retrouver la trace, ce qui ne veut rien dire en soi, si l'on prend en compte l'histoire tumultueuse de la Lettonie jusqu'à nos jours.

Sans doute plus étonnant est le fait que des phénomènes aussi ahurissants n'aient pas été confirmés par un autre témoin – le directeur de l'établissement, d'autres enseignantes ou pensionnaires, un membre du personnel… Tous sont introuvables. Et rien ne dit que les trois auteurs évoqués plus haut ont eu l'opportunité de rencontrer ces autres protagonistes.

Tout comme il n'a jamais été possible de recueillir un témoignage dans la vingtaine d'autres emplois qu'aurait occupé Émilie Sagée. Une seule déclaration de plus allant dans le sens du récit aurait permis de lui conférer une plus grande authenticité.

Un témoin unique

Tout ce que l'on sait sur cette histoire, on le tient en définitive d'un seul témoin, âgé de treize ans au moment des faits, la jeune baronne Julie von Güldenstubbe, ce qui peut entretenir un sérieux doute sur la véracité du récit.

La jeune Julie a réellement existé, les auteurs disent l'avoir rencontrée dans plusieurs circonstances et garantir son intégrité. Malgré tout, il faudrait partir du postulat que ce qu'elle raconte est vraie. Certes, elle ne nuisait à personne en racontant cette histoire, car sa protagoniste principale avait disparu.

Si c'était pour discréditer Émilie lorsqu'elle était à l'internat, il eût été plus facile d'inventer une histoire d'attouchements sexuels, qui aurait été plus crédible d'une certaine manière, qu'une invraisemblable histoire de dédoublement. On ne peut pas exclure complètement que ce récit soit le fruit du fantasme d'une élève, peut-être jalouse ou tombée amoureuse de sa professeure, et qui a réussi à rendre hystériques ses camarades…

Flammarion avait bien saisi la faiblesse de ce témoignage unique et avait noté que la jeune baronne était d'une imagination survoltée, et qu'elle vivait dans une famille acquise aux phénomènes paranormaux. Ce n'est pas forcément une marque de grande objectivité. En 1859, le *Daily News* fait d'elle un portrait perspicace : elle est « très intelligente et aimable, mais une petite créature à l'allure des plus étranges, imaginable, surnaturelle et elfique ».

Bref, il s'avère impossible, avec les informations disponibles, de certifier que l'histoire est authentique ou pas, car elle aurait très bien pu être inventée par la jeune élève, avec ou sans la complicité d'un des auteurs.

Si l'on souhaite commenter le phénomène de dédoublement tel que raconté, il importe donc de partir du postulat que cette histoire est plausible, avec les réserves d'usage.

Un phénomène inconnu de la science

La science serait bien en mal d'apporter une explication rationnelle à ce phénomène qui n'a jamais été observé de manière probante, et *a fortiori* jamais étudié dans un cadre scientifique.

Pour autant, le cas d'Émilie permet de tirer quelques constatations.

Émilie Sagée n'a jamais semblé vouloir mystifier quiconque. Au contraire, son « pouvoir » de dédoublement ne lui a valu, à terme, que des ennuis. Elle n'avait aucun intérêt à essayer de leurrer qui que ce fût.

De toute évidence, Émilie n'était pas capable de contrôler son double, qui allait et venait selon son bon vouloir. Au moment où il sortait de son corps, elle ne se rendait compte de rien. Ce fait va, à mon sens, à l'encontre de la thèse selon laquelle le double serait une image que la jeune femme aurait créée d'elle-même. Ou alors cela signifierait que le cerveau (ou la conscience ?) serait dans certaines conditions très particulières capable de créer un « double de soi » disposant ensuite, durant une période éphémère, de sa propre autonomie…

Émilie n'était même pas capable de déceler la présence de son double. C'est d'ailleurs la seule personne qui ne l'ait pas vu lorsqu'elle était à l'institut. C'était à l'expression stupéfaite des personnes qui l'entouraient qu'elle devinait qu'une seconde Émilie venait d'apparaître, mais c'était là le seul signe qui l'alertait.

Selon les descriptions, le double sait imiter Émilie qui écrit, qui mange… mais avec les mains vides ; il peut bouger indépendamment d'Émilie ou rester immobile alors qu'elle se déplace ; il peut apparaître en pleine santé alors qu'Émilie est malade…

Les apparitions du double sont imprévisibles : il peut se passer plusieurs semaines entre deux d'entre elles. Il apparaîtrait surtout lorsqu'Émilie est très appliquée ou préoccupée.

Le double surgit toujours à proximité d'Émilie, en tout cas jamais très loin. On ne l'a jamais vu à une grande distance, comme s'il devait rester proche de son modèle vivant. Seule exception : Émilie aurait été à cinquante kilomètres de la vieille aristocrate le jour de sa mort, mais cette dernière anecdote a peut-être été ajoutée ensuite…

Enfin, le constat peut-être le plus important est qu'il y avait comme un transfert d'énergie entre Émilie et son double. L'apparition de celui-ci se traduit toujours par un affaiblissement visible d'Émilie, qui devient livide, bouge au ralenti et doit faire de gros efforts. On pourrait parler d'une « relation vampirique » entre Émilie Sagée et son double ; à chacune des apparitions de celui-ci, en effet, la jeune femme est prise d'une fatigue plus ou moins intense, comme si le double la privait de son énergie.

Le thème du double

Comme les vies antérieures ou les âmes jumelles, le thème du double est présent dans presque toutes les cultures, avec le plus souvent une opposition entre la lumière (la vie) et la mort (l'ombre, le fantôme). Depuis la nuit des temps, il figure dans de nombreux folklores et croyances, et dans la plupart des mythologies.

Les religions l'associent plutôt à l'immortalité de l'âme alors que la psychiatrie le renvoie aux troubles dissociatifs de l'identité. Les premiers travaux sur l'hypnose ont aussi suggéré l'existence d'un autre comportement, différenciant la personnalité de l'individu au réveil et celle de l'individu sous hypnose.

Le double se présente toujours comme la copie d'un individu ou bien sa version alternative, souvent maléfique. En parallèle, on a aussi le concept d'*alter ego*, ou « autre soi », lui aussi très commun dans de nombreuses cultures.

Le double est le plus souvent lié à la mort. C'est une ombre, celle de la personne vivante, aussi le double ne peut-il pas projeter d'ombre. Il s'apparente à tous les êtres morts, les esprits, les vampires, les elfes, les spectres... L'image du *doppelgänger*, du double, ne se reflète pas dans un miroir ou dans l'eau.

Il y également le symbolisme attaché à l'apparition du double. Dans certaines légendes, voir son double équivaut à la prédiction d'une mort prochaine. De même, si votre double est vu par des amis ou des proches, c'est un signe de malchance ou de maladie à venir.

Dès l'Antiquité, on pensait qu'on pouvait arriver à tuer un homme en blessant son double. Il existe par ailleurs une vieille coutume sur ce thème : si vous voulez savoir si vous allez mourir dans l'année, vous devez vous tenir près de la porte d'une église le 24 avril, la veille de la Saint-Marc. À minuit, les doubles fantomatiques de tous ceux qui décéderont vont entrer dans l'église en une procession solennelle. Si vous vous reconnaissez parmi les doubles, vous saurez que votre temps est sur le point de s'achever...

C'est sans doute aussi pourquoi on couvrait autrefois les miroirs à l'occasion d'un décès. De peur que l'âme du mort n'emporte dans l'au-delà le double d'une personne venant à passer devant la glace...

Ne pas confondre...

Si le phénomène n'est pas scientifiquement établi, le dédoublement ne peut pas être assimilé à une sortie de corps ou à une expérience de mort imminente, puisque le sujet qui se dédouble n'a pas conscience de ce qui lui arrive. Alors que le sujet qui sort de son corps, pour faire ce que l'on appelle un voyage astral, voit son environnement à partir d'un point extérieur qui n'est pas son point de vue habituel – placé, par exemple, au-dessus de son propre corps.

Le dédoublement n'est pas non plus ce que l'on appelle la bilocation, ou don d'ubiquité, c'est-à-dire le fait d'être à deux endroits au même moment mais en toute conscience. La bilocation est un phénomène très rare, contesté par les rationalistes qui expliquent les cas allégués de bilocation par des erreurs humaines (une erreur de date, par exemple), des hallucinations, ou encore comme l'une de ces légendes qui se développent autour de personnes célèbres.

Concernant les saints ou les mystiques, l'Église reconnaît quelques cas de bilocation chez Padre Pio, Marthe Robin, Joseph de Cupertino ou Yvonne Beauvais – en religion mère Yvonne-Aimée de Jésus, du couvent de Malestroit –, mais elle n'en fait pas une preuve de sainteté. Elle n'y voit même qu'un événement spectaculaire mais secondaire, car seule compte l'héroïcité des vertus pratiquées.

Deux récits de bilocation

Moniale dominicaine réputée pour sa charité et ses vertus, Agnès Galand (1602-1634), connue en religion sous le nom d'Agnès de Jésus, a été béatifiée en 1994 par le pape Jean-Paul II.

Un jour qu'elle était en extase, Agnès « resta comme morte pendant vingt-quatre heures ». C'est pendant ce laps de temps qu'elle serait apparue à un certain monsieur Olier, à Paris, tandis que son corps restait bien visible à Langeac (Haute-Loire). Monsieur Olier se présenta au parloir. « Ma mère, dit-il, je vous ai vue ailleurs. » Agnès répondit : « Cela est vrai, vous m'avez vue, deux fois à Paris où je vous ai apparu dans votre retraite de Saint-Lazare parce que j'avais reçu de la Vierge l'ordre de prier pour votre conversion. »

Olier deviendra prêtre, créera le premier séminaire français à la suite du concile de Trente et fondera la compagnie des prêtres de Saint-Sulpice.

L'évêque italien Alphonse de Liguori (1696-1787) a affirmé être allé au chevet du pape Clément XIV sur son lit de mort à Rome alors qu'il se trouvait endormi deux jours durant à Arienzo, près de Naples : « Vous pensiez que je dormais, mais non, j'étais allé assister le pape qui vient de mourir. » On sut peu après que le pape était mort le 22 septembre 1774, à l'heure exacte où l'évêque est sorti de son sommeil.

Le double dans la fiction

Dans le domaine de la fiction, le double est un sujet populaire et largement répandu, dans les contes des frères Grimm, dans la littérature romantique ou gothique, chez Edgar Poe, chez Dostoïevski dans son roman justement titré *Le Double* (1846), chez Robert Louis Stevenson dans *L'Étrange Cas du docteur Jekyll et de Mr Hyde* (1886), chez Oscar Wilde dans *Le Portrait de Dorian Gray* (1890-1891), chez le Portugais José Saramago dans *L'Autre comme moi* (2002), etc.

La science-fiction s'est aussi appropriée ce thème, où le double est associé au robot, au clone, à l'existence d'univers parallèles. Souvent, c'est la représentation maléfique d'un reflet du héros : le côté obscur de la Force dans *Star Wars*, le Spiderman noir…

Les doubles célèbres

L'histoire d'Émilie Sagée est à ce jour le cas le plus documenté de dédoublement, mais par le passé des personnages célèbres affirment avoir croisé leur double, avec plus ou moins de bonheur. Ainsi, le grand écrivain allemand Goethe prétend avoir vu, un jour qu'il était sous le coup d'une violente émotion, s'avancer vers lui, son « double » vêtu d'un costume gris perle.

Percy Shelley, l'époux de Mary Shelley, l'auteure de *Frankenstein*, dit aussi avoir rencontré son *doppelgänger* comme un pressentiment de sa propre mort.

La reine Élisabeth Ire d'Angleterre rapporte avoir vu une vision sur son lit de mort juste avant de décéder. Selon une autre version, « la reine Élisabeth agonisante aurait été vue par une dame de la Cour dans une partie éloignée du palais ». Quand Catherine II de Russie vit son double, elle ne prit pas de risque : elle ordonna à ses soldats de tirer sur son image.

John Donne, le poète métaphysique anglais, aurait vu le *doppelgänger* de sa femme à Paris, présage de la mort de ses filles à naître. On raconte aussi l'histoire de ce parlementaire anglais, cloué au lit par la maladie, qui aurait quand même été vu par ses collègues au Parlement lors du vote d'une loi qui lui tenait à cœur.

En France, nous avons l'exemple fameux de Guy de Maupassant, qui a relaté sa propre confrontation avec son double dans une nouvelle sobrement intitulée *Lui ?* (1883). Vers la fin de sa vie, l'écrivain français qui versait quelque peu dans l'occultisme prétendit qu'à plusieurs reprises son « double » vint s'asseoir en face de lui, dans son cabinet de travail, alors qu'il était en train d'écrire. Hallucination, fantasme ou phénomène paranormal ? L'écrivain affirmait que lorsqu'il sortait de lui, parfois son double s'installait à sa place, parodiant ses gestes : « En rentrant chez moi, je vois mon double. J'ouvre la porte et je vois mon double assis sur mon fauteuil ! » L'écrivain était tellement angoissé par ce phénomène qu'il tenta de le prendre au piège en se servant d'un miroir, supposé capturer les images de l'invisible…

Le double : moderne et tourné vers autrui

Le dédoublement est un sujet fascinant, qui n'a jamais été prouvé scientifiquement. Mais il traverse les siècles, dans toutes les cultures, toutes les civilisations.

S'il reste aussi vivace, c'est peut-être parce qu'il jette un pont entre la vie et la mort. Comme pour nous indiquer la division du moi en une partie mortelle et une partie immortelle que l'on peut appeler, selon ses convictions, l'âme.

Dans le concept du double, il y a un désir d'immortalité, car l'ombre, le double, continue son existence après la décomposition du corps physique. C'est également un thème étonnamment moderne, puisqu'il imprègne également notre société :

- avec le numérique : les doubles virtuels, les avatars…
- avec l'astrophysique, qui rêve de découvrir une vie semblable à celle que nous connaissons sur une Terre jumelle ;
- avec la génétique, avec le concept de clone, fait de créer un double humain grâce à du matériel biologique ;
- avec l'éthologie, la recherche sur le langage et le comportement des animaux, avec l'idée d'échanger avec un grand singe, sorte de miroir de l'homme.

Et puis le dédoublement fait écho à un autre thème très présent en ce XXIe siècle, celui de l'altérité, de la différence, de l'hybridité.

Ce qu'Arthur Rimbaud résumait dans sa formule choc : « Je est un autre. »

Sources

Robert Dale Owen, *Footfalls on the Boundary of Another World*, J.B. Lippincott & Company, 1860.

Alexandre Aksakof, *Animisme et spiritisme: essai d'un examen critique des phénomènes médiumniques, spécialement en rapport avec les hypothèses de la « force nerveuse », de l'« hallucination » et de l'« inconscient »*, Paris, Paul Leymarie, 1906.

Camille Flammarion, *La Mort et son mystère. Autour de la mort*, vol. 2, Paris, Ernest Flammarion, 1921.

Wilfried-René Chettéoui, *La Nouvelle Parapsychologie : une expérience métaphysique*, éditions Fernand Lanore, 1983.

Philippe Delorme, « Émilie et son double: spectre ou illusion? », *Valeurs actuelles*, 19 septembre 2019.

6.
La mort mystérieuse d'Edgar Allan Poe

Le 7 octobre 1849, Edgar Allan Poe meurt, quatre jours après avoir été admis à l'hôpital. Plus de cent soixante-dix ans après, le décès du célèbre écrivain demeure une énigme, d'autant que la version officielle est largement mise en doute. Alors qu'est-il vraiment arrivé au maître du fantastique ?

Au petit matin du 3 octobre 1849, dans l'une des rues de Baltimore, dans l'État du Maryland aux États-Unis, on retrouve un homme, gisant inanimé sur un banc. Apercevant un rassemblement de badauds, un *policeman* s'approche et constate vite l'état désespéré de l'inconnu. Aussitôt il fait réquisitionner une voiture et conduit le moribond dans l'un des hôpitaux de la ville, le Washington Medical College.

Cet homme sans connaissance, aux vêtements souillés, échoué dans la rue comme une misérable épave humaine, n'est autre que le grand écrivain Edgar Allan Poe, l'auteur de romans et de nouvelles célèbres comme *Le Chat noir, Double Assassinat dans la rue Morgue, La Lettre volée* ou *La Chute de la maison Usher*...

Le médecin qui s'occupe de lui, John J. Moran, connaît son patient, « *un grand homme d'un esprit incroyablement doué auquel nous devons plusieurs des pensées les plus brillantes qui ornent notre littérature* ».

Durant plusieurs jours, Poe va rester prostré, seulement pris de temps à autre par de violentes crises de délire. L'écrivain poète finira par succomber quelques jours plus tard, le 7 octobre 1849, après avoir sombré dans le coma. Lui, l'irréductible athée, murmurera en guise de dernières paroles : « *Seigneur, aide ma pauvre âme.* »

Le 8 octobre, vers seize heures, Edgar Allan Poe est enterré au cimetière de Westminster Hall en présence de huit personnes. Edgar Allan Poe, condamné à « finir dans l'ignominie » selon Charles Baudelaire, n'avait que quarante ans...

Encore aujourd'hui, les circonstances qui entourent le décès de l'écrivain restent très mal éclaircies.

La dernière année d'Edgar Poe

Pour essayer de comprendre ce qui est arrivé à Edgar Poe, il faut d'abord revenir en arrière et parler des circonstances qui l'ont amené à se trouver à Baltimore en 1849, la dernière année de sa vie.

Au mois de juillet, il est dans son cottage de Fordham, près de New-York, avec Mrs Clemm, sa belle-mère, qui prend soin de lui depuis la mort de Virginia, la femme de Poe, deux ans plus tôt en 1847.

Cet été-là, l'écrivain forme le projet de faire une grande tournée de conférences dans le pays, dont les recettes, combinées à une collaboration active avec plusieurs magazines, doivent lui permettre de réaliser son grand rêve : fonder une revue dont il serait le maître absolu. Il a même déjà trouvé un nom, *Stylus*.

Les lectures et les conférences qu'il donne ici et là ont du succès, mais les publications espérées ne se concrétisent pas. En proie à une forme de mélancolie, Poe revient à Richmond en Virginie, le berceau de son enfance, où il tente de retrouver la motivation pour avancer.

C'est justement à Richmond qu'il retrouve Mrs Shelton, qui était vingt ans plus tôt miss Elmira Royster, une jeune voisine dont il était très amoureux. À un moment, une promesse secrète de mariage les avait liés tous les deux, mais les familles avaient hélas brisé l'intrigue amoureuse. Edgar était parti à l'université de Virginie tandis que la jeune Elmira avait été vite mariée à un certain Mr Shelton.

Lorsque Poe remet les pieds à Richmond, Elmira est désormais veuve et l'écrivain sent renaître en lui son amour de jeunesse pour celle qui avait été si longtemps l'égérie de ses rêves. Il sait se montrer à ce point convaincant qu'Elmira accepte de devenir sa femme. Le mariage est même fixé pour le 11 octobre et Poe décide alors de partir pour Fordham afin d'en ramener sa belle-mère, Mrs Clemm, avertie de cette future union.

En quittant Elmira, Edgar Poe est envahi par un sombre pressentiment, une forme de vision prémonitoire. Il dit à sa fiancée qu'il a très peur de ne plus jamais la revoir. Déjà, en juillet, alors qu'il rangeait ses papiers, Poe avait confié à son ami Grisworld le soin de publier ses œuvres, au cas où il viendrait à mourir…

L'étape de Baltimore

Le 27 septembre, Edgar Poe quitte donc Richmond à bord d'un steamer pour rallier Philadelphie, puis New York. Ensuite, c'est le brouillard. Qu'a-t-il fait en chemin? Comment est-il arrivé à Baltimore? Il a été question d'un train pris justement à Baltimore dans lequel il se serait évanoui, on l'aurait déposé sur un quai et il serait ensuite retourné à Baltimore. Toujours est-il qu'on le retrouve le 3 octobre « en mauvais état » et « dans une grande détresse » sur ce banc près du Gunner's Hall, une taverne servant aussi de bureau de vote.

Ce qui étonne ceux qui le reconnaissent, c'est son accoutrement : pourquoi l'écrivain est-il si mal fagoté, lui qui prenait un soin particulier à toujours apparaître tiré à quatre épingles? Quand il est identifié dans la rue, Edgar Poe porte des vêtements trop grands pour lui, qui ne semblent pas lui appartenir. D'après les différents témoignages, au lieu de son costume de laine noir, il était vêtu d'un manteau et d'un pantalon d'alpaga de coupe médiocre, vieillis et salis, et dont les coutures avaient lâché en plusieurs points. Pas de veste, ni de cravate. Ses chaussures étaient usées aux talons, son vieux chapeau en feuilles de palmier tout déchiré, presque en lambeaux. Attendez… Mais qui peut imaginer l'écrivain maudit arborer un chapeau en feuilles de palmier?

Plusieurs éléments ont toujours entretenu une légende brumeuse autour des dernières heures de l'écrivain. Quelles sont les hypothèses pour expliquer cette mort mystérieuse quatre jours après avoir été retrouvé?

La version officielle

Pour les autorités comme pour les médecins, l'écrivain maudit serait mort d'une congestion cérébrale occasionnée par une trop forte absorption de drogues et d'alcool. C'est la théorie la plus admise, celle liée à l'alcoolisme d'Edgar Poe. Il avait eu une période d'addiction avant d'arrêter de boire. Mais le décès de son épouse Virginia Clemm, de la tuberculose, deux ans plus tôt, l'a fortement affecté et il a replongé dans la boisson.

Une fois à l'hôpital, Poe, livide, tremblant et en sueur, va parler sans arrêt à *« des objets inexistants ou spectraux sur les murs ». Il ignore où sont ses affaires, il affirme que sa femme l'attend à Richmond. Comme on lui propose de recevoir quelques amis, il rétorque: « La meilleure chose que mon meilleur ami pourrait faire serait de me griller la cervelle d'un coup de revolver.* »

Pour beaucoup, son errance à Baltimore, son état de grande confusion ne font pas de doute : l'écrivain a bu plus que de raison. Il aurait été victime d'une crise de *delirium tremens*, provoquée par trop d'alcool. Eugene L. Didier, un écrivain américain, suggère qu'après avoir raté son train, Poe aurait rencontré d'anciens camarades d'école de West Point avec qui il aurait partagé un dîner très arrosé. Comme il était en sevrage d'alcool depuis trois mois, il s'est retrouvé « follement soûl ». Il aurait quitté ses amis, erré dans les rues de Baltimore, aurait été agressé et laissé inconscient.

Cette hypothèse a longtemps été la plus consensuelle, d'autant que les journaux de l'époque dépeignent Poe comme un être aux mœurs dissolues, dépravé, alcoolique et drogué. À cette période, le mouvement de la tempérance, qui dénonce les méfaits de l'alcool aux États-Unis, a même instrumentalisé la mort de l'écrivain en très mauvais exemple à ne pas suivre.

Pourtant, dans les faits, les symptômes relevés ne sont pas forcément liés à l'alcool. Poe n'avait pas l'haleine alcoolisée, ses vêtements ne sentaient pas l'alcool et il n'avait pas l'attitude de quelqu'un ivre mort. Lorsque deux de ses proches se rendent à son chevet, ils s'attendent à le trouver ivre. Ils découvrent pourtant un Poe dans un état plus proche du délire aigu que de l'ébriété.

On a également évoqué la syphilis, une crise d'épilepsie ou de diabète, mais sans jamais apporter de véritables preuves. À l'époque, les moyens médicaux ne sont pas non plus ceux d'aujourd'hui.

Poe aurait-il été contaminé par la rage ?

En 1995, une autre hypothèse a fait grand bruit : un chef de clinique cardiologue à l'université du Maryland, le Dr Michael Benitez, a suggéré qu'Edgar Poe serait mort de la rage. Il est vrai qu'à l'hôpital, il avait « développé des tremblements délirants et commencé à avoir des hallucinations ».

Selon Benitez, la rage peut provoquer les symptômes que l'écrivain présentait : délires, tremblements, forte fièvre... Mais aussi « des variations inhabituelles du pouls, de la respiration et de la température, ainsi qu'un refus phobique de boire de l'eau », des symptômes qui apparaissent en phase terminale de la maladie. Pour le médecin, Poe aurait pu être mordu par l'un de ses animaux domestiques.

Poe a-t-il envisagé de se suicider?

L'écrivain américain a-t-il voulu attenter à ses jours? Certains y ont songé, comme notre poète Charles Baudelaire qui a dit que la mort d'Edgar Poe était « presque un suicide, un suicide préparé depuis longtemps ». Que voulait-il dire par là? Il faut savoir que Baudelaire a traduit une partie importante des poèmes de Poe en français et qu'il a compté parmi ses plus fervents défenseurs. Il était très familier avec l'univers et la pensée d'Edgar Poe.

Aujourd'hui, l'hypothèse du suicide n'est plus vraiment envisagée, d'autant qu'une étude très récente, menée par deux chercheurs en psychologie, a établi que le maître du romantisme américain n'avait pas mis fin à ses jours. Dans cette étude parue le 24 février 2020, dans la revue *Journal of Affective Disorders*, Hannah Dean de l'université du Texas à Austin et le Dr. Ryan Boyd, psychologue à l'université de Lancaster au Royaume-Uni, ont soumis à une intelligence artificielle pas moins de trois cent neuf lettres personnelles, soixante-trois nouvelles et quarante-neuf poèmes rédigés par l'auteur tout au long de sa vie. Avec pour objectif de déceler des « motifs » linguistiques évocateurs d'un état dépressif et de pulsions suicidaires. Les deux chercheurs se sont particulièrement attardés sur les textes rédigés durant les dernières années de la vie de Poe: leur conclusion est qu'il n'y avait malgré tout pas de tendances suicidaires.

Si Poe n'est pas responsable de sa propre mort, alors il faut envisager l'homicide volontaire et là, il y a deux pistes possibles.

Et si Poe avait été empoisonné?

La première, c'est l'empoisonnement pour raison familiale. Certains spécialistes de l'écrivain estiment qu'on aurait pu lui faire ingérer du poison. Comme je l'ai dit, Poe prévoyait de se marier le 11 octobre avec sa nouvelle fiancée, Elmira Shelton. Sa belle-famille, opposée au mariage, aurait pu vouloir planifier sa mort. Il n'y a pas de preuves, néanmoins, qui viendraient confirmer cette théorie.

La victime d'un kidnapping politique?

L'autre hypothèse tient au contexte politique. Edgar Poe était arrivé à Baltimore en pleine campagne pour l'élection du shérif de la ville. Or, au XIXe siècle, dans certaines villes où les élections se déroulaient dans un climat de violence et de corruption, il y avait une pratique de fraude assez courante: le *cooping*. Il n'était pas rare que des sortes de mafieux kidnappent, battent et droguent des personnes trouvées au hasard dans la rue, afin de les obliger à voter pour un candidat en particulier. Les victimes devenaient des sortes de marionnettes aux mains des truqueurs d'élections. Et pour ne pas qu'on les reconnaisse dans les bureaux de vote, on changeait les vêtements des victimes. Ce qui pourrait expliquer le curieux accoutrement d'Edgar Poe lorsqu'on l'a retrouvé dans la rue.

Le scénario aurait été le suivant : après avoir manqué son train, Poe aurait rencontré de vieux camarades qui l'auraient invité à boire. Il serait rentré seul, ivre et titubant, et là un groupe de personnes l'aurait mené de force dans des bureaux de vote pour orienter le scrutin pour l'élection du shérif de Baltimore.

Souvent, les fraudeurs n'hésitaient pas à administrer aux fêtards égarés de puissants breuvages mêlant alcool et narcotiques. L'un de ces cocktails aurait pu s'avérer fatal pour Poe, dont le corps était épuisé, déjà en pleine crise de *delirium tremens*.

Le *Baltimore Sun*, qui a mené l'enquête en 1949 à l'occasion du centenaire de la mort du poète maudit, s'est replongé dans les documents du XIXe siècle. Les journalistes ont mis le doigt sur un nom que Poe aurait prononcé juste avant de mourir : Reynolds. Au terme de leurs recherches, ils ont trouvé que cet homme était, comme par hasard, d'après les registres de la Maryland Historical Society, le juge des élections d'un bureau de vote, non loin de l'endroit où Poe a été retrouvé…

Quoi qu'il en soit, la mort d'Edgar Allan Poe, le 7 octobre 1849, reste un mystère. L'écrivain poète a été retrouvé sur un banc, dans un costume qui ne lui appartenait pas, en train de tenir des propos incohérents. Peut-être sa mort est-elle une combinaison de plusieurs facteurs. La thèse officielle, celle de la consommation excessive d'alcool, est toujours la plus communément admise alors qu'elle est probablement inexacte.

L'admirateur inconnu

Bien que sa tombe soit longtemps restée quasi anonyme derrière l'église presbytérienne de Westminster, à Baltimore dans le Maryland, Edgar Allan Poe, l'idole du romantisme noir, ne s'est jamais effacé de la mémoire des hommes. En 1913, un petit monument de granit, avec une strophe de son célèbre poème *Le Corbeau*, est édifié sur sa sépulture d'origine.

C'est l'année du centenaire de sa mort, en 1949, que va surgir un curieux personnage. Un mystérieux admirateur ne va cesser de se manifester en venant chaque année déposer sur la tombe de l'écrivain, le 19 janvier, à la date de son anniversaire, trois roses et une bouteille de cognac. Ce petit manège est signalé pour la première fois par un journal, *The Evening Sun*, puis il tombe dans l'oubli avant de revenir dans l'actualité en 1977 grâce à Jeff Jerome, un jeune guide qui fait visiter le cimetière de Baltimore.

Jerome se passionne pour cet énigmatique visiteur très discret et guette chacun de ses passages. Il rameute même d'autres observateurs jusqu'à ce qu'un photographe de *Life Magazine* parvienne à le photographier en 1990. L'individu semble tout droit sorti d'un roman fantastique : un long manteau noir, un chapeau à bords larges, une écharpe blanche et une cane argentée.

Les gens qui l'épient ne l'ont étrangement jamais approché, ni interpellé. Sans doute par courtoisie ou respect. De sorte que personne ne connait l'identité du « trinqueur ».

Une relation de bienveillance, grâce à ses échanges de brefs messages, se crée entre le visiteur et le guide. En 1993, le trinqueur inconnu adresse un mot : « Le flambeau sera repris. » Autrement dit, l'homme a déjà prévu d'avoir un successeur après sa mort. Après quelques années où il se montre invisible, le visiteur revient, au moins jusqu'en 2009, qui correspond au deux-centième anniversaire de la naissance d'Edgar Poe, mais les propos qu'il laisse sur ses petits papiers sont plutôt déplaisants, notamment pour le guide du cimetière. En 2012, Jerome annonce la fin officielle du trinqueur de la tombe.

Cependant, la curiosité populaire étant encore vivace, depuis 2016, un nouveau trinqueur, cette fois-ci engagé par la Maryland Historical Society, vient jouer le rôle tous les 19 janvier, revêtu d'un long manteau noir et d'une écharpe blanche. Bien entendu, on ne connait pas son identité. Le rituel a laissé place à l'animation touristique…

Sources

Antoine Oury, « La mort d'Edgar Allan Poe, un mystère toujours à éclaircir », Actuallite.com, 8 octobre 2013.

Antoine Duplan, « Edgar Allan Poe, englouti dans ses ténèbres », Ledevoir.com, 28 juillet 2015.

« 170 ans après, la mort d'Edgar Allan Poe est encore un mystère », *Ouest-France*, 8 octobre 2019.

Marine Benoit, « Pourquoi la thèse du suicide ne colle pas avec la mort d'Edgar Allan Poe », *Sciences et Avenir*, 25 février 2020.

Élise Costa, « Trois roses et un cadeau, l'étrange cadeau déposé sur la tombe d'Edgar Allan Poe », Slate.fr, 28 septembre 2016.

7.
Frane Selak, l'homme le plus (mal)chanceux du monde ?

Lorsque les événements dramatiques se multiplient et qu'à chaque fois, vous en réchappez miraculeusement, devez-vous vous considérer comme la personne la plus veinarde ou la plus malchanceuse du monde ? C'est la question que doit se poser depuis de nombreuses années un homme, Frane Selak, dont le parcours stupéfiant laisse perplexe.

Cet homme aurait dû mourir au moins sept fois et il s'en est toujours sorti. C'est, selon les points de vue, l'individu le plus chanceux ou le plus « poissard » sur Terre.

Pourtant rien ne prédisposait Frane Selak à devenir aussi célèbre en raison d'une existence pour le moins mouvementée. Voici son histoire, telle qu'on peut la résumer à partir des articles et interviews donnés à son propos.

Né dans une barque

Des origines et de la jeunesse de Frane Selak, on ignore à peu très tout, si ce n'est qu'il est né à Zagreb, en Croatie, le 14 juin 1929, l'année même où le roi Alexandre instaure une dictature et impose une nouvelle constitution qui, entre autres choses, rebaptise le pays en royaume de Yougoslavie, incluant la Serbie.

Si l'on en croit les souvenirs de Selak, les circonstances de sa naissance seraient déjà étonnantes. Il aurait vu le jour après seulement sept mois de gestation… dans une barque. Ce jour-là, son père a emmené la mère de Frane pêcher et lorsque celle-ci a commencé à se plaindre de contractions, le père n'a pas pris la chose au sérieux, mais a continué de surveiller ses lignes. Sauf qu'il dût finir par se rendre à l'évidence : son épouse était bel et bien en train d'accoucher. Le voilà contraint de jouer les sages-femmes et d'aider son épouse à enfanter.

Après cette naissance peu banale, le jeune Frane mène une jeunesse ordinaire et sans histoire. Il fréquente l'école de musique et apprend à composer et à jouer du piano. Sa carrière est toute tracée : ce sera celle de professeur de musique. Par la suite, il avouera un goût prononcé pour l'accordéon et les chansons folkloriques italiennes.

Premiers défis à la mort

C'est à l'âge de vingt-trois ans que Frane Selak connaît son premier face-à-face avec la mort. Nous sommes en 1952, dans la Yougoslavie du maréchal Tito, lui-même croate, qui veille à préserver l'équilibre entre les Croates et les Serbes. C'est une période où la Croatie, l'une des six républiques socialistes de la fédération yougoslave, se reconstruit dans le cadre d'une économie planifiée. Le pays s'industrialise et s'ouvre timidement au tourisme.

Cette année-là, justement, Frane Selak voyage à bord d'un car. Le véhicule, arrivé au milieu d'un pont, perd sa direction et le chauffeur ne parvient pas à le maîtriser. L'autobus frappe de plein fouet la rambarde et tombe dans la rivière en contrebas. Déjà, de manière incroyable, Selak ne s'en sort qu'avec des blessures mineures.

Dix ans plus tard, c'est un autre accident, encore plus tragique. En janvier 1962, Selak, qui s'est déjà marié et a déjà divorcé une fois, est l'un des passagers d'un train qui circule entre Sarajevo et Dubrovnik. En raison d'un problème mécanique, le convoi est victime d'un terrible accident. Sous une pluie battante, le train déraille et les wagons chutent dans la Neretva, un cours d'eau gelé situé à quelques mètres de la voie ferrée.

Pour les passagers qui ne sont pas morts sur le coup, l'horreur commence… Alors que l'eau monte dans les compartiments, les survivants échouent à briser les vitres. Comme d'autres, Frane sent sa dernière heure arriver. Mais grâce à l'aide inopinée d'un inconnu, il parvient à ouvrir la porte du wagon et à s'en extraire.

Dix-sept personnes périssent dans la tragédie. Frane Selak, lui, s'en tire quasi indemne. Il ne souffre que d'un bras cassé, de quelques contusions et d'hypothermie.

Le vol du DC-8 Zagreb-Rijeka

On pourrait penser que le Croate a échappé au pire grâce à un extraordinaire et unique coup de chance. Mais l'année d'après, en 1963, rebelote.

Un an après avoir été sauvé de la Neretva, Selak apprend par un coup de fil que sa mère, atteinte d'un diabète, se porte très mal. Comme elle réside à Rijeka, il décide pour gagner du temps d'y aller en avion. Le souci, c'est que le DC-8 est complet, mais à force d'insister et de faire appel à la solidarité du personnel, il obtient de voyager à l'arrière de l'appareil, aux côtés du personnel navigant.

Au départ, le vol se passe plutôt bien. Selak boit du thé et plaisante avec l'hôtesse de l'air. Mais l'avion, vétuste, est un modèle mal entretenu et l'un des moteurs lâche subitement. L'appareil bascule vers l'avant. La vitesse de la chute secoue la porte arrière si fort qu'elle s'arrache et disparaît dans le néant.

Frane Selak n'a même pas le temps de dire un mot, l'appel d'air l'aspire hors de l'appareil en perdition et le propulse dans le vide.

Le DC-8 poursuit sa course folle et finit par s'écraser au sol, tuant les dix-neuf passagers restés à bord. Dans le même temps, Frane Selak, quasi inconscient, tombe droit sur une énorme botte de foin qui amortit le choc. Une fois encore, avec juste des blessures mineures, le Croate survit à l'impensable… Le voilà triplement miraculé.

La série noire continue

Après ces expériences dramatiques, Frane Selak n'abandonne pas les déplacements. En 1966, trois ans après son précédent accident, il frôle de nouveau la mort.

Selak est en train de voyager dans un autobus lorsque celui-ci dérape, glissant dans un ravin pour terminer sa course dans une rivière. Là encore, les passagers, au nombre de quatre en plus de Selak, n'en réchappent pas, mais notre homme, « increvable », parvient à nager et à regagner tant bien que mal la rive. Il ne déplore que quelques coupures et contusions une fois encore.

Après cette dernière expérience tragique, le Croate renonce aux transports en commun et se déplace désormais en voiture. Mais la série noire n'est pas terminée : en 1970, le moteur de sa voiture de l'époque s'enflamme et il réussit à s'extirper de l'habitacle juste avant que le véhicule ne s'embrase complètement.

Puis, en 1973, alors qu'il conduit une nouvelle voiture, la pompe d'alimentation tombe en panne et de l'huile à haute température enflamme l'intérieur du véhicule à travers les valves du système d'aération. Vous devinez la suite :

Selak s'en sort de justesse, légèrement brûlé au visage, ses cheveux sont touchés, mais sans séquelles graves.

À partir de là, Selak réduit drastiquement ses déplacements puisque régulièrement, ceux-ci se terminent très mal. Durant vingt-deux ans, rien de sérieux ne semble lui être arrivé, hormis plusieurs mariages et divorces.

Mais un jour de 1995 où il se promène dans les rues de Zagreb, il est percuté par un bus! Rien de grave, quelques ecchymoses et il repart comme si de rien n'était.

L'année d'après, en 1996, alors que la guerre entre Serbes et Croates initiée en 1992 vient de s'achever, voilà notre Frane Selak en train de conduire sur une route de montagne sinueuse près de Zagreb.

Dans un virage, sa Skoda se retrouve nez-à-nez avec un camion de l'ONU. La collision frontale est inévitable et c'est le camion qui gagne. Le choc est tel que le voiture de Selak est projetée dans un précipice et explose au fond du ravin, cent mètres en contrebas. Le Croate, lui, a été éjecté de son véhicule (il n'était pas attaché...) et a atterri dans un arbre, quelques mètres plus bas. Il est sain et sauf... avec les habituelles hématomes, bien entendu!

Lorsqu'on lui demande s'il est chanceux ou pas, Selak est catégorique: « Je n'ai jamais pensé que j'avais de la chance d'avoir échappé à la mort. Je pense surtout que j'étais malchanceux d'être dans tous ces accidents. »

Jackpot

Lui qui s'estime donc malchanceux depuis toujours connaît enfin un incroyable coup du sort, en sa faveur cette fois-ci. En juin 2002, Frane fait l'acquisition d'un billet de loterie, deux jours après son soixante-treizième anniversaire. Selon ses dires, il n'en a jamais acheté auparavant.

La chance du débutant lui sourit! Une chance inespérée puisqu'il remporte le premier lot, c'est-à-dire la somme d'environ huit cent mille euros.

Après avoir décroché la timbale, notre ami croate se marie (pour la cinquième fois, on peut imaginer que les épouses précédentes ont eu peur de tous ses accidents). Lui, tout heureux de son sort, se permet même une boutade: « Je pense que les vrais malheurs de ma vie furent mes précédents mariages. »

Avec l'argent de la loterie, il s'achète une maison principale, une villa de vacances et un bateau. Il s'achète aussi une Citroën et une Ford Ka pour sa cinquième compagne, qui a vingt ans de moins que lui, qu'il épouse dans la foulée.

Dans le jardin de sa nouvelle résidence, Selak fait construire une petite chapelle dédiée à la Vierge Marie, toujours éclairée et ornée de fleurs fraîches. Il se dit que de temps en temps des visiteurs viennent chercher la bénédiction de la Vierge qui, de toute évidence, protège ses fidèles dans les pires accidents.

Mais en 2010, peut-être superstitieux, Frane Selak décide de revendre, de garder une petite partie de l'argent pour s'acheter une modeste maison et régler une opération de la hanche. Et il fait don de tout le reste à sa descendance et à quelques amis, afin de poursuivre une existence de retraité simple et « frugale » en compagnie de « sa Katarina ».

De ce qu'on sait, rien de fâcheux ne s'est produit depuis. En 2020, Selak, âgé de quatre-vingt-onze ans, est toujours vivant et vit maintenant paisiblement, assurant que « l'argent n'achète pas le bonheur ».

Autour de lui, personne ne s'aventure à voyager avec lui, pas même sa femme. Il semble que Selak refuse de prendre le bateau, car l'eau est le seul espace où il ne lui soit rien arrivé...

Une histoire trop belle pour être vraie ?

Si nombre de journalistes ont pris les récits de Selak pour argent comptant sans rien vérifier, d'autres ont cependant creusé le sujet en tentant d'établir la véracité des témoignages. Car pour le simple bon sens, ces histoires de survie à une série d'accidents semblent trop belles pour être authentiques.

Jusqu'en 2003, Frane Selak est un parfait inconnu. Personne n'a jamais entendu parler de ces histoires de sauvetages miraculeux après des accidents. C'est seulement en juin 2003 que son existence extraordinaire sort dans la lumière lorsqu'est publié un article intitulé « Fortune smiles on unluckiest man » (« La chance sourit à l'homme le plus malchanceux ») sur le site de *The Scotsman*. Le papier en question, signé de la rédaction et non d'un journaliste en particulier, mentionne tous les accidents, mais sans jamais donner de détails concrets que l'on puisse vérifier.

Le journal croate *Jutarnji list* interroge à son tour l'heureux gagnant de la loterie et Selak parle des six accidents. Il en ajoute même un septième, un soi-disant coup de pied de mule reçu lors de son service militaire, parce que « sept » sonne plus symbolique que « six ». Et puis il n'est pas à ça près...

C'est à partir de là que l'histoire de Frane Selak commence à faire le tour du monde, enjolivée par des articles supplémentaires, notamment dans la presse anglaise et allemande, fascinée par la destinée incroyable du professeur de musique croate amateur de Mozart.

D'autres, plus dubitatifs et certainement plus rigoureux, se sont interrogés et ont effectué quelques vérifications. Or, il s'est vite avéré qu'il n'existe aucune preuve, aucun rapport ou document valide, attestant ces accidents. Certes, les accidents de la route à bord d'une voiture ou le choc avec le bus en 1995 sont difficiles, voire impossibles à retrouver. Mais l'accident de train de 1962 ou le crash d'avion de 1963 sont suffisamment tragiques pour avoir laissé des traces dans les archives (police, presse...).

Hélas, ce n'est pas le cas. Aucun train ne semble avoir déraillé entre Sarajevo et Dubrovnik, causant la mort de plusieurs passagers, et aucun avion ne s'est écrasé en Croatie en 1963. Les recherches menées dans la presse, surtout auprès des archives du Bureau of Aircraft Accidents (BAA) qui recense tous les crashs, sont formelles. Aucun DC-8 n'a été perdu entre Zagreb et Rijeka en 1963, ni aucune autre année, ni même dans toute la Croatie. Les incidents enregistrés impliquant un DC-8 ou la ville de Zagreb n'ont aucun lien avec le récit de Selak.

Même chose sur le site PlaneCrashInfo : en 1963, il n'y a aucune archive d'un accident d'avion causant la mort de dix-neuf passagers avec un ou plusieurs survivants. Pas plus de dossier impliquant un avion perdant une porte lors d'une chute en piqué (la seule mention d'une porte ouverte remonte à 1989, mais pas à 1963). Le vol pris par Frane Selak a-t-il au moins existé ? Rien ne l'atteste, en l'absence de toute donnée (compagnie aérienne, jour, numéro de vol, etc.) permettant de l'identifier.

Une vie enjolivée

À partir de là, on peut légitimement se demander si le Croate n'a pas inventé cette vie hors du commun. D'autant qu'en 2012, le site TheMetaPicture a publié un article sur Frane Selak et qu'un utilisateur de Facebook disant s'appeler Zeljko Selak est venu affirmer qu'il était le fils de Selak et qu'aucun de ces accidents n'était jamais survenu à son père, hormis quelques légers accidents de voiture.

Il a ajouté que son père, qui avait rêvé de la gloire toute sa vie durant, a cherché, après son gain à la loterie, un journaliste pour lui raconter « sa vie hallucinante, riche en confrontations avec la mort ». Le fils sous-entend même que le père a payé le journaliste pour raconter son histoire, reprise ensuite sans la moindre vérification par des correspondants étrangers en Croatie.

Il est impossible de savoir si cet internaute dit vrai, et s'il est vraiment le fils de Frane Selak, mais son explication a des accents plausibles. Reste que les détails donnés par Selak changent d'un article à l'autre et pas seulement sur les accidents. Pour son gain à la loterie, il affirme ici que c'est la première fois qu'il joue, et là qu'il joue assidûment depuis quarante ans.

On en vient donc à douter fortement de ces récits et à se demander si Frane Selak n'a pas délibérément fabriqué l'histoire lors d'interviews avec *Der Spiegel* et *The Scotsman*. Celles-ci ont été ensuite reprises un peu partout, chaque article supplémentaire ajoutant sur « l'homme malchanceux le plus chanceux du monde » des détails inédits et, bien entendu, parfaitement authentiques...

En réalité, aucun des accidents mortels mentionnés (le crash du train ou de l'avion, le bus qui tombe dans la rivière, la voiture qui prend feu, le sauvetage miraculeux sur la route de montagne) n'a pu être confirmé.

En fin de compte, le peu de vérité qui demeure, c'est un Croate du nom de Frane Selak qui a gagné près de huit cent mille euros à la loterie en 2003, et qui a sans doute profité de l'occasion pour s'inventer une vie rêvée, bien plus mystérieuse et extraordinaire que celle d'un modeste professeur de musique.

Sources

Hauke Goos, « Stirb langsam » (« La vie dure »), *Der Spiegel*, 16 juin 2003.

« Fortune smiles on unluckiest man », *The Scotsman*, 18 juin 2003.

« The seven unbelievable survival stories of Frane Selak », sur le site Allthatsinteresting.com, 4 juin 2018.

Liste des accidents de trains 1960-1969 sur Wikipedia (version anglaise).

Site du Bureau of Aircrafts Accidents : baaa-acro.com

Site de PlaneCrashInfo : planecrashinfo.com

PHÉNOMÈNES AÉRIENS ET CONTACTS OVNI

8.
Que s'est-il passé à Ansacq en 1730 ?

Une multitude de voix dans le ciel : le village d'Ansacq fut le théâtre, en 1730, d'un prodigieux phénomène atmosphérique qui demeure encore inexpliqué à ce jour.

Voici une histoire tombée dans l'oubli mais hautement curieuse, qui se déroula au XVIIIe siècle dans une petite localité de l'Oise. Ansacq, c'est son nom, est un village rural situé à cinquante-quatre kilomètres au nord de Paris et à vingt-trois kilomètres à l'est de Beauvais.

Comme souvent dans les récits insolites, le théâtre des faits est un lieu sans histoire, tranquille, auquel on ne prête attention que lorsqu'on le traverse pour gagner une grande ville à proximité. Tout autour, un paysage vallonné de campagne, des champs et forêts à perte de vue.

Aujourd'hui, Ansacq compte environ deux cent quatre-vingt habitants, c'est-à-dire à peu près autant qu'il y a trois cents ans, au moment des faits. En effet, le phénomène dont nous allons parler eut lieu précisément durant l'année 1730, et le plus étonnant, c'est qu'il se reproduisit à trois reprises au moins. La première fois, ce fut dans la nuit du 27 au 28 janvier, puis dans la nuit du 9 au 10 mai, et enfin le 31 octobre, entre neuf et dix heures du soir, toujours en 1730.

Un prêtre enquêteur

Si l'on possède nombre de témoignages sur cette affaire, on le doit avant tout à un homme, Treuillot de Stoncourt, le curé de l'église Saint-Lucien d'Ansacq, qui s'est investi longuement dans cette histoire et qui a mené une véritable enquête digne de la série *X-Files*. Treuillot est un homme d'Église, docteur en théologie, à la personnalité plutôt sceptique. Les superstitions, la magie et autres fariboles, ce n'est pas vraiment son truc. Mais il sait bien que ses ouailles ont été élevées dans des croyances d'un autre âge et que pour eux, les sorciers, le sabbat et les manifestations diaboliques font partie de notre réalité.

Le prêtre a donc pris le temps de rencontrer tous les témoins, de les interroger longuement et de regrouper leurs récits. Dérangé par l'étrangeté du phénomène et l'évidente sincérité de ses paroissiens, il a rédigé une sorte de « procès-verbal », qu'il envoie au *Mercure de France*, l'une des grandes revues sérieuses de l'époque. Son texte, jugé documenté, retient l'attention des rédacteurs qui le publient en décembre 1730. C'est grâce à cet article de Treuillot de Stoncourt que cette histoire étrange nous est parvenue.

Un tintamarre aérien

Durant ces nuits-là, en janvier, en mai et en octobre 1730, un grand nombre de témoins, dignes de foi, affirment avoir entendu dans le ciel « une multitude prodigieuse comme de voix humaines de différents tons, grosseurs et éclats, de tout âge, de tout sexe, parlant et criant toutes ensemble, sans néanmoins que ces particuliers aient pu rien distinguer ce que ces voix articulaient ».

Le prêtre ajoute dans son rapport que parmi cette confusion de voix, certaines poussaient des « cris lugubres et lamentables, comme des âmes en peine », d'autres des cris de joie, comme si des gens se divertissaient en festoyant. Et parmi les témoins, plusieurs déclarèrent avoir clairement distingué, s'ajoutant au tintamarre, les sons de différents instruments de musique.

Voici, par exemple, quelques témoignages édifiants parmi la bonne quinzaine qu'a recueillis Treuillot de Stoncourt. Il y a d'abord celui, dans la nuit du 27 au 28 janvier, du laboureur Charles Descoulleurs et de son frère François, qui revenaient de Senlis. Ils n'étaient arrivés que vers deux heures du matin près d'Ansacq. Ils s'entretenaient de leurs affaires lorsqu'ils furent « interrompus par une voix terrible, qui leur parut éloignée d'eux d'environ vingt pas ».

À ce moment-là, une autre voix, semblable à la première, répondit de l'autre extrémité du village et, sitôt après, d'autres voix se firent entendre entre les deux premières. Charles Descoulleurs raconta par la suite qu'il n'a pas pu comprendre leur jargon mais qu'il a clairement reconnu « des voix de vieillards, de jeunes hommes, de femmes ou de filles et d'enfants, et parmi tout cela les sons de différents instruments ».

Selon lui, certains des sons venaient de très haut dans le ciel, d'autres étaient à hauteur d'homme, quelques-uns semblaient même sortir de sous la terre. Les deux hommes étaient des campagnards, familiers des bruits nocturnes de la nature et, clairement, ce n'étaient pas des cris d'oies sauvages, de canards, de hiboux, de renards ou de loups.

Ce vacarme a duré une bonne demi-heure et les deux frères avaient du mal à s'entendre en parlant très fort. Puis, selon leurs dires, tout s'est arrêté par « une salve d'éclats de rire, comme s'il y eût trois ou quatre cents personnes qui se missent à rire de toute leur force ».

Les deux frères ont juré être à jeun cette nuit-là. Néanmoins, on pourrait les suspecter d'hallucination, si ce n'était que la même nuit, Louis Duchemin, un marchand de gants, et Patrice Touilly, un maître maçon, qui se rendaient à Beauvais pour y être à l'aube, se trouvaient vers deux heures du matin au-dessus de la côte opposée à celle où étaient les frères Descoulleurs au même moment.

Eux aussi entendirent le même boucan, au point que, saisis de peur, ils songèrent à revenir sur leurs pas. Sauf qu'il aurait fallu passer à l'endroit où ces voix se faisaient entendre… Peu rassurés, les deux hommes préférèrent poursuivre leur périple en s'en éloignant. Ils entendirent ce qu'on allait nommer plus tard la « troupe aérienne » pendant une demi-lieue de chemin, deux bons kilomètres donc, de plus en plus faiblement ensuite.

À deux reprises

Un autre Descoulleurs, Claude, ancien pensionnaire de feu le duc d'Orléans, entendit lui aussi le bruit au mois de janvier. Mais, citons encore le curé : « Comme il faisait froid, il ne s'était pas levé. […] Le bruit était si grand et si extraordinaire que quoi qu'il fût bien enfermé, il n'avait pas laissé d'être effrayé et de ressentir dans toutes les parties de son corps un certain frémissement, en sorte que ses cheveux s'étaient hérissés. »

Or, au mois de mai, le même Descoulleurs entendit encore les bruits, qui l'éveillèrent en sursaut : « Il s'était levé sur-le-champ, mais, tandis qu'il s'habillait, la troupe aérienne avait eu le temps de s'éloigner, en sorte que quand il fut dans sa cour, il ne l'avait plus entendue que de loin et faiblement. »

Claude Descoulleurs a apporté quelques précisions en comparant le bruit entendu à celui produit par la foule dans une foire, dans les halles de Paris un jour de grand marché, ou encore celui qu'on entend dans les salles du palais avant une audience. Avec, s'y ajoutant, les sons de violons, de basses, de hautbois, trompettes, flûtes, tambours, etc. Autrement dit, un énorme brouhaha truffé de notes de musique.

D'autres témoins encore…

Alexis Allou, le clerc de la paroisse d'Ansacq, lui, crut qu'un incendie s'était déclenché dans le village. Il s'est levé précipitamment puis, prêt à sortir, il a entendu « passer devant sa maison une multitude innombrable de personnes, les unes poussant des cris amers, les autres des cris de joie, et parmi tout cela les sons de différents instruments ». Saisi d'un frisson de peur, il préféra se recoucher plutôt que de s'aventurer au dehors.

On dispose aussi des témoignages édifiants des laboureurs Nicolas de La Place et Nicolas Portier, et du garçon marchand Antoine Le Roi, qui ont raconté, toujours selon le curé d'Ansacq, que « le bruit était si grand et si affreux que leurs chiens qui étaient couchés dans la cour pour la garde de la maison, en avaient été tellement effrayés que, sans pousser un seul aboiement, ils s'étaient jetés à la porte de la chambre de ladite maison, la mordant et la rongeant comme pour la forcer, l'ouvrir et se mettre à couvert ».

Déjà, quinze ans plus tôt

Ce qui rend cette affaire encore plus intrigante, c'est qu'après la publication du texte du prêtre dans *Le Mercure de France*, un homme de lettres ayant une charge dans la justice de la ville voisine de Clermont raconte que, lui aussi, une nuit qu'il traversait le village d'Ansacq pour s'en retourner chez lui à Clermont, il a entendu ce bruit formidable dans le ciel... Mais c'était quinze ans plus tôt, en 1715, l'année de la mort de Louis XIV! À l'époque, cet homme n'avait rien dit de peur qu'on le prît pour un « visionnaire », une sorte de sorcier voyant.

Dans son rapport, le curé d'Ansacq mentionne encore d'autres témoignages qui concordent tous. Surtout, il avoue sa perplexité. Il n'a aucune explication à avancer pour ce phénomène extraordinaire, et voudrait bien en obtenir une. Il écrit d'ailleurs: « Serait-il possible que tant d'oreilles eussent été enchantées, pour ainsi dire, pour croire entendre ce qu'elles n'entendaient pas? C'est ce que je ne saurais jamais m'imaginer… »

Quel est ce phénomène ?

Soyons francs, il n'est pas évident de proposer une explication rationnelle à ce fait de nature merveilleuse. On sait que le concept d'hallucination collective est une vue de l'esprit qui n'a pas de réalité scientifique. Lorsque vous interrogez tous les témoins d'un même événement, ils donnent tous certains détails qu'ils sont les seuls à avoir remarqués.

Dans le cas d'Ansacq, les témoins racontent tous peu ou prou la même chose, bien que la plupart ne se connaissent pas. D'ailleurs, Treuillot de Stoncourt, le curé, s'est bien assuré que la plupart des témoins n'entretenait pas de relations entre eux et qu'ils n'avaient pas fomenté une sorte de tromperie pour le ridiculiser, voire se ridiculiser entre eux.

Sur le plan scientifique, on ne connaît pas de phénomène météorologique qui produise ce genre d'effets. En lui-même, l'événement sort vraiment de l'ordinaire. Le phénomène est uniquement sonore, puisqu'il n'a pas été accompagné de lumières, d'éléments matériels ou d'odeurs particulières. Ce serait comme une énorme illusion auditive, mais qui semble se déplacer alors que les témoins ne bougent pas, et dont les fréquences sonores terrifient les animaux, au moins les chiens. Une fois le phénomène disparu (d'ailleurs, il ne s'est jamais reproduit à notre connaissance depuis 1730), les humains présents n'ont pas signalé de séquelles ou de troubles quelconques…

Le seul rapprochement que l'on puisse faire, c'est avec l'illusion sonore de deux Anglaises à Dieppe, en 1951, qui ont affirmé avoir entendu toute une nuit le vacarme du raid militaire meurtrier qui s'était déroulé sur ce site… neuf ans plus tôt[1].

Est-il possible que, par un mécanisme totalement inconnu, les habitants d'Ansacq aient entendu les sons soit d'un événement à distance, soit d'un lointain passé? Pour ce que l'on en sait, il n'y avait aucun événement aussi bruyant avec autant de monde, en pleine nuit, à des lieues à la ronde. Aucun témoin n'a parlé non plus, ces nuits-là, de vents qui auraient pu porter le son sur une longue distance….

Alors, les réminiscences d'un événement historique d'un lointain passé? Une bataille antique? Mais laquelle mêlerait des rires, des gémissements et de la musique? Et aussi fort et aussi longtemps?

---

1. Voir Joslan Kesler, *Affaires étranges*, chapitre 15, éditions Scrinéo, 2018.

L'origine de ce tintamarre aérien demeure un mystère. Il faut souligner la démarche rigoureuse du curé, Treuillot de Stoncourt, qui a pris soin, avant d'envoyer son texte au *Mercure de France*, de le soumettre à quelques connaissances éclairées et érudites de l'Académie des sciences. C'est plutôt atypique pour un homme d'Église de cette période, où l'on mettait encore les phénomènes inexpliqués sur le dos du Diable. Il invente même un néologisme pour désigner ce phénomène qu'il baptise « akousmène » (l'histoire n'a pas retenu ce terme, que l'on pourrait réhabiliter au passage). Selon lui, les akousmènes sont des phénomènes sonores qui ne peuvent être entendus que dans une zone limitée et que par quelques personnes seulement.

En tout cas, comme nous, il n'a pas reçu d'explication satisfaisante sur la nature et la cause de ce phénomène merveilleux.

Sources

Le Mercure de France, décembre 1730.

Revue Spiritualiste, deuxième livraison, 1862.

Guide de l'île-de-France mystérieuse, « Les guides Noirs », Tchou, 1968.

Le site Web de la municipalité d'Ansacq.

9.
L'incident de Socorro

Le dossier Roswell, connu même des non-initiés, a eu tendance à éclipser d'autres affaires, moins médiatiques, mais peut-être plus troublantes.

Parmi les grands récits de l'ufologie américaine, il en existe un qui demeure toujours inexpliqué, des décennies plus tard: celui de Socorro, au Nouveau-Mexique. Que s'est-il réellement passé le 24 avril 1964 dans le désert au sud de la ville ? Retour en arrière pour tenter d'y voir clair.

Le dossier Socorro, souvent appelé « l'incident de Socorro », tient une place privilégiée dans l'étude du phénomène ovni. En effet, tant le compte-rendu détaillé du témoin, son statut, que l'enquête officielle qui a suivi, tout comme les traces physiques qui ont été relevées, ont contribué à populariser cette rencontre rapprochée auprès d'un large public.

Cette rencontre extraordinaire a nourri des articles de presse, des livres, des documentaires, et noirci des dizaines de sites Internet. Au fil des années, l'histoire originale s'est enjolivée d'ajouts et de demi-vérités, voire de pures inventions, ce qui m'a conduit à remettre à plat la totalité du dossier, en remontant à la source : les tout premiers rapports du fameux incident.

Une petite ville au milieu du désert

On confond parfois Socorro avec une autre localité du même nom, située dans le comté d'El Paso au Texas. Le Socorro qui nous intéresse se trouve dans l'État du Nouveau-Mexique, au sud-ouest des États-Unis. Plus précisément dans le comté du même nom, dans la vallée du Rio Grande, à une altitude d'environ mille quatre cents mètres.

Fondée par les Espagnols en 1598, Socorro est très loin des grandes zones urbaines, les principales villes de la région étant à cent vingt km au sud (Albuquerque) et deux cent trente-cinq kilomètres au nord (Las Cruces). Tout autour de Socorro, il faut imaginer une région quasi désertique, sillonnée de rares routes, avec des collines, des arbustes solitaires, des plaines très chaudes en été et glaciales en hiver. À vrai dire, il n'y a guère de centre d'intérêt dans cette zone, hormis la présence de New Mexico Tech, une université publique réputée de sciences et technologie, dont les habitants de Socorro sont très fiers.

De nos jours, la ville de Socorro compte environ neuf mille habitants. Au milieu des années 1960, c'était une bourgade à peine plus petite, avec déjà cinq mille habitants. Malgré le faible nombre d'habitants, il y avait déjà une force de police qui s'occupait de faire régner l'ordre dans la région. Nous sommes dans le Far West, mais l'ordre doit régner…

Une patrouille de police très ordinaire

Le vendredi 24 avril 1964 dans l'après-midi, justement, l'un des représentants de la police locale est de sortie, au volant de sa Pontiac de service noire et blanche.

Cet officier s'appelle Lonnie Zamora. Né en septembre 1933, il a donc trente ans lorsque nous faisons sa connaissance. C'est un fonctionnaire de police sans histoire et estimé dans sa corporation, occupé ce jour-là à patrouiller sur Park Street, une rue peu fréquentée au sud de la ville.

Soudain, Zamora aperçoit une Chevrolet de couleur noire qui roule à très vive allure quelques blocs devant lui, de toute évidence en excès de vitesse. Il se met aussitôt en chasse en direction du sud, à la poursuite du contrevenant. Les deux véhicules roulent à vive allure et le conducteur de la Chevrolet ne fait pas mine de vouloir s'arrêter.

À ce moment, il est dix-sept heures quarante-cinq environ. Alors qu'il fonce sur l'ancienne US 85, le fonctionnaire de police, qui roule toutes vitres baissées, entend un grand bruit qui ressemble à une sorte d'explosion ou de rugissement de moteur. Un son insolite, qui passe de la haute fréquence à la basse fréquence avant de s'estomper ensuite.

Zamora dit ensuite qu'il n'y avait aucun autre témoin visible qui aurait pu aussi entendre ce son très curieux, sauf peut-être le conducteur de la Chevrolet poursuivie. Le temps est ensoleillé, le ciel est clair et presque dépourvu de nuages. Aucun orage à l'horizon…

Malgré ses lunettes de vue, surmontées de lunettes de soleil, Zamora distingue une large flamme orangée dans le ciel, à un kilomètre environ, dans la direction sud-ouest, donc sur sa droite. Le soleil descend à l'ouest, mais n'empêche pas le policier d'apercevoir cette luminosité étrange.

Jusqu'ici rien d'extraordinaire non plus. Zamora, à cet instant, songe à l'explosion de l'une de ces cabanes en aluminium dans lesquelles on entrepose des explosifs. Intrigué, il décide de renoncer à sa poursuite et d'aller voir de quoi il retourne. Au niveau de la joaillerie de Raychester, l'officier de police tourne alors sur sa droite et s'engage sur une piste, au revêtement non goudronné. Sa voiture progresse tant bien que mal sur le chemin de terre défoncé en soulevant des nuages de poussière.

Zamora perçoit bien des flammes bleues et orangées qui s'élèvent sans fumée dans une sorte d'entonnoir, mais une colline escarpée lui dissimule l'origine des flammes. Il décide de s'approcher au plus près, mais il maîtrise mal sa voiture qui glisse sur le gravier.

La rencontre extraordinaire

Zamora doit s'y reprendre à plusieurs reprises pour gravir la colline. Lorsqu'il parvient au sommet, c'est un étrange spectacle qui s'offre à lui. Dans un creux du terrain, à deux cents mètres environ, repose un objet de forme elliptique qui, selon lui, ressemble à un gros œuf incliné (ou à un ballon de football américain).

L'objet est lisse, comme couvert d'un revêtement d'aluminium blanc brillant, sans fenêtres ni portes visibles. Il semble être soutenu par plusieurs pieds en métal dont deux, inclinés vers l'extérieur, sont visibles.

Très surpris, Zamora a le temps de discerner, se tenant près de l'œuf géant, deux êtres d'aspect humanoïde habillés d'une étrange combinaison blanche !

L'un d'eux sent la présence de Zamora, puisqu'il se retourne. Il semble même marquer une certaine surprise, car le policier le voit réagir comme s'il sursautait ou devenait fébrile.

C'est un peu frustrant pour l'ufologue, mais Zamora n'a aperçu que brièvement ces deux personnages. Il ne se souvient de rien de spécial à leur sujet. Tout au plus, dira-t-il, « je ne me souviens pas d'avoir remarqué une forme particulière ou peut-être des chapeaux ou des couvre-chefs. Ces personnes semblaient de forme normale – mais c'était peut-être de petits adultes ou de grands enfants ».

La taille de ces deux personnages, apparemment plutôt petits, alimentera ensuite toutes les conversations.

Pétrifié par l'observation, Zamora ne comprend pas trop ce qu'il voit. Il décroche sa radio et appelle le *dispatcher radio*, Nep Lopez, pour l'avertir qu'il va sortir de sa voiture pour s'approcher d'un véhicule qui serait tombé dans le ravin. Cela ne fait aucun doute pour Zamora, cet objet en forme d'œuf n'est autre qu'une voiture retournée sur le toit dans un arroyo, un lit de rivière à sec.

L'officier de police fait mine de s'extraire de son véhicule, il se penche un bref instant pour remettre en place son micro tombé sur le plancher de la voiture. Puis il entend alors deux ou trois bruits forts, comme si on claquait une porte à plusieurs reprises.

Terreur

Zamora relève la tête. À partir de là, tout se passe très vite. En s'éloignant de sa voiture, le policier se rend compte que les deux êtres ont disparu. L'objet émet alors un grondement très puissant, tandis qu'une colonne de lumière bleutée apparaît, en forme de cône lumineux, très étroit vers le haut, plus large à sa base.

De sa position, Zamora ressent la chaleur émanant de cet échappement lumineux. On peut imaginer que la source devait être très chaude pour rayonner à cette distance, d'autant qu'un vent assez fort soufflait dans la direction opposée.

L'étrange engin se met en mouvement et décolle bruyamment avec une forte émission de flammes. Le hurlement sonore reprend, presque insupportable, dans un grand nuage de poussière.

C'est comme si Zamora comprenait enfin l'ampleur de la situation, qui n'est pas normale du tout. Il décide de rebrousser chemin vers son véhicule mais lorsque l'objet volant se dirige vers lui, il se sent envahi par la panique. Les nerfs à vif, Zamora se précipite vers sa voiture, il heurte violemment le parechoc arrière de sa Pontiac et tombe à terre. Dans sa tête, le témoin a le temps de se dire que l'objet volant va exploser, et par effet collatéral va forcément toucher la cabane d'explosifs toute proche.

Terrifié, Zamora se relève et fuit pour essayer de se réfugier derrière le sommet de la colline… Le policier perd même ses lunettes de soleil en courant. En se retournant, il jette un regard sur l'ovni qui passe à sa hauteur dans le ciel. Il a le temps de distinguer sur le métal brillant des symboles rouges en forme de flèche.

Zamora se couche alors sur le sol et se couvre le visage pour se protéger. Soudain, le rugissement s'arrête.

Dans un silence qui semble presque anormal, Zamora se redresse. Aucune explosion. L'objet volant s'écarte de lui et, redevenu silencieux, s'élève à la verticale, se stabilise et part ensuite à l'horizontale.

L'arrivée des collègues

De retour à son véhicule, après avoir ramassé ses lunettes de soleil sur le sol, Zamora contacte le bureau du shérif par radio.

« J'ai envoyé un message à Nep Lopez, le *dispatcher*, pour lui demander de regarder par la fenêtre pour savoir s'il pouvait voir l'objet de sa position. Il m'a demandé : quel objet ? Je lui ai répondu : ça ressemble à un ballon. Comme sa fenêtre donne sur le nord, je ne pense pas qu'il l'ait vu et je n'ai pas pensé lui dire par quelle fenêtre regarder. »

Au moment où il échange avec son collègue, Zamora voit encore l'objet. Dans son rapport, il précisera qu'il l'a vu accélérer brutalement, pour finalement disparaître au-dessus des montagnes, au niveau d'une zone qui s'appelle le Six Mile Canyon Mountain. Il n'y avait aucune flamme pendant qu'il se déplaçait, ni fumée, ni bruit.

Zamora répond ensuite à l'appel d'un autre collègue, le sergent Sam Chavez, et lui indique où il se trouve. En l'attendant, Zamora se met à inspecter le site d'atterrissage et il gribouille un dessin de l'objet en figurant l'étrange symbole rouge, une sorte de flèche rouge dans un cadre de la même couleur.

Lorsque Chavez parvient sur les lieux, il s'inquiète tout de suite de l'état de Zamora :

« Qu'est-ce qui t'arrive, Lonnie ? Tu en fais une tête, tu es livide ! On dirait que tu as vu le diable ! »

Effectivement, Zamora est encore sous le coup de l'émotion. Chavez notera dans son rapport : « Lorsque je suis arrivé, Zamora était en sueur, et extrêmement pâle. Je me suis approché de l'endroit où l'engin aurait atterri. J'ai noté des broussailles incandescentes en plusieurs endroits, ainsi que des traces au sol. L'objet avait imprimé dans la terre quatre marques perpendiculaires, avec encore des broussailles fumantes. »

Quelques minutes après Chavez, arrive un autre policier, le shérif adjoint James Luckie, accompagné de Pablo Lopez, le fils du *dispatcher*, bientôt suivis par encore un autre collègue, Ted Jordan. Ces premières personnes, toutes arrivées dans les dix minutes qui ont suivi l'incident, ont toutes confirmé l'examen du site par Zamora et Chavez, et ont noté que les broussailles étaient encore fumantes.

La nouvelle se répand

La rencontre de Lonnie Zamora a eu lieu le vendredi 24 avril en fin de journée. Dès le samedi matin, des journalistes du journal local, *El Defensor Chieftain*, sont sur place et font les mêmes constatations que les policiers, sur un site encore presque intact.

Dans le même temps, l'incident est rapporté à l'armée, c'est-à-dire, dans cette région, à deux bases : d'une part le polygone d'essais de missiles de White Sands (WSMR), qui s'étend sur des portions de cinq comtés du Nouveau-Mexique, et d'autre part, la Kirtland Air Force Base, située dans le comté de Bernalillo, près d'Albuquerque. À partir de là, vont entrer en jeu des officiels militaires et des organismes fédéraux.

Le premier enquêteur militaire à se présenter sur le site du contact est, dès le 25 avril, le capitaine Richard T. Holder, de White Sands, qui vient accompagné d'un agent du FBI, D. Arthur Byrnes Jr, du bureau d'Albuquerque.

Le lendemain, dimanche 26 avril, c'est au tour du Major William Connor de la base de Kirtland et du sergent David Moody. Mais déjà, des dizaines de curieux ont investi la zone, alertés par l'article du *Chieftain* ; comme personne n'a vraiment songé à les tenir à l'écart, ils ont piétiné le site, faisant disparaître les traces d'atterrissage et ramassant peut-être de précieux indices…

Le projet Blue Book entre en scène

Enfin, le mercredi 29 avril, soit cinq jours après les faits, c'est au tour d'une « star » de faire son apparition, le docteur J. Allen Hynek en personne ! L'expert civil en chef du célèbre projet Blue Book de l'armée de l'air des États-Unis se rend sur les lieux et s'entretient avec le témoin et ses collègues.

Pour rappel, le Blue Book Project, commission mise en place par l'US Air Force afin d'étudier et d'enquêter sur le phénomène ovni, est localisé depuis 1947 sur la base aérienne de Wright-Patterson, près de Dayton, dans l'Ohio, donc à deux mille trois cents kilomètres de Socorro.

En 1964, le projet Blue Book est passé depuis un an sous les ordres du major Hector Quintanilla, un sceptique qui pense que les ovnis sont une pure fiction.

En plus de quinze ans, les gens du Blue Book ont examiné des milliers de cas, mais on se dit que si son expert civil principal prend la peine de venir jusqu'au Nouveau-Mexique, c'est que le dossier est loin d'être mineur.

Le 30 avril, *El Defensor Chieftain* titre : « Le consultant de l'Air Force, le Dr Hynek est venu, il a trouvé le témoignage de Zamora solide, ce n'est pas un canular. » Comme le souligne aussi le journal local, l'expert a également trouvé le site si fréquenté par les curieux qu'il en a conclu que rien de scientifiquement valable ne pouvait en être tiré.

En général, lorsque l'armée ou le personnel du projet Blue Book intervient après une observation d'ovnis, c'est plutôt pour discréditer les témoignages, donner une explication rationnelle, voire calmer d'éventuels mouvements de panique.

Or, dans le cas de Socorro, il n'y a eu aucune panique ou inquiétude au sein de la communauté et, surtout, lorsque l'armée est intervenue, il était trop tard pour faire un *cover-up*, une dissimulation, puisque la presse et quantité de curieux s'étaient déjà promenés sur le site.

La fin du Blue Book Project

Alan J. Hynek revient quelques mois plus tard à Socorro, le 15 août 1964, et en profite pour déclarer que l'événement du 24 avril est en train de devenir un dossier emblématique. À cette occasion, il rappelle que l'Air Force est très intéressée par ce cas, qu'il n'y a rien à ce jour pour discréditer l'enquête, qu'il n'est pas possible pour l'instant d'apporter une réponse rationnelle à ce qu'a vu Lonnie Zamora.

Par la suite, en 1966, Hynek est vivement critiqué lors de l'affaire de Dexter, dans le Michigan, où des dizaines de témoins voient plusieurs ovnis en même temps, qui sont même repérés sur un radar. Hynek explique à l'époque que ce sont des gaz des marais, ce qui ne paraît guère plausible. La crédibilité d'Hynek et du projet Blue Book en est sérieusement altérée.

En 1968, un rapport au Congrès du comité Condon conclut que poursuivre l'étude des ovnis n'est pas susceptible de produire des avancées scientifiques et l'Air Force déclare que les ovnis ne posent aucun problème à la sécurité nationale. La conséquence est funeste pour le Blue Book, qui est démantelé en janvier 1970.

De ce vaste projet, il reste le recensement, sur plus de deux décennies, de douze mille six cent dix-huit observations d'ovnis, dont sept cent une furent classées inexpliquées. Dans le top 10 des observations irrésolues, le dossier Socorro figure en bonne place !

D'autres témoins confirment la présence d'un ovni à Socorro

Mais revenons au 24 avril... Lorsque les enquêteurs reviennent au poste de police, l'opérateur radio Nep Lopez leur apprend que trois appels lui sont parvenus au sujet d'une grande lueur bleue aperçue à une heure concordante avec les événements.

Au moins une autre personne, un touriste non identifié qui circulait en direction du nord sur l'US 85, a également vu l'ovni juste avant qu'il ne se pose dans le ravin.

On le sait car il en a parlé à Opal Grinder, le manager de la station-service Whiting Brothers sur la 85 Nord. Grinder raconte que l'homme lui a fait la remarque que les avions volaient très bas dans la région. Grinder lui a répondu qu'il y avait quantité d'hélicoptères dans le voisinage. Le touriste lui a dit alors que « ce devait être vraiment un drôle d'hélicoptère, du moins si cela en était un ». Il a mentionné par ailleurs que l'objet volant avait survolé sa voiture en se dirigeant tout droit vers le ravin dans lequel il avait atterri. Il ajouta qu'il avait vu une voiture de police gravir la colline : c'était la voiture de Zamora.

Plus tard, le 29 mai 1968, deux autres témoins, Paul Kies et Larry Kratzer de Dubuque, en Iowa, parlent également au Dr Hynek. Dix ans après, en mai 1978, Ralph C. DeGraw, un enquêteur de l'Iowa, les retrouve et les interviewe.

Ils roulaient au sud-est de Socorro vers dix-huit heures lorsqu'ils ont vu quelque chose de brillant et un nuage de fumée au voisinage de la ville. Ce n'est que plus tard qu'ils ont entendu parler de l'ovni de Socorro et qu'ils ont fait le rapprochement.

Selon Kratzer, c'était un « objet rond en forme d'œuf ou de soucoupe, qui s'est élevé à la verticale depuis le point où se trouvaient les fumées. Après une ascension verticale, l'objet est parti en vol horizontal vers le sud-est », ce qui confirme les propos de Zamora.

Kratzer ajoute que « l'objet était argenté et qu'il avait une rangée de hublots ou d'ouvertures sur son flanc, et une marque rouge en forme de Z à une extrémité ». Il a même pensé qu'il s'agissait d'un avion expérimental à décollage vertical. L'autre témoin, Kies, n'a vu, lui, qu'un point brillant et de la fumée.

L'énigmatique symbole rouge

Deux semaines après l'incident du 24 avril, Rick Baca, un élève de la *junior high school* de Socorro, âgé de 14 ans, fait un dessin de l'engin à partir de la description de Zamora. Ce dessin est publié un mois après l'observation, le 28 mai 1964, dans *El Defensor Chieftain* et est reproduit ensuite dans quantité de livres et de blogs.

On y voit l'engin inconnu avec, sur la carlingue, un symbole mystérieux qui, depuis, a suscité nombre de polémiques et d'interprétations sans que personne ne puisse en déduire quelque chose de probant. Le symbole est composé d'une petite flèche verticale soulignée d'un trait horizontal, et surmontée d'un arc-de-cercle. L'ensemble est de couleur rouge. Comme le symbole a été ensuite déformé, c'est le dessin validé par Zamora qui fait foi. Rick Baca, qui réside toujours à Socorro, a conservé le dessin original.

Des marques au sol

Ce qui rend d'autant plus plausible le récit de Zamora, c'est la présence, au sol, de traces physiques: végétation et sol brûlés, empreintes d'atterrissage, éraflures de métal sur une roche brisée…

La plupart de ces éléments ont été analysés par des enquêteurs militaires, par les forces de l'ordre et les organismes ufologiques civils. Quintanilla, le chef d'études du Blue Book, a affirmé en fin d'enquête que « tout ce qu'il était humainement possible de vérifier l'a été ».

Il est vrai que l'on a fait venir des compteurs Geiger de la base aérienne de Kirtland pour tester des radiations dans la zone d'atterrissage et envoyé des échantillons du sol au laboratoire de matériaux de l'armée de l'air.

Selon Quintanilla, l'analyse du sol n'a révélé aucune matière étrangère: « Les radiations étaient normales pour les pistes et les zones environnantes. L'analyse en laboratoire de la broussaille brûlée n'a révélé aucun produit chimique pouvant constituer un résidu propulsif. Les résultats étaient tous ensemble négatifs. »

Lors de l'observation, Zamora n'a pas prêté beaucoup d'attention aux « pieds » de l'engin, mais par la suite ce détail prit toute son importance. Quatre marques disposées en configuration trapézoïdale étaient visibles. On a aussi noté quatre zones brûlées, trois d'entre elles étant à l'intérieur des marques. Dans le dossier ouvert par l'US Air Force, il est aussi mentionné plusieurs petites indentations, peu profondes, décrites comme des « empreintes de pas ».

Où sont passées les analyses ?

Le problème, c'est qu'aucun rapport de ces analyses ne figure dans le dossier. Il est bien mentionné que l'on a fait appel à des organismes comme le Battelle Memorial Institute à Colombus, en Ohio, les sociétés Libbey-Owens ou Corning (l'entreprise américaine qui permit plus tard le développement de la technologie de la fibre optique).

Mais on ignore où se trouvent les rapports relatifs à de telles analyses physiques et quel organisme s'est chargé d'analyser les échantillons de broussailles de Socorro.

Dans un rapport du FBI du 8 mai 1964, la présence de traces et d'empreintes est bien confirmée : « Chaque creux semble avoir été fait par un objet s'étant enfoncé dans le sol avec une certaine inclinaison. » La pression nécessaire pour les faire est estimée à plus d'une tonne par emplacement, donc beaucoup trop pour que Lonnie Zamora ait pu les faire lui-même.

En septembre 1968, le Dr James E. McDonald, un physicien étudiant les phénomènes atmosphériques à l'université de l'Arizona, a déclaré à un ufologue, Richard Hall, qu'il y aurait eu un prélèvement d'un échantillon de sable fondu sur le site. McDonald a réussi à entrer en contact avec Mary G. Mayes, une chimiste radiologue qui, alors qu'elle travaillait à l'université du Nouveau-Mexique, aurait participé à l'analyse d'échantillons du sol avec deux autres personnes.

Elle était sur place le lendemain des événements, le 25 avril 1964, et elle aurait affirmé qu'il y avait, dans la zone d'atterrissage de l'engin, des traces sous forme de sable fondu et resolidifié. McDonald confirme avoir échangé avec elle au téléphone et l'avoir rencontrée à Tucson.

Mary G. Mayes aurait aussi analysé les fluides des plantes affectées et aurait expliqué à McDonald qu'elle avait trouvé surtout de la sève, mais aussi deux substances organiques qu'elle n'avait pu identifier. Peu de temps après les analyses, du personnel de l'US Air Force aurait confisqué toutes les notes et échantillons et lui aurait interdit d'en parler. Ce qui explique pourquoi aucun rapport d'analyse n'a été diffusé auprès du public.

Cette histoire est-elle une pure invention ?

De toutes les hypothèses que je vais passer en revue, c'est celle que j'écarterais le plus naturellement. En effet, plusieurs témoins, qui n'ont aucune relation entre eux, ont raconté des faits qui vont dans le sens de la déposition de Zamora. En outre, ce dernier n'avait absolument aucune raison d'imaginer une telle histoire.

Dans le rapport du FBI du 8 mai 1964, il est fait état de son excellente réputation. Zamora est bien noté pour ses cinq années de service et on le considère comme quelqu'un de sobre, de consciencieux, absolument pas enclin à l'affabulation.

Dans un rapport du projet Blue Book de 1966, qui n'a été révélé qu'en 1981, le major Hector Quintanilla, chef du groupe d'étude des ovnis, écrit : « Il ne fait aucun doute que Lonnie Zamora vit un objet qui lui laissa une forte impression. Il n'est pas plus question de mettre en doute l'honnêteté et la crédibilité de Zamora. C'est un officier de police sérieux, un pilier de son Église, un homme bien accoutumé à la reconnaissance des véhicules aériens dans son secteur. Il est embarrassé, intrigué par ce qu'il a vu, et franchement, nous aussi. Ce cas est le mieux documenté de nos archives, et nous sommes encore incapables, en dépit d'une recherche minutieuse et approfondie de découvrir le véhicule ou autre stimulus qui effraya Zamora au point de paniquer. »

De son côté, J. Allen Hynek ajoutera même plus tard : « On est peut-être en face de la pierre de Rosette de l'ufologie, jamais on n'a eu de dossier avec un témoin aussi irréprochable. »

Une mauvaise interprétation ?

À l'évidence, Zamora n'a pu être leurré par un phénomène météo ou une forme nuageuse qu'il aurait mal interprétée. Le temps était clair et dégagé et on voit mal quel phénomène aérien naturel engendrerait des formes d'œuf qui s'élèvent à la verticale en vrombissant…

Cela n'a pas empêché certains sceptiques de prétendre le contraire. Comme Philip J. Klass, journaliste connu pour son scepticisme, qui a suggéré que Zamora avait vu une boule de feu, puis qu'il avait tout inventé…

Cet argument ne tient guère. En revanche, Zamora a-t-il été incapable de reconnaître un engin volant conventionnel ? Cela semble peu probable dans la mesure où ce policier connaissait très bien, comme on l'a dit, les principaux appareils de l'époque et que sa description ne correspond pas du tout à celle d'un avion, ni d'un hélicoptère. Le seul appareil qui puisse s'en rapprocher serait, à la limite, un avion à atterrissage et décollage vertical.

Mais dans les modèles qui ont été lancés avant 1964, peu se rapprochent de l'engin auquel a été confronté Zamora. Dans les années 1950, il y eut le Lockheed XFV « Salmon » ou bien le Convair XFY « Pogo », mais ils ressemblent vraiment à des avions dont on distingue nettement les réacteurs. Ces projets furent abandonnés dès 1956, huit ans avant l'incident de Socorro. En France, la société Snecma lança en 1952 le projet du C-450 Coléoptère en s'appuyant sur les réacteurs Atar qu'elle avait mis au point ; un prototype effectua un premier vol vertical le 17 avril 1959 ; le projet, peu fiable, fut abandonné dès l'automne.

Ensuite, on s'orienta vers des avions plus légers, *flat-riser* comme on dit, comme le Mirage III de Dassault, dont la forme n'avait plus rien à voir avec l'œuf géant aperçu par Zamora.

L'Air Force a tenté de faire croire que Zamora avait vu un engin de test, peut-être même le premier prototype du LEM qui serait utilisé cinq ans plus tard sur la Lune, mais Hynek lui-même a reconnu que cela ne tenait pas la route.

Bien entendu, il y a toujours la possibilité que l'engin en question fût un prototype militaire top secret, au design révolutionnaire, fabriqué par les Américains ou par une puissance étrangère, qui n'ait jamais été connu du grand public. Ce qui expliquerait qu'il ne figure pas dans le catalogue des appareils de l'époque. Cette hypothèse n'est pas à écarter mais depuis 1964, personne n'est jamais venu apporter un début d'indice à cette piste.

L'hypothèse du canular

C'est l'explication la plus controversée. Dans le dossier de Socorro, il a été question d'un canular à plusieurs reprises. Au tout début de l'enquête d'abord, parce que l'événement avait l'air trop extraordinaire. Mais très vite les enquêteurs, Hynek en tête, ont dit qu'ils trouvaient Zamora crédible.

Un peu plus tard, ensuite, lorsqu'on a dit que c'était une histoire forgée de toutes pièces pour promouvoir le tourisme dans la région de Socorro. On a d'ailleurs prétendu que le terrain sur lequel l'ovni a atterri appartenait en fait au maire de l'époque, Holm Bursum Jr.

Vérification faite, cette information est complètement fausse. Holm Bursum Jr n'a jamais possédé cette parcelle de terre. En 1964, cette zone appartenait au Delia Harris Estate et la parcelle fut rachetée en 1968 par une famille, les Richardson, à laquelle elle appartiendrait toujours.

Si l'hypothèse du coup monté pour attirer les touristes était vraie, disons que ce fut un fiasco. En 2020, la ville de Socorro attend toujours les touristes. Les seuls qui viennent dans ce coin ennuient tout le monde en demandant partout où se trouve le site d'atterrissage de l'ovni. En termes d'attraction touristique, il y avait probablement mieux à faire!

Bien plus tard, quarante-cinq ans après les faits, il a davantage été question d'une mauvaise blague qui aurait été faite au policier Zamora. Vers 2009, un enquêteur du nom d'Anthony Bragalia a affirmé que l'observation de Zamora n'était qu'un canular. Un ancien président d'université aurait avoué que c'était en réalité une blague sophistiquée de potaches.

Pour affirmer cela, Bragalia s'appuie sur la lettre que le docteur Linus Pauling a envoyée le 19 juin 1968 à son collègue et ami, le Dr Stirling Colgate, président de l'Institute of Mining and Technology à Socorro, pour lui demander des informations sur l'incident: « Connaissez-vous le sergent de police Zamorra, de Socorro, qui rapporta avoir vu une soucoupe volante au sol le 24 avril 1964? Le sergent Sam Chavez? Que pense-t-on de cette affaire au IMT? »

Colgate lui avait répondu: « J'ai une bonne idée de l'étudiant qui a concocté ce canular. Il nous a quittés. Salutations, Stirling. »

Et... c'est tout. Pour le coup, c'est plutôt léger, même très léger comme preuve pour attester l'hypothèse de la blague.

Certes, l'échange a lieu entre deux sommités. Notamment, Linus Pauling, célèbre chimiste et physicien américain, deux prix Nobel au compteur, en 1954 et 1962, a découvert la structure de l'hélice alpha (protéines) et a manqué de peu celle de la double hélice de l'ADN. Fondateur de la médecine orthomoléculaire qui se propose de soigner les personnes par l'apport optimal de substances naturellement connues de l'organisme, Pauling a également popularisé l'utilisation de la vitamine C.

Mais comme l'ont immédiatement souligné ses détracteurs, Ray Stanford, un des spécialistes du dossier, sur place dès 1964, et Bruce Maccabee, la thèse d'Anthony Bragalia selon laquelle l'incident aurait été monté par des étudiants anonymes ne repose que sur des rumeurs et n'est appuyée par aucune preuve. Honnêtement, on ne peut pas valider une explication du simple fait qu'une personnalité notoire pense qu'elle connaît, ou a connu, ceux qui ont commis ce canular.

Où sont les informations crédibles? Quel étudiant de quel institut est-il capable de réaliser un tel dispositif, avec les mêmes caractéristiques de vol que celles décrites par Zamora ? Il faudrait *a minima* des schémas, des dessins expliquant comment on produit de tels effets.

Et puis si cela avait été réellement un canular, on peut imaginer que le temps passant, son ou ses auteurs en auraient parlé, ou des gens les ayant connus, car ce genre de plaisanterie ne reste jamais longtemps secrète.

Or, personne n'a jamais ouvert la bouche et c'est d'ailleurs dommage parce qu'on aurait bien aimé qu'ils nous expliquent comment ils ont réalisé leur mise en scène…

De mon point de vue, au vu de l'enquête et des documents disponibles, j'ai le plus grand mal à adhérer à l'éventualité d'un canular, quel qu'il soit. Pourtant, c'est bien avec cet argument plus que fragile que l'encyclopédie en ligne Wikipédia classe hélas l'incident de Socorro dans les canulars d'ovnis.

Une authentique rencontre du troisième type ?

Finalement, si les autres hypothèses s'avèrent fragiles et peu concluantes, reste à envisager celle où Zamora a vraiment fait une rencontre du troisième type, fugace mais authentique. Rien ne vient en apporter la preuve, mais rien ne vient non plus l'exclure.

Quel était cet objet volant inconnu aperçu ce jour-là? Que fabriquait-il dans cette région désertique du Nouveau-Mexique ? Était-ce un engin secret de l'armée américaine ? Une opération d'espionnage d'une puissance étrangère ? Les Soviétiques ? Et les deux personnages humanoïdes, étaient-ils vraiment terriens ou… d'ailleurs ?

En général, les observations d'ovnis rapportées par un seul témoin sont sujettes à caution. Il semble que le cas de Lonnie Zamora fasse exception à la règle. On peut même considérer que son témoignage est un des plus solides en faveur de l'existence des ovnis. Même s'il demeure un dossier ufologique non résolu.

Qu'est devenu ensuite Lonnie Zamora ?

Il a poursuivi un temps son activité au sein du département de la police de Socorro. Puis il a occupé plusieurs postes au service de la ville et dans le privé, dont un poste de manager de station-service, avant de prendre sa retraite. Ceux qui ont voulu le rencontrer pour lui faire raconter son expérience se sont souvent heurtés à un refus. Il a toujours préféré ne pas attirer l'attention sur lui, même s'il est devenu, à son corps défendant, le Soccorean le plus connu dans le monde.

Finalement, Lonnie Zamora s'est éteint le 2 novembre 2009, à l'âge de soixante-seize ans, sans jamais être revenu sur son témoignage, même partiellement.

Un dernier détail...

Avant de refermer ce dossier, je voudrais évoquer une anecdote qui n'est peut-être pas si anodine que cela.

Un peu plus d'un an après l'incident de Socorro, le 1er juillet 1965, Maurice Masse, un agriculteur de Valensole en Haute-Provence, aperçut tôt le matin dans son champ de lavandin un engin inconnu de forme ovoïde avec deux petites créatures à proximité. C'est un des cas des plus emblématiques de l'ufologie française.

Lors de l'enquête qui suivit, l'ufologue Aimé Michel présenta à Maurice Masse une photo en couleur qui montrait une maquette de l'étrange appareil observé par Lonnie Zamora en avril 1964.

Et là, Maurice Masse s'est décomposé. Aimé Michel l'a raconté : « L'effet produit sur lui fut fantastique. J'eus l'impression qu'en voyant cette image, Maurice Masse en était à son dernier soupir, comme s'il venait de regarder sa propre mort. D'abord, il pensa que quelqu'un avait photographié sa machine. Quand il apprit que celle-ci avait été vue aux États-Unis par un policier, il parut soulagé et me dit : "Vous voyez bien que je ne rêvais pas et que je ne suis pas fou !" »

Sources

« Evidence of UFO landing here observed », *El Defensor Chieftain*, 28 avril 1964.

Ray Stanford, *Socorro Saucer. The closest encounter of them all...*, HarperCollins Publishers, 1978.

Richard Hall, « L'Air Force "embarrassée" par le cas de Socorro », *MUFON UFO Journal* n° 157, mars 1981.

Paul Harden, « The 1964 Socorro UFO incident », *El Defensor Chieftain*, 2 août 2008.

Le témoignage de Lonnie Zamora au Blue Book Project : www.ufocasebook.com/Zamorareport.html

Rapports de l'USAF et du Blue Book Project, 1964.

10.
Le « Martien » affectueux

C'est le récit d'une rencontre étrange du troisième type qui eut lieu en 1954, une année marquée par une vague d'observations d'ovnis partout en France. Cette rencontre donna lieu à un détail assez rare pour être mentionné : un léger contact physique entre le Terrien et la créature surgie de nulle part. Retour en arrière sur ce face-à-face pas banal.

La vague de soucoupes volantes de 1954

En 1954, en pleine guerre froide, les journaux de l'**époque faisaient la part belle aux vicissitudes de la** IVe République et aux multiples tensions qui agitaient un monde bipolarisé. Il ne manquait pas de sujets d'actualité, nationale et internationale, mais les lecteurs de la presse trouvaient aussi quantité de témoignages ahurissants sur des observations d'ovnis, ou de soucoupes volantes comme on disait plutôt à l'époque.

En 1954, le phénomène d'objets volants inconnus est plutôt récent en France. L'expression même de « soucoupes volantes » n'a été forgée que sept ans plus tôt aux États-Unis.

Mais le phénomène s'est vite propagé, puisque cette même année 1947, on relève la première observation sur notre territoire. Dans les archives du Groupe d'études et d'informations sur les phénomènes aérospatiaux non identifiés (GEIPAN), l'organisme officiel qui enregistre aujourd'hui les observations d'ovnis, figure en effet le témoignage récent (2014) d'une observation ancienne. Le témoin se souvient avoir vu dans le ciel de Vendée, en août 1947, un objet volant de forme cylindrique ou parallélépipédique brillant qui se déplaçait d'est en ouest à très grande vitesse, et qui stoppa net pendant trente secondes environ avant de repartir très vite et de disparaître…

Les deux années suivantes, 1948 et 1949, furent très calmes en France, mais il y eut une poussée de fièvre « soucoupique » en 1950, deux observations en

1951 et une vague plus importante en 1952 avec plus de cinquante apparitions d'ovnis entre mai et octobre dans l'Hexagone.

Étrangement, l'année 1953 est tranquille en France comme dans le monde. Mais l'année suivante entre dans l'histoire de l'ufologie, au point que l'on parle encore de la fameuse « vague de 1954 ».

On assiste, il est vrai, à une invasion d'objets volants et de créatures venues d'ailleurs, avec des témoignages parfois fantaisistes, la diffusion des premiers canulars, mais aussi quelques récits qui laissent perplexes.

Deux exemples parmi des dizaines d'autres : durant l'été 1954, à une date inconnue, Marie-Louise M., cinquante-sept ans, qui se promène à pied à Saint-Priest-Taurion, au lieu-dit La Basse Gorce, en Haute-Vienne, raconte que vers midi, à une croisée de chemins, elle a aperçu un objet brillant, hémisphérique, aplati, posé sur une sorte de trépied. Deux êtres de moins d'un mètre de haut, avec une tête volumineuse et un corps de couleur gris métallique, étaient occupés à cueillir quelque chose alentour sur le pré ; de son côté, Élise Blanc, de Lugrin, en Haute-Savoie, affirme que le 23 août 1954, elle a rencontré deux humanoïdes étranges près d'un engin qui ressemblait à « une remorque de camping en aluminium. Les deux petits êtres, hauts de un mètre vingt environ, étaient habillés en costume argenté. Lorsqu'ils aperçurent Mme Blanc, ils grognèrent comme des cochons et sautèrent dans leur machine, qui s'éleva, devenant couleur de feu, pour disparaître dans un nuage multicolore » (*Le Dauphiné libéré*, 8 octobre 1954).

Pendant toute l'année 1954, ce ne sont pas moins de cent soixante-dix-huit cas d'engins posés au sol ou sur le point d'atterrir, et soixante-deux descriptions d'humanoïdes qui sont recensés ! Il n'y a presque pas un jour qui passe sans qu'on signale des manifestations, dans un coin ou un autre du pays. Aucune région n'est épargnée, surtout les plus isolées. C'est notamment le cas de la Corrèze, avec cette étrange affaire qui mit en scène un agriculteur de la région.

Une fin de journée comme les autres

Le 10 septembre 1954, Antoine Mazaud, agriculteur de profession, s'apprête à rentrer chez lui. Il a passé une grande partie de l'après-midi à travailler dans son champ de blé noir, situé à presque deux kilomètres à vol d'oiseau de sa maison.

Cette dernière se trouve dans le hameau de Mouriéras, sur la route de Tarnac, au nord de la petite localité très tranquille de Bugeat. Nous sommes dans le Massif central, à cheval entre la Corrèze et le Limousin, dans le parc naturel de Millevaches, une région réputée pour sa rudesse et sa beauté encore intacte. C'est une région très peu peuplée, sans zones urbaines, juste quelques bourgs et villages disséminés entre champs et rivières. Bugeat compte à cette époque environ mille habitants, soit deux cents de plus qu'aujourd'hui. Et tout le monde se connaît.

Vers vingt heures trente, ce jour-là, la nuit commence à tomber et Antoine Mazaud se dit qu'il a bien fait de rester tard car on approche des premières gelées. Mais le jour disparaît vite en cette saison et il estime qu'il est grand temps de retrouver son foyer.

Antoine Mazaud, c'est un agriculteur de cinquante-six ans, un solide gaillard, robuste et de bonne taille (Il mesure un mètre quatre-vingt-deux, c'est un détail qui de l'importance). Il est certain qu'il vaut mieux être costaud pour cultiver la terre aride du plateau de Millevaches. Le paysan a aussi la réputation d'être un homme calme et sensé.

Il saisit donc sa fourche, la pose sur son épaule et, la casquette vissée sur le crâne, le voilà parti dans un chemin creux qui serpente entre les haies et qui le ramène vers sa maison. C'est une marche facile, d'une vingtaine de minutes, sur le plateau des Piloux, en d'autres termes, une promenade de fin de journée pour se mettre en appétit.

Le voici donc sur un chemin rocailleux qui avance à grandes enjambées… Ce sentier bordé de fougères, il le connaît sur le bout des doigts et il n'a pas de secret pour lui. Antoine Mazaud l'arpente presque tous les jours et il s'y sent comme chez lui. Le seul point qui l'ennuie, en fait, c'est qu'il n'a pas pris de lumière. Et chercher sa route dans le noir, Mazaud n'aime pas trop ça. De plus, il ne veut pas faire patienter sa femme qui a préparé la soupe comme chaque soir.

L'étrange rencontre

À la hauteur d'un petit bois, Antoine Mazaud raconte qu'il a quand même posé sa fourche pour s'en griller une petite durant une à deux minutes. Après avoir fumé sa cigarette, il s'engage dans un raccourci qui doit lui faire gagner un peu de temps. Il parcourt à peine une cinquantaine de mètres lorsque tout à coup, il se fige. À quelques pas devant lui, là, le long d'un buisson, il vient de distinguer une silhouette insolite.

Mazaud n'est pas un froussard. Il n'a d'ailleurs aucune raison d'avoir peur. Pourquoi n'aurait-on pas le droit de se promener là, même à la tombée de la nuit ? Et puis, les braconniers, il les connaît et il sait se défendre. En plus, il est costaud et il est armé de sa fourche.

Sauf que, à cet endroit et à ce moment, Antoine Mazaud sent une profonde angoisse l'envahir. Le personnage qui se trouve devant lui semble inquiétant : « Mon premier réflexe fut d'empoigner ma fourche. J'étais glacé de peur. »

Antoine Mazaud distingue mal la silhouette qui se tient devant lui. Il ne voit pas ses traits, mais il note que ses vêtements sont de couleur sombre. Sa tête, qu'il tient obstinément baissée, semble enserrée dans un casque sans protège-oreilles comme ceux que portent les motocyclistes. L'homme, si tant est qu'il s'agisse d'un homme, est de taille moyenne, et il se balance sur lui-même, sans proférer le moindre mot.

Tout de suite, Mazaud comprend que l'homme n'est pas de la région. Il connaît tout le monde dans les environs et un citoyen comme celui-ci ne lui dit rien qui vaille. Le paysan ressert sa prise sur le manche de sa fourche, on ne sait jamais. Si l'inconnu esquisse un geste menaçant vers lui, il va trouver à qui parler !

Quelques secondes se passent dans le silence le plus complet.

Puis soudain, l'homme tend la main et prononce quelques mots, incompréhensibles.

Laissons la parole à Antoine Mazaud qui a raconté la suite à la presse : « Il s'est avancé vers moi, en faisant avec son bras une espèce de geste au-dessus de sa tête. Je crus comprendre qu'il voulait me calmer, me saluer peut-être, ou m'exprimer son amitié. Son autre bras se tendait vers moi, mais je n'eus pas l'impression d'une menace, au contraire. Je ne savais que faire. Après un moment d'affolement, où je me demandais à qui ou à quoi j'avais affaire, je pensais qu'il s'agissait d'un fou qui se serait déguisé. Comme il continuait à s'avancer lentement vers moi en faisant des gestes bizarres, j'en déduisis qu'il n'avait pas l'intention de m'attaquer. Il était devant moi. »

L'accolade du « Martien »

De toute évidence, le geste de l'inconnu est un signe de paix. Tout en tenant sa fourche de la main droite, Mazaud, un peu hésitant, tend alors sa main gauche.

L'inconnu s'avance, toujours en baissant la tête et retire son casque. Il saisit vivement la main de Mazaud et la serre très fort, « avec chaleur ».

Brusquement, il attire vers lui le cultivateur et lui donne l'accolade, en attirant la tête de Mazaud contre lui !

Le paysan, sidéré, se laisse faire. Il n'a pas le temps de réaliser ce qui lui arrive que déjà, le personnage mystérieux s'éloigne à grands pas en grimpant le talus qui borde le chemin. Toute la scène a duré moins d'une minute et l'un comme l'autre n'ont presque rien dit.

C'est juste au moment où l'inconnu passe devant lui que Mazaud s'enhardit à lui dire bonsoir, mais l'homme ne dit rien et il se réfugie dans l'ombre épaisse du bois.

Toujours sous le coup de la surprise, l'agriculteur reprend sa route, d'une démarche en mode « automatique ». Mais au bout d'une vingtaine de mètres, raconte-t-il, il entend un léger bruissement. C'est comme un bourdonnement d'abeilles, et ça le fait se retourner.

À une cinquantaine de mètres de lui, un engin de forme allongée, ayant la forme d'un cigare renflé d'un côté et qui mesure de quatre à cinq mètres environ, est en train de s'élever doucement du sol.

Antoine Mazaud n'a jamais vu une telle chose.

L'objet volant, dont la couleur rappelle celle du zinc et qui n'émet aucune lumière selon le témoin, passe lentement sous la ligne électrique qui borde la route de Tarnac, prend peu à peu de l'altitude et disparaît dans la nuit vers l'ouest, en direction de Limoges.

À ce moment-là, Mazaud reprend vraiment ses esprits. Il s'élance dans la direction où l'objet a disparu, mais il est trop tard, bien entendu…

Vers vingt heures cinquante, Antoine Mazaud déboule chez lui. Il se met à table et avale sa soupe, mais sa femme voit tout de suite qu'il s'est passé quelque chose d'anormal. Il est perturbé, pâle et ses mains tremblent. Madame Mazaud interroge son époux : « Que t'est-il arrivé ? » L'agriculteur se tait d'abord, mais pressé par sa femme, il finit par lui raconter sa drôle de rencontre.

Tout le village est au courant

À la suite de cette aventure, Antoine Mazaud aurait préféré rester discret et oublier cette étrange rencontre. Ce qu'il redoute par-dessus tout, et on peut le comprendre, c'est qu'on se moque de lui et, pire, qu'on le prenne pour un fou. Mais très vite, contre son gré, il va devenir l'homme de l'actualité.

C'est quand même compliqué pour lui de rester silencieux. Il est tellement déboussolé par ce qui lui est arrivé qu'il ressent la nécessité de se confier à autrui.

Aussi, après sa femme, Mazaud raconte son histoire à son fils, instituteur à Bort-les-Orgues. Devant sa famille, il se défend âprement d'avoir été le jouet d'une hallucination et d'avoir inventé la scène. Par peur des moqueries, il demande à sa femme de ne pas en parler. Sauf que celle-ci finit par relater l'affaire à ses voisines qui en parlent à leurs époux. Très rapidement, tout le village est au courant et, de fil en aiguille, trois jours après les faits, le cas d'Antoine Mazaud parvient aux oreilles des gendarmes de la brigade de Bugeat.

Les gendarmes sont sur place

Les officiers de gendarmerie, ayant appris par la rumeur publique qu'un cultivateur prétend avoir rencontré le passager d'une « soucoupe volante », se rendent chez lui le 13 septembre pour se faire confirmer ces bruits. En sa compagnie, ils se déplacent même sur le lieu de la rencontre mais, sur place, ils ne découvrent rien. Aucun indice d'atterrissage, aucune trace de rien du tout. Il faut dire qu'entretemps il a aussi beaucoup plu.

Malgré tout, une enquête est ouverte et Antoine Mazaud est longuement entendu par le lieutenant de gendarmerie d'Ussel. D'abord fâché et réticent, le paysan maintient formellement ses déclarations, mais il déplore le tapage qui est fait autour de son aventure. Le lendemain, le 14 septembre, le cultivateur reconstitue à nouveau, devant les enquêteurs, sa rencontre avec l'étrange personnage. Il retourne dans l'après-midi sur le chemin creux, accompagné par monsieur Bernard, commissaire aux renseignements généraux de Tulle, son adjoint, l'inspecteur Gratias, les gendarmes de Bugeat ainsi que quelques journalistes.

Alors qu'il ne cesse de pleuvoir, Mazaud refait son récit, calmement, clairement, en montrant du doigt les endroits précis et en essayant de mimer au mieux ses réactions au moment des faits.

Le commissaire Bernard est plutôt surpris car ce que répète le cultivateur, les gestes qu'il reconstitue, correspondent point par point à la déposition qu'il a fait une demi-heure auparavant et qui a été enregistrée par l'inspecteur

Gratias. Le représentant de la loi dira avoir été « frappé comme tout le monde du sérieux de celui qui fut le témoin involontaire de cet étrange phénomène ».

D'autant que Mazaud campe sur ses positions : « Vous pourrez m'interroger cent fois, cent fois je vous répondrai la même chose puisque je ne mens pas », ne cesse-t-il de répéter.

En l'absence d'indice tangible, l'enquête s'en tient donc aux déclarations d'Antoine Mazaud. Il est fort probable que les autorités auraient classé l'affaire comme une histoire à dormir debout, s'il n'était apparu d'autres témoignages troublants.

D'autres témoins

En effet, ce même 10 septembre 1954, quelques instants après que Mazaud a vu partir l'engin en direction du nord-ouest, des habitants de Limoges disent avoir aperçu un objet volant dans le ciel, arrivant de l'est et allant en direction de l'ouest.

On a notamment le témoignage de Georges Frugier, trente ans, qui rapporte son observation dès le soir du 10 septembre, en ayant noté l'heure avec certitude.

Quelques instants après vingt heures trente, il dit avoir observé avec des amis un disque rougeâtre qui laissait échapper une traînée bleuâtre. La famille de monsieur Frugier ne prend pas son témoignage au sérieux avant le 14 septembre, date à laquelle les journaux commencent à mentionner l'observation d'Antoine Mazaud.

Or, Limoges se trouve à soixante-dix kilomètres au nord-ouest de Bugeat, et c'est justement la direction prise par le mystérieux engin selon les déclarations faites par Mazaud. De plus, ces témoignages ont été recueillis par la police *avant* que la rencontre de Mazaud ait pu avoir été connue des habitants de Limoges.

Ce n'est pas tout. Quelques jours plus tard, le 20 septembre vers vingt-trois heures, un cultivateur de Lachassagne d'Alleyrat, à sept kilomètres d'Ussel, rentre son tracteur après avoir labouré le champ d'un voisin. Tout à coup, il aperçoit un objet lumineux qui vient droit sur lui.

Dans un réflexe de défense, il saute de son tracteur et se couche sur le sol, en tremblant de peur. L'objet volant inconnu reste immobile pendant de longues minutes, puis il se met à nouveau en marche, ce qui provoque la fuite du témoin.

Une autre personne qui rentre d'Ussel aperçoit une grande lueur derrière la ferme du cultivateur. Sur le coup, il pense qu'il s'agit de la Lune. Une domestique voit aussi l'objet volant inconnu (on ne parle pas encore d'ovni), mais n'y attache pas d'importance. On remarquera ensuite qu'un arbre semble avoir subi à sa partie supérieure les effets d'une chaleur intense. Cette nouvelle affaire, moins médiatisée, est quand même une nouvelle aubaine pour les journalistes !

Deux jours plus tard, le 22 septembre, toujours vers vingt-trois heures, un témoin, seul, observe un objet lumineux rougeâtre qui se déplace rapidement dans le ciel. À l'aide de jumelles, il observe que l'objet change trois fois de couleur, passant du rouge au blanc puis au vert.

Enfin, le 2 octobre, toujours dans la région d'Espartignac, plusieurs témoins disent avoir aperçu vers treize heures trente un cylindre très brillant s'élevant à la verticale. De toute évidence, la Corrèze a fait l'objet, en septembre 1954, d'une intense activité aérienne.

Un lien stupéfiant avec une autre affaire ?

Les observations ne se limitent pas à la région. Des enquêteurs font le rapprochement entre l'aventure d'Antoine Mazaud et un autre événement très étrange, qui intervient le 10 septembre *dans la même soirée.*

À l'époque, cette dernière affaire a défrayé la chronique : il s'agit de la rencontre de Quarouble, dans le nord de la France. Dans cette petite ville, un fermier du nom de Marius Dewilde a raconté qu'une machine oblongue a atterri sur une voie ferrée à quelques mètres de sa maison. Deux petites créatures semblables à des hommes en auraient émergé, habillées de costumes qui ressemblaient à des tenues de plongeurs. Alors que Marius Dewilde s'avançait vers la machine volante, il aurait été paralysé par une lumière verte. Ensuite, au moment où il a pu bouger à nouveau, la machine s'est élevée dans le ciel.

Une enquête plus approfondie a montré la présence d'éraflures symétriques sur les traverses de chemin de fer en bois, ce qui suggère que l'objet avait reposé sur un train d'atterrissage tripode.

Controversée, l'affaire Dewilde est un des cas les plus compliqués de l'ufologie française. Retenons cependant cette incroyable coïncidence de date entre l'affaire Mazaud et l'affaire Dewilde.

De nouveaux phénomènes aériens

Revenons en Corrèze, car plusieurs semaines après la rencontre d'Antoine Mazaud, il s'est encore passé de curieux événements.

D'autres témoins, dont on n'a pas mis en doute le sérieux, ont rapporté à leur tour avoir vu dans le ciel entre Forgès et Saint-Chamond un autre cigare volant qui évoluait un peu à la façon d'un aéronef et qui a piqué soudain à la verticale. À ces observations s'ajoute le témoignage d'un fonctionnaire qui a préféré garder l'anonymat. Voici ce qu'il racontait à l'époque :

« Samedi, je roulais en voiture sur la route d'Égletons à Lapleau en compagnie de ma femme. Profitant d'une belle journée, nous allions vers les bois voisins chercher des champignons. Il pouvait être seize heures quinze et nous étions arrivés au lieu-dit La Cloche. Soudain, j'aperçus dans le ciel un engin allongé et très renflé au centre, lançant vers le sol des éclats métalliques. L'appareil descendait graduellement puis il a soudain disparu derrière la colline boisée dans la direction sud-est. Parvenu sur une crête, j'ai scruté le ciel mais l'engin mystérieux avait disparu. »

Le témoin est formel, il a bien observé cet extraordinaire vaisseau aérien. Il ne s'agissait pas d'un avion, tout du moins pas d'un avion de type connu. Et l'engin entrait dans la catégorie des cigares volants…

De même, à Puy-de-Noix, commune de Sainte-Fortunade, sur la route de Tulle à Beaulieu, plusieurs personnes ont observé un phénomène inexplicable à leurs yeux. C'est monsieur Sol qui l'a vu le premier. Au moment où il entrait chez lui, de son perron, il a aperçu à la hauteur d'une crête lointaine, en direction de Falazinges, une boule lumineuse qui se déplaçait en changeant d'intensité. Monsieur Sol a alors appelé son fils.

Monsieur Lherbe, un voisin, fut invité lui aussi à venir observer la boule lumineuse. Elle se déplaçait irrégulièrement. À un moment, il sembla qu'elle voulut se diriger vers le village de Puy-de-Noix, mais elle revint vers Falazinges. Selon les témoins, la nuit était noire. On a envisagé plusieurs explications, un phare d'automobile ou un phare de tracteur effectuant ses labours nocturnes. Mais il ne pouvait s'agir d'une lumière au sol puisqu'on n'apercevait pas sur le terrain le pinceau lumineux.

Aucune de ces observations insolites n'a fourni le fin mot de l'énigme.

Que penser de l'aventure d'Antoine Mazaud ?

Intéressons-nous un moment à l'agriculteur, à sa personnalité, ses réactions et ses déclarations.

La personnalité du témoin. On doit dire que jamais rien n'a été rapporté de négatif ou de péjoratif à son sujet. Les gendarmes n'ont pas pu prouver que Mazaud mentait, mais n'ont pas pu démontrer non plus qu'il disait vrai. Ils ont cherché à vérifier la réputation de l'homme, qui s'est avérée excellente.

De l'avis de tous, Mazaud est décrit comme un homme taciturne, travailleur, équilibré et dépourvu de la moindre imagination. C'est un citoyen travailleur, sobre (il ne boit jamais d'alcool) et qui bénéficie de l'estime générale sur tout le territoire de la commune.

Ce n'est pas un plaisantin. Il n'a jamais lu de récits de science-fiction et ne veut pas en entendre parler. Dans un article du journal *Combat*, un journaliste venu enquêter écrit : « Il y a dans ses déclarations un indiscutable accent de sincérité. Il n'a pas, tant s'en faut, la réputation d'un farceur ou d'un illuminé, et les enquêteurs n'ont pas relevé la moindre faille ou la moindre contradiction dans ses déclarations. »

Les réactions du témoin. Elles semblent assez cohérentes. Au début, de la surprise et de la peur devant l'inconnu… Il faut dire que dans cette région peu peuplée, tout le monde connaît tout le monde. Donc l'apparition d'un inconnu est en soi une étrangeté.

Un point intéressant : à plusieurs reprises, monsieur Mazaud a regretté de ne pas avoir « tué » l'inconnu « à coup de fourche pour savoir ce que c'était ». Parle-t-on ainsi d'un homme, même inconnu ? Si ce sont vraiment ses propos, et il n'y pas de raison d'en douter, c'est une indication assez forte que d'emblée, l'inconnu ne lui a pas semblé humain.

Pourtant, ensuite, Mazaud parle de lui comme si c'était un homme. Rien ne laisse penser le contraire, en tout cas. Il ne donne pas de détails sur le corps de l'entité ou sur son visage qu'il n'a pas clairement distingué, mais il a mentionné une grande main se terminant par cinq doigts très humains. Et lorsque le personnage l'a embrassé, il a senti contre sa joue une « chair chaude comme celle d'un gars de chez nous ».

D'ailleurs, Mazaud n'a pas parlé d'extraterrestre, l'idée des Martiens et des soucoupes volantes ne fait pas partie de son registre culturel. Ce sont les suggestions de la presse qui l'ont poussé à parler de « Martien ».

Mazaud n'a pas non plus le profil d'un contacté qui va ensuite vouloir transmettre des messages venus des étoiles. Après la rencontre, rien n'a changé dans sa vie, sinon qu'on l'a pressé à maintes reprises de raconter son aventure.

De manière générale, on a très peu d'informations sur la suite de son existence.

La dernière réaction cohérente, c'est la réticence de Mazaud à témoigner… par peur du ridicule. Il n'a réclamé aucun argent et a voulu éviter toute publicité. Il n'a jamais laissé paraître le moindre intérêt pour un début de célébrité. Il n'at jamais demandé à figurer en une de *La Montagne*, le quotidien de Clermont-Ferrand…

De toute évidence, comme c'est souvent le cas en pareille affaire, le témoin n'avait rien à gagner sinon les moqueries de ces concitoyens.

Des zones d'ombre

Mazaud est un témoin sincère et cohérent. Il demeure cependant quelques zones floues dans son récit, comme s'il n'avait pas tout dit…

Ainsi, le témoin aurait déclaré : « L'être qui m'a embrassé était de petite taille », et il aurait ajouté : « Il m'a embrassé sans lever la tête. » Sachant que Mazaud mesure un mètre quatre-vingt-deux, il aurait été difficile qu'un individu de petite taille l'embrasse sans relever la tête.

Sauf que, vérification faite, Mazaud n'a jamais dit que le personnage était petit. Dans les interviews, il parle toujours de taille moyenne.

Sur l'embrassade elle-même, tout a été dit ou presque. On a même prétendu que l'inconnu l'avait embrassé sur la bouche ! Il y a aussi un doute sur le fait que l'inconnu ait ôté son casque ou pas… Compliqué quand même d'embrasser avec un casque sur la tête !

Antoine Mazaud, excédé qu'on le harcèle avec ça, était même revenu sur ses déclarations, disant que l'inconnu s'était contenté de lui serrer la main. En fait, il semble qu'il se soit agi plus d'une accolade, comme celle que l'on fait lorsqu'on remet une médaille, qu'une embrassade. Selon les informations les plus fiables, il n'y a eu aucun réel contact physique entre Mazaud et l'individu.

Mazaud a aussi raconté que c'est à cause de l'obscurité qu'il n'a pas pu décrire les traits de l'inconnu. Des gens ont quand même trouvé bizarre qu'il puisse décrire quelques détails vestimentaires comme le casque de motocycliste. Cela ne me semble pas contradictoire. Il commençait à faire nuit et il ne pouvait distinguer que des détails grossiers. De plus, l'inconnu portait un casque qui dissimulait une large partie de son visage.

Il a été aussi pointé que pour voir l'engin passer sous une ligne électrique, de l'endroit où il se trouvait et à l'heure des faits, il aurait fallu une vision fantastique pour déceler ce détail.

Peut-être, sauf qu'Antoine Mazaud connaissait l'endroit dans les moindres recoins et qu'il savait très bien qu'il y avait une ligne à haute tension à cet endroit précis. J'ignore si elle existait déjà dans les années 1950 mais j'ai vérifié, il y a bien une ligne électrique qui croise le chemin emprunté par Mazaud.

Son récit n'est peut-être pas cohérent à cent pour cent, mais il l'est assez pour rester très crédible. Si l'agriculteur est revenu sur certains détails, c'est parce qu'on l'a souvent accablé de questions et qu'il a dû répéter son récit plus de cent fois.

L'enquête a-t-elle été bien menée ?

Il n'est pas évident d'évaluer l'action des gendarmes plus de soixante ans après les faits. Les procès-verbaux, s'ils ont été conservés, n'ont pas été rendus publics au contraire de ceux d'autres affaires comme celle de Valensole en juillet 1965, ce que l'on peut regretter.

Cela aurait permis de connaître plus précisément l'endroit où se tenait Mazaud. C'était forcément un chemin avec quelques arbres et quelques buissons, mais pas un chemin forestier car l'étrange ovni avait besoin de place pour atterrir et redécoller. Et le site se trouvait tout près de la ligne à haute tension.

Sinon, l'enquête, déclenchée rapidement quelques jours après les faits, n'a pas mené bien loin. Je souligne quand même que l'on a dépêché sur place le commissaire Bernard, des renseignements généraux de Tulle. Ce qui démontre que l'on a pris l'affaire au sérieux. D'ailleurs, à aucun moment, du côté des autorités, comme dans l'affaire de Valensole onze ans plus tard, on n'a parlé de canular ou d'hallucinations de la part du témoin.

Quelles hypothèses ?

Cela dit, on ne peut exclure aucune explication, fusse-t-elle en défaveur d'Antoine Mazaud. Passons en revue les pistes possibles.

Le canular ou la blague. On ne peut pas rejeter l'invention de toutes pièces mais Antoine Mazaud n'avait aucune raison, et probablement ni l'imagination ni la personnalité, pour monter une supercherie. Il a aussi mal vécu le fait d'être au centre de la curiosité de ses concitoyens et de la presse… Quant à la plaisanterie à son endroit, cela reste plausible, mais personne n'est venu s'en vanter depuis 1954. Et ce n'était pas forcément très drôle…

L'hallucination. Quand on connaît le personnage, sobre et taciturne, cette hypothèse s'avère peu probable. Le témoin fumait, certes, mais seulement des cigarettes, et il ne buvait pas. Il n'y a pas de champignon hallucinogène dans le coin et Mazaud n'aurait pas commis l'erreur d'en grignoter.

Une rencontre bien terrestre. C'est une hypothèse qu'il faut bien entendu envisager. Il est fort possible qu'Antoine Mazaud ait pris pour un être et un objet exotiques quelque chose qui était tout à fait terrestre. Au premier chef, on pense bien entendu à un hélicoptère et à son pilote. Au milieu des années 1950, les Français ne sont pas familiarisés avec ces appareils, qui sont encore une nouveauté, notamment dans les campagnes. Les Français ont bien lancé le SNCASE SE.3000, qui ressemblait à un cigare volant, mais il s'agissait d'un appareil lourd, très bruyant et qui avait besoin d'un endroit assez vaste pour se déployer. La gendarmerie ne vole en hélicoptère que depuis 1953 avec des Hiller 360, des Bell 47 et des Sikorsky S-55. Ce n'est qu'en 1956 que l'on généralise l'usage de l'hélicoptère avec les fameuses Alouette de la gendarmerie.

À supposer que Mazaud ait été confronté à un hélicoptère et son pilote, on peut imaginer qu'il s'agissait peut-être d'un hélicoptère étranger. Dans ce cas, on songe tout de suite à la nation la plus en avance dans ce domaine, l'Union soviétique, ce qui expliquerait le costume du pilote, ses quelques mots incompréhensibles et son accolade. Mais comment expliquer la présence d'un hélicoptère russe au beau milieu de la Corrèze ?

Mystère ! Il y a cependant en 1954 un nouvel hélicoptère russe qui correspondrait assez bien : le Kamov Ka-10. Dans sa forme, il correspond plutôt à la description de Mazaud, en ce qui concerne la tenue du pilote également (costume sombre, casque de motocycliste…).

Le premier prototype de cet hélicoptère a volé en septembre 1949 et on l'a découvert durant le défilé aérien au-dessus de Moscou en 1950. C'est lui qui réalisa le premier appontage d'un hélicoptère soviétique à bord d'un navire de guerre. Il préfigurait déjà le futur de l'aéronavale soviétique. Les premiers exemplaires sont entrés en service en février 1954, ils ont été retirés du service en 1959 au profit du Kamov 15, plus moderne.

Il y a néanmoins deux points qui coincent : d'abord, le passage de l'engin sous la ligne électrique est trop dangereux pour un hélicoptère ; surtout, les rotors étaient très bruyants et ne faisaient pas du tout le bruit d'un bourdonnement d'abeille. On imagine mal que Mazaud n'ait pas vu les rotors et ce genre d'hélicoptère n'avait pas les moyens de voler de nuit. Et si cela avait été un hélicoptère, on peut penser que les enquêteurs de la gendarmerie et des renseignement généraux n'auraient pas manqué de mettre en avant cette explication. Cela n'a pas été le cas. À moins que les autorités étaient embarrassées à l'idée de révéler qu'un hélicoptère soviétique, venu d'on ne sait où, avait survolé le territoire français en pleine guerre froide !

Ou bien s'agissait-il d'un engin militaire français top secret que Mazaud n'aurait jamais dû apercevoir… Mais dans les décennies suivantes, rien de tel n'est apparu dans l'arsenal de l'armée française.

L'hypothèse ovni

De toutes les manières, si l'on va vers cette piste, la rencontre d'Antoine Mazaud peut s'apparenter à une rencontre du troisième type assez unique en son genre, car non seulement Mazaud est le premier à observer un « cigare volant » (à l'époque, on voit plutôt des soucoupes), mais il décrit aussi une rencontre avec le pilote d'un ovni présenté comme un individu bien terrestre, tout à fait normal dans son accoutrement, à l'inverses d'autres témoignages de la même époque qui évoquent des créatures bien différentes de nous.

L'affaire en est restée là durant des décennies, jusqu'en 2001 où un habitant de Bugeat, Marc Orlianges, a apporté quelques compléments dans le numéro 25 du journal municipal *Le Bugeacois*. Marc Orlianges, décédé deux ans plus tard en 2003, a été durant de nombreuses années le notaire de Bugeat. C'est donc *a priori* quelqu'un qui tient des propos sensés. Il raconte que le 10 septembre 1954, il était avec son père et revenait en vélo de chez sa grand-tante. En chemin, ils ont croisé Antoine Mazaud qui repartait chez lui à Mouriéras et ont bavardé brièvement avec lui.

Ensuite Orlianges et son père ont repris la route alors que Mazaud a pris le chemin qui traverse le plateau des Piloux. Pour Orlianges, ce plateau, qui présente des surfaces planes, est d'ailleurs propice à un atterrissage.

L'ancien notaire de Bugeat donne également quelques détails qui n'avaient jamais été divulgués jusque-là.

Selon lui, Antoine Mazaud s'est arrêté au bord du chemin pour satisfaire un besoin naturel subit et comme il le lui a dit, il « avait posé culotte » lorsqu'il s'est retrouvé nez-à-nez avec l'inconnu. Mazaud, effectivement, n'avait pas froid aux yeux, mais le pantalon sur les chevilles, il était plus compliqué de tenter un geste d'attaque ou de défense ! Ce qui explique que les deux se sont toisés avant que l'inconnu ne s'approche pour lui faire l'accolade avant de s'en retourner. Au vu de la position de Mazaud, on peut comprendre son embarras.

Et c'est après s'être rajusté et avoir repris et son chemin que le paysan a vu, non pas un engin de forme allongée comme un cigare, mais un objet en forme de « couadière ».

Couadière est le terme local par lequel on désigne l'étui en bois ou en corne de vache que le faucheur attache à sa ceinture et dans lequel il met la pierre à aiguiser sa faux. Dans d'autres régions, cet accessoire en forme de cône évasé, dont il existe plusieurs formes, est appelé un coffin.

Or, une corne à l'horizontale ressemble étrangement au profil des hélicoptères de cette époque, dont on connaissait alors très mal l'existence en France, à plus forte raison à Mouriéras.

Enfin, Orlianges confirme un dernier détail que l'on pressentait : c'est moins Mazaud qui a fait la confidence à sa femme que cette dernière qui lui a fait avouer son aventure sur le plateau car elle le trouvait très préoccupé.

Aujourd'hui encore, on ignore précisément ce qui s'est passé à Bugeat le 10 septembre 1954. Hallucination ? Pilote d'hélicoptère soviétique ou contact avec un être venu d'ailleurs ? L'étrange rencontre d'Antoine Mazaud reste inexpliquée et doit être classée dans les classiques de l'ufologie française.

Sources

« Un cultivateur a été embrassé par le passager d'une soucoupe volante... ! », *Var-Matin République*, 14 septembre 1954.

« Non, je n'ai pas été victime d'une hallucination », *Le Populaire du Centre*, 15 septembre 1954.

« Le passager d'un cigare volant qui a donné l'accolade à un paysan corrézien n'avait rien d'anormal », *Nord Littoral,* 16 septembre 1954.

Le Bugeacois, mairie de Bugeat, n° 25 et 26, 2001.

Le site de référence de Patrick Gross : ufologie.patrickgross.org

11.
Les deux abductés de l'A70

En août 1992, deux hommes qui circulaient sur une route déserte au sud-ouest d'Édimbourg, en Écosse, furent les témoins – et les victimes – d'une expérience extraordinaire. Encore aujourd'hui, cette histoire, qui est l'un des incidents ufologiques écossais les plus documentés, demeure une énigme complète. Et si les deux témoins ont dit vrai, ce qu'ils ont rapporté s'avère particulièrement terrifiant.

Une brève balade en voiture par une nuit estivale

En cette soirée du 17 août 1992, une voiture, une Vauxhall Astra quasiment neuve, roule à soixante-dix kilomètres à l'heure sur l'A70, une des principales routes du sud de l'Écosse. Cette voie de circulation qui relie Édimbourg à Ayr, sur une distance de cent vingt kilomètres, reprend le tracé de voies très anciennes. Sur la majeure partie du parcours, c'est une route de campagne qui traverse des landes et des districts peu peuplés. Est-ce parce que les conducteurs s'y croient seuls au monde? L'A70 a également la fâcheuse réputation d'être accidentogène.

À bord du véhicule qui file dans la nuit, se trouvent deux hommes qui sont loin d'imaginer qu'un événement va les marquer à tout jamais. Au volant, Garry Wood, trente-trois ans, un technicien spécialisé dans la maintenance des ambulances qui vit à Édimbourg, et sur le siège passager à sa gauche, l'un de ses amis, Colin Wright, âgé de vingt-cinq ans. Tous deux conversent dans une ambiance détendue, en écoutant la musique qui sort du lecteur CD de Garry.

Si les deux amis sont de sortie ce soir-là, c'est parce que Garry doit déposer un système de télévision par satellite en panne chez Ian et Katrina Phillips, un couple d'amis qui réside à Tarbrax, un village du South Lanarkshire, situé un peu à l'écart de l'A70, à environ trente kilomètres au sud-ouest d'Édimbourg.

Il est déjà tard pour prendre la route ce 17 août, mais Garry a promis de déposer l'équipement chez ses amis et c'est un homme affairé qui n'aura pas de temps disponible les jours suivants. Au début, Garry devait s'y rendre seul, mais dans l'intervalle, il a croisé son ami Colin à qui il a proposé de l'accompagner. On peut se demander ce qui se serait passé si Garry avait conduit seul. Mais pour l'heure, ils sont bien deux à faire cette balade nocturne en voiture, une affaire d'une grosse demi-heure pour se rendre à Tarbrax.

Ce soir-là, le temps est clair, la météo est clémente, autour de 14° C. C'est l'été, mais nous sommes en Écosse, un pays qui ne connait pas la canicule. Les deux amis ont vite quitté les faubourgs d'Édimbourg et, après avoir traversé les villages de Currie et de Balerno, leur voiture s'est enfoncée en rase campagne, au milieu de la lande sombre qui encercle les Pentland Hills.

Alors que l'A70, une simple route à deux sens, est d'ordinaire fréquentée en pleine journée, le trafic est quasiment nul en soirée. Pour autant, Gary Wood respecte la limitation de vitesse. Il préfère conduire à allure modérée tout en bavardant avec son passager.

Plus tard, les sources vont différer sur l'heure exacte de l'événement. Les plus fiables indiquent qu'il était autour de vingt-trois heures trente lorsque cela s'est produit.

Le disque noir

Depuis la sortie d'Édimbourg, les deux hommes ont parcouru un peu plus de la moitié du parcours, soit une bonne quinzaine de kilomètres. Ils parviennent à hauteur de Harperrig Reservoir, sur leur gauche, une retenue d'eau de quatre-vingt-quinze hectares surplombée par un petit château en ruines. À cet endroit, la route fait un crochet vers la droite et poursuit son tracé à travers la campagne écossaise.

C'est là, alors qu'ils ont laissé derrière eux la dernière bâtisse visible, que Garry et Colin sont confrontés à l'inimaginable.

Celui qui réagit le premier, c'est Colin.

Penché en avant sur son siège passager, il s'adresse à son ami : « Mais qu'est-ce que c'est que ce truc ? »

Devant eux, à une cinquantaine de mètres de la voiture, un énorme objet flotte dans l'air, stationnaire, à six ou sept mètres au-dessus de la route en ligne droite.

Stupéfaits, Garry et Colin observent l'objet, qu'ils distinguent plutôt bien car il est éclairé par les phares de la voiture. Garry freine et roule au ralenti, tout en gardant les yeux rivés sur l'engin volant.

C'est un disque noir et brillant, mais sans aucune lumière, qui ressemble à deux assiettes creuses qui seraient jointes bord à bord, avec comme une bosse sur le dessus. En rapportant ses dimensions avec les repères au sol, et notamment la largeur de la route, Garry et Colin estimeront son diamètre à environ dix mètres. Aucun son n'est audible.

Après un bref moment de perplexité, Garry et Colin comprennent que ce n'est pas une situation normale et la peur les gagne. Sans se concerter, ils savent que cet engin volant n'est ni un avion, ni un hélicoptère.

Aussi Garry prend-il la décision de foncer sous l'objet et de déguerpir au plus vite. Il sera bien temps ensuite de se demander ce que c'était. Le conducteur bloque sa porte d'un coup de coude, appuie à fond sur l'accélérateur et la Vauxhall fait un bond en avant.

Au moment où elle passe sous l'ovni, ce dernier émet comme une brume de particules argentées, semblable à une rafale de flocons de neige. Mais lorsque ce brouillard mystérieux touche la voiture, les deux hommes sont immédiatement plongés dans le noir.

Un noir total, absolu, terrifiant, au point qu'ils ne peuvent ni se voir l'un l'autre, ni distinguer le tableau de bord devant eux, ni même voir leurs mains lorsqu'ils les élèvent devant leurs yeux.

Garry Wood racontera plus tard qu'il eut l'atroce sensation d'être mort…

Temps manquant

Pour les deux hommes, l'horreur semble durer dix secondes, quinze au maximum. Ce qui, en temps relatif, paraît une éternité. Mais la vue leur revient et ils retrouvent la route devant eux.

La voiture effectue quelques embardées violentes comme si une main de géant la secouait, mais Garry réussit à en reprendre le contrôle. D'autant qu'il roule maintenant sur le mauvais côté de la chaussée ! Heureusement pour les deux amis, la route est toujours déserte.

Sans demander leur reste, sans même se retourner pour voir si l'objet volant est toujours là, en train de planer au-dessus de la route, Garry Wood et

Colin Wright s'enfuient et foncent en direction de Tarbrax. Colin dira même que Garry conduisait comme un dingue!

Après une dizaine de kilomètres, ils parviennent à l'embranchement qui conduit au village. La voiture quitte l'A70 et emprunte la route étroite qui contourne une colline pour mener à la petite bourgade.

Tarbrax est un lieu quelque peu atypique, c'est en réalité une agglomération de maisons dont certaines, les plus anciennes, ont servi de logement aux mineurs qui travaillaient non loin de là dans une mine de schiste. La localité possédait un château dont il ne reste plus rien de nos jours. Durant la Seconde Guerre mondiale, le village de Tarbrax, qui ne compte que deux cents habitants, a également été utilisé comme base pour les GI américains.

Wood et Wright déboulent en trombe dans les rues du village endormi et freinent brusquement devant la maison de leurs amis, le couple Phillips. Étrangement, les volets sont fermés et les lumières sont éteintes. Garry Wood tambourine à la porte et au bout d'un moment, du mouvement se fait entendre dans la maison.

Apparaissent Ian et son épouse, tout étonnés de découvrir les deux hommes sur le pas de leur porte.

C'est Katrina qui s'exclame la première: « Mais où diable étiez-vous donc passés? On pensait que vous ne viendriez plus. Vous avez vu l'heure? Il est une heure moins le quart du matin! »

Garry Wood et Colin Wright se regardent et ne comprennent pas. Ils n'ont pas pensé à consulter leur montre et ils s'aperçoivent effectivement qu'il est bien plus tard qu'ils ne le pensent.

Il était à peine vingt-trois heures trente lorsqu'ils sont passés sous l'ovni; lorsqu'ils atteignent Tarbrax, à peine quinze kilomètres plus loin, il s'est passé au moins soixante-quinze minutes. Pour venir d'Édimbourg, à trente kilomètres de là, ils ont presque mis deux heures! Comment est-ce possible?

Très fébriles, Garry et Colin racontent leur aventure à leurs amis, incrédules. Ils réclament du papier et un crayon pour faire quelques dessins de l'objet volant.

Puis, s'étant un peu calmés, ils décident de reprendre la route vers Gilmerton dans la banlieue d'Edimbourg, en choisissant cependant de prendre une autre route. Plus tard, ils diront qu'ils n'ont presqu'aucun souvenir de leur trajet de retour tant ils étaient perturbés.

Effets secondaires

Dans les jours qui suivent, Garry Wood et Colin Wright connaissent des moments difficiles. Ils se sentent complètement privés d'énergie et malgré cela, ils ne parviennent pas à s'endormir. Et lorsqu'ils plongent finalement dans le sommeil, c'est pour faire des rêves étranges, mouvementés et oppressants.

Garry est habité par le sentiment persistant que quelque chose d'autre s'est produit sur l'A70, mais il ne parvient pas à déterminer quoi. Colin et lui souffrent de sévères maux de tête, au point de passer un scanner qui ne révèle pourtant rien d'inhabituel.

Et puis il y a ces cicatrices inconnues, récentes, qu'ils découvrent sur leur torse, leurs bras et, dans le cas de Colin, à la base de son sexe.

Lorsqu'ils partagent leurs ressentis, les deux hommes découvrent qu'ils ont en commun une sensation onirique déroutante, comme celle d'avoir été absent durant dix ans, et que durant ce laps de temps, leur famille et tout leur environnement familier ont changé du tout au tout. Tous les deux admettent que cette impression est plutôt pénible.

Garry Wood se met en tête que son ami Colin et lui ont bien aperçu un ovni, mais il a du mal à en accepter la possibilité. Jusqu'alors, ce sujet ne l'a jamais intéressé. D'ailleurs, son acolyte et lui ne croient absolument pas à ce genre d'histoires. D'un commun accord, par peur du ridicule, ni Garry ni Colin ne racontent l'incident à la police ou aux médias.

Pour autant, Garry commence à se documenter, il se rend à la bibliothèque de son quartier pour dénicher de la littérature sur les ovnis. C'est ainsi qu'il en vient à découvrir l'existence d'une association écossaise dédiée à l'ufologie, Strange Phenomena Investigations (SPI) et à faire la connaissance de son fondateur, Malcolm Robinson.

L'ufologue écoute attentivement le récit des deux amis et se dit rapidement que leur histoire sort de l'ordinaire. Il les invite à le rejoindre chez lui à Alloa, non loin de Stirling, à l'ouest d'Édimbourg. Un pressentiment le gagne, qu'il est arrivé quelque chose de vraiment étrange à ces deux hommes, bien au-delà du simple témoignage d'observation : « Je n'ai jamais rencontré des individus aussi honnêtes et sincères. On pouvait voir le traumatisme dont ils ont souffert et qu'ils continuaient à éprouver. Cela m'envoyait des frissons dans la colonne vertébrale. J'étais sûr qu'ils disaient vrai. »

C'est d'autant plus inhabituel que Robinson a jusqu'ici fait preuve d'une posture plutôt sceptique dans son approche : « J'étais un fervent sceptique. Je ne pensais vraiment pas qu'il y ait une quelconque vérité dans ces récits d'engins volant dans les cieux écossais. Mais une fois que vous êtes physiquement impliqué à enquêter sur ces dossiers, alors vous pouvez passer de l'autre côté. »

Soupçonnant à son tour que leur témoignage est incomplet, et qu'autre chose se cache dans leur expérience, Robinson suggère aux deux témoins, après deux réunions préliminaires, d'aller se soumettre séparément à une séance de régression hypnotique.

Peut-être pourra-t-on faire surgir quelque chose de nouveau dans leur aventure ?

Régression hypnotique

Six mois environ après la nuit du 17 août, Garry Wood et Colin Wright finissent par donner leur accord pour se livrer à l'expérience. Séparément, ils partent consulter Helen Walters, une hypnothérapeute qualifiée qui va les aider à revivre la fameuse soirée.

Ce que vont révéler les différentes séances fait froid dans le dos.

Lors de la session initiale, Garry éclate en sanglots et semble désemparé, tandis que Colin reste calme. Durant les premières semaines, Garry se souvient de formes vagues et les corps des deux hommes s'agitent lorsqu'on leur demande de se remémorer la rencontre. Ce n'est qu'à force de persévérance que Garry et Colin vont commencer à livrer des détails de plus en plus incroyables, qui prendront par la suite de l'ampleur.

Ce qui se dessine après plusieurs séances de régression hypnotique, c'est un scénario d'abduction presque classique : il semble que la voiture se soit arrêtée lorsqu'elle est passée sous l'OVNI, que ses portes se soient ouvertes et que des petites entités, au nombre de trois, soient venues les en extirper contre leur gré.

Dans l'impossibilité totale de bouger, Garry et Colin auraient été conduits à bord de l'objet par une rampe. Colin se souvient d'avoir vu Garry allongé sur une sorte de civière flottante avant de se retrouver lui-même dans un couloir circulaire.

De son côté, Garry se souvient, lors de son transfert, avoir éprouvé une terrible douleur à l'abdomen, comme un choc électrique. À partir de là, leurs récits divergent car l'un comme l'autre disent avoir fait l'objet d'un « traitement » personnalisé de la part des créatures.

Le témoignage de Colin

Lorsqu'il se retrouve dans le couloir circulaire, Colin perd connaissance un instant. Ses souvenirs sont fugaces, non comme une séquence continue, mais comme une série d'images fugitives se succédant les unes après les autres. Le jeune homme se souvient être entré dans une pièce quasiment vide, guidé par l'une des créatures. Dans cette pièce, une sorte de chaise étrangement incurvée lui paraît presque organique. Il perd connaissance à nouveau.

Lorsqu'il reprend ses esprits, Colin constate qu'il est assis, les poignets et les chevilles sanglés, à l'intérieur d'un grand cylindre vertical en verre transparent. Ce tube mesure bien trois mètres et demi de haut et est cerné par une étrange brume. Colin s'aperçoit aussi qu'il ne porte plus aucun vêtement. Il est nu et ressent un léger froid.

Au-dessus de lui, un plafond ondulé, translucide, d'où suinte une lumière douce et blanche. À l'extérieur du cylindre, l'ami de Garry distingue une grande créature qui se tient à l'entrée de la pièce et trois autres, plus petites, qui le regardent.

Tout autour de lui, il y a une douzaine de tubes semblables et dans chacun d'eux, il distingue des gens à l'intérieur, mais pas très nettement car le verre semble comme givré. Eux aussi sont nus.

« Tout à coup, raconte-t-il, un objet est sorti du sol du vaisseau, s'est dirigé à hauteur de mes yeux et a commencé à faire un mouvement de rotation. Instantanément, le cylindre dans lequel j'étais s'est mis à givrer. »

C'est à ce moment que Colin se met à pleurer. Dès qu'il montre une émotion, le cylindre interrompt sa glaciation et redevient normal. Colin tente de se débattre, mais en vain : « Je ne pouvais bouger que les paupières, et voir sur ma gauche et ma droite ! »

Ensuite, il se souvient d'une forte douleur, comme si un tisonnier brûlant avait été inséré dans son œil droit. De son œil gauche, il tente d'apercevoir qui est en train de lui administrer un tel traitement.

Puis, Colin se sent traîné à travers la pièce par les créatures avec l'impression terrible qu'on lui aspire le cerveau. Enfin, les petits aliens le rhabillent et le replacent dans la voiture.

Le témoignage de Garry

Tandis que Colin Wright subit ces opérations traumatisantes, Garry Wood est allongé sur une table surélevée. Il entraperçoit un objet cylindrique, en forme de boîte de conserve métallique, qui sort du sol pour venir flotter à sa hauteur. Sur ce cylindre, un clapet formant une petite protubérance se soulève et deux lumières, d'un rouge intense, apparaissent et commencent à tourner autour de la tête de Garry.

Ensuite, le réparateur d'ambulances distingue sur le sol un bassin dans lequel baigne un liquide qui lui fait penser à du gel de rasage. Le liquide se met à faire des bulles et un petit être gris en sort peu à peu.

Bien qu'elle présente une grande similitude avec l'image « traditionnelle » des Petits-Gris, l'entité semble comme émaciée, avec juste la peau sur son squelette.

Garry note au passage que cette peau a l'air décolorée et meurtrie. Il explique aussi que les créatures semblent avoir des problèmes avec la gravité et la pression atmosphérique. Les créatures les plus minces et les plus translucides perdent souvent l'équilibre et, selon lui, le bassin de gel est une sorte d'espace thérapeutique destiné à soigner les dégâts occasionnés par les chutes fréquentes.

Garry confie sous hypnose une autre vision incongrue, celle d'un petit homme d'apparence humaine vêtu d'un complet veston noir et d'une cravate, en train d'observer les expériences. Cet inconnu se tient au milieu des créatures, qui semblent se comporter avec lui avec déférence.

Toujours immobilisé contre son gré sur la table, Garry tente de bouger mais il en est incapable. Regardant au-dessus de lui, il aperçoit maintenant un autre objet de couleur noire, qui a la forme d'une énorme lentille. L'objet en question, qui mesure environ un mètre cinquante de large et quatre-vingt centimètres de profondeur, flotte en hauteur, au centre de la pièce. Il tourne sur lui-même en émettant ce qui pourrait s'apparenter à un grincement. Garry est complètement hypnotisé par cette lentille flottante qui plane à un mètre de lui, il se demande ce que cela peut bien être.

C'est alors qu'un bras gris, frêle et translucide, avec de longs doigts à son extrémité, arrive dans son champ de vision et se pose sur son torse…

Du fait de ce contact, Garry se rend compte, et seulement à ce moment, qu'il est nu. Deux autres petites créatures se tiennent à ses pieds. L'une d'elles brandit une sorte de gros diamant brillant qui émet des pulsations orangées et le déplace au-dessus du corps de Garry. Derrière la créature qui semble opérer un examen, il distingue l'entrée d'une autre pièce très éclairée.

Durant les séances d'hypnose, Garry a fait remonter à la surface un autre souvenir traumatisant. Il est certain qu'à un moment, on l'a conduit sous terre. Il git toujours sur la table, mais il peut voir des tunnels partant d'une immense salle centrale taillée dans le roc. Il se souvient aussi d'une énorme machine près de lui, peut-être un autre engin volant semblable à celui sous lequel il s'est engouffré avec sa voiture. Mais le plus poignant est ce qu'il voit alors que l'examen se poursuit encore sur lui.

Sur sa gauche, le captif remarque une jeune femme assise sur le sol, elle aussi nue, qui lui tourne le dos et regarde le mur. Elle se tient les genoux ramenés vers le menton et les entoure de ses bras. Garry la voit tressaillir, trembler, peut-être de froid. Ses cheveux aux reflets blonds permanentés sont défaits.

Lentement, elle tourne vers la tête vers Garry qui voit des larmes couler sur les joues de l'inconnue. Puis elle tourne la tête de l'autre côté et regarde fixement le mur. Garry dira qu'il reconnaîtrait cette femme à coup sûr s'il la rencontrait.

En tout, Garry Wood se souvient de la présence de vingt à trente créatures autour de lui. La grande majorité était du type grand, frêle et avec la peau grise translucide. Mais il a aussi gardé en mémoire un être plus petit au visage assez étrange : « Sous les yeux en amande d'un noir d'encre de cette entité, il y avait des lignes rouges, jaunes et vertes, comme les branchies d'un poisson. Certains de ces petits êtres avaient une indentation au sommet de la tête, ce qui donnait à leur visage une forme de cœur. »

Ce visage différent, ainsi que les marques sur les joues lui ont fait penser aux marques tribales normalement associées aux tribus indiennes d'Amérique.

Garry poursuit son récit sous hypnose : « Des mots venaient dans ma tête et j'essayais de les comprendre. Je suis certain que ces mots n'étaient pas de moi. J'ai dit tout haut dans mon esprit : "Pourquoi me faites-vous cela ?" Et la réponse que j'ai obtenue, c'est : "Sanctuaire". »

Garry leur dit alors : « Je connais le sens de ce mot mais pourquoi m'avoir dit ça ? » Une des petites créatures grises lui répond : « Nous aussi, nous avons des vies comme vous, avec des besoins et des préoccupations. Mais ce qu'il faut faire doit être fait. »

Lorsqu'on demande à Garry si l'être lui a donné plus d'explications, il répond qu'un peu plus tard, on lui a dit : « Vous ne vivez pas comme vous devriez vivre », avant d'ajouter : « Par bien des manières, vous êtes plus avancés que nous » (Garry ignore en quoi) et de préciser « que nous avions tous été plafonnés ».

L'adjectif « plafonné » (*capped*) au sens de « limité » demeure ouvert à l'interprétation, mais il suggère qu'à un moment notre développement, soit psychologique, soit physique, voire les deux, a été délibérément ralenti. Était-ce parce que nous représentions une menace quelconque ou bien parce que nous n'étions pas assez mûrs pour endosser la responsabilité d'un statut supérieur ? Comme l'a suggéré un ufologue écossais, nous a-t-on limité de la même façon que l'on évite de donner une arme chargée à un enfant ?

Enfin, le dernier message dont se souvient Garry, peut-être le plus inquiétant de tous, c'est celui qu'une grande créature lui a transmis par télépathie : « Certains d'entre nous sont déjà là et les autres sont en train de venir ! »

C'est tout. Garry n'a aucun souvenir de la suite et de son retour au volant de sa voiture.

Précisons quand même qu'il s'est écoulé une période de presque six mois entre les faits et les séances d'hypnose, un semestre durant lequel les deux témoins, justement parce qu'ils n'étaient pas familiers avec l'ufologie, ont lu tout ce qu'ils ont trouvé sur le sujet et sur la mythologie qui l'entoure, notamment Garry.

Ce simple constat suffit à questionner la fiabilité des révélations des deux hommes, auquel il faut ajouter la prédisposition de l'hypnotisé à faire plaisir à l'hypnotiseur en disant ce qu'on attend de lui. En dépit de ces déclarations incroyables, il reste ce que Garry et Colin ont raconté à l'état conscient, à savoir un événement totalement inexpliqué.

Sur le coup, l'ufologue Malcolm Robinson a été bouleversé par les révélations sous hypnose : « À ce jour, c'est probablement le cas ufologique le plus important qui se soit jamais passé en Écosse. Ce dossier ne concerne pas seulement un contact rapproché avec un ovni, mais la rencontre avec des entités non humaines. J'ai vu le traumatisme que ces deux hommes ont éprouvé, j'ai ressenti leur douleur. J'ai été totalement convaincu que nos deux témoins n'ont rien fabriqué, bien au contraire. Ils ne voulaient aucune publicité et tout ceci est ressorti à mon initiative. Maintenant, j'ai besoin que Garry et Colin en parlent autour d'eux, car j'espère que cela pourra inciter d'autres personnes enlevées dans des circonstances similaires à se manifester. »

Après plusieurs échanges et avec les bons arguments, Robinson parvient à ses fins. Garry et Colin se laissent finalement convaincre d'aller raconter leur histoire en public. La première fois que le public entend parler des « abductés » de l'A70, c'est le mercredi 10 août 1995 dans le *Stirling Observer*, sous la plume du journaliste Chris Deerin.

À partir de là, la frénésie médiatique se déclenche. Non seulement les journaux veulent interviewer les deux témoins, mais les radios et même les chaînes de télévision les convient dans leurs programmes. Ainsi, Garry et Colin apparaissent à deux reprises dans l'émission populaire *Strange But True?* (« Étrange mais vrai ? »). Ensuite, on les verra de temps à autre dans des émissions consacrées au paranormal ou aux ovnis.

Combat avec un Petit-Gris

Pour être tout à fait complet, je dois quand même évoquer un autre épisode, quasi surréaliste, qui s'est déroulé après les séances d'hypnose. Une nuit, Garry se réveille avec l'impression de quelque chose d'anormal. Devant lui, au pied de son lit se tient l'un des êtres gris de l'ovni, qui a l'air d'être tout surpris de se voir découvert.

Garry, qui réalise qu'il a bien le contrôle de son corps, surmonte sa peur et se lève rapidement. Est-ce sa grande taille, une fois debout, qui lui donne une impression de puissance et de domination, mais il ne compte pas s'en laisser compter ! Comme il l'a raconté ensuite : « Je voulais montrer à cette créature l'étendue de ma frustration. J'ai sauté du lit et j'ai envoyé un coup de poing à ce petit être gris, et c'était comme si j'avais frappé une poupée de papier mâché. Il tombait et culbutait en faisant des sauts, c'était presque drôle. Puis il a cessé de rebondir et il a couru vers le mur qu'il a traversé ! »

Avouons-le, cette confidence est absolument hallucinante. Non seulement il n'existe pas de témoignage similaire dans les récits d'abduction, mais ce serait, cas unique dans l'histoire de l'ufologie, la première fois qu'un être humain se serait battu avec l'une de ces créatures d'origine inconnue !

Peut-on envisager un canular ?

Venons-en maintenant à l'analyse de ce cas spectaculaire. Lorsqu'on examine ces témoignages de rencontres rapprochées, surtout les plus ahurissantes, le premier réflexe est de songer à une supercherie montée par ceux-là mêmes qui délivrent le témoignage. Et dans ces cas-là, la question fondamentale serait, si elle était posée par un enquêteur de police : à qui profite le crime ? Ou, dit autrement, les témoins avaient-ils un quelconque intérêt, pour ne pas dire un mobile, à raconter ce type d'histoire ?

Dans le cas de Garry Wood et de Colin Wright, la réponse coule de source : c'est non. D'abord, les deux témoins ont quand même attendu trois ans avant d'oser en parler en public. Ils ne sont jamais allés déposer leur témoignage auprès des autorités.

Et lorsqu'ils se sont confiés aux médias, leurs révélations leur ont valu certes un peu de notoriété, mais surtout des regards narquois et moqueurs d'une large partie du public écossais. Ils ne se sont pas non plus enrichis en revendant leur histoire à un journal ou une émission de télévision en mal d'audience.

Dans le cadre d'une émission de la BBC, Garry a accepté de se soumettre à un polygraphe, c'est-à-dire un détecteur de mensonges, sous la supervision du fameux Budd Hopkins, le grand gourou américain des abductions extraterrestres, et de Susan Greenwood, une professeure d'université en psychologie. Garry a passé le test avec succès, ce qui en soi ne signifie rien, et surtout pas qu'il a été enlevé par des entités extraterrestres. La réussite au détecteur veut juste dire que le témoin est pleinement convaincu de l'authenticité de ce qu'il a vécu.

De ce que l'on sait, leur aventure a causé aux deux hommes plus de soucis que de bien dans leur vie familiale et professionnelle. À y réfléchir à deux fois, si c'était à refaire, ils seraient sans doute restés muets. L'effervescence médiatique retombe toujours mais l'étiquette « a vu des aliens » vous reste collée à jamais.

On doit d'ailleurs noter les réactions diamétralement opposées de Garry et de Colin. Le premier s'est plongé dans l'étude des ovnis et des phénomènes paranormaux, au point de monter son propre groupe de recherche. En quelques occasions, il a collaboré avec un autre enquêteur écossais, Ron Halliday.

De son côté, Colin a choisi l'option inverse : il a rejeté l'événement et refuse désormais d'en parler, ce qui, au regard du traumatisme associé à l'incident, n'est pas forcément surprenant.

L'hypothèse de la plaisanterie, même mal maîtrisée, n'est objectivement pas convaincante au regard de tous les éléments en notre possession. Quant à imaginer qu'on ait pu leur jouer un tour, on imagine mal qui aurait pu orchestrer un tel événement et comment il ou elle s'y serait pris.

Un phénomène électromagnétique ?

Si l'on considère que toutes les confidences recueillies sous hypnose sont sujettes à caution, restent l'examen des témoignages à l'état lucide (donc avant et après l'abduction) et l'analyse de la géographie locale. Dans quelle mesure une cause de type naturel pourrait-elle expliquer ce qui est arrivé aux deux Écossais ?

À notre connaissance, il n'existe aucun phénomène météo capable de créer une apparition telle que celle décrite par les deux témoins. L'Écosse n'est pas non plus réputée pour ses mirages. Des explications basiques comme la lumière de la Lune sur l'horizon ou le pinceau de phares de voitures trouvent vite leur limite. La nuit était claire ce 17 août 1992, il n'a jamais été mentionné de brouillard ou d'orage inhabituel dans la région cette nuit-là.

Une hypothèse soulevée par quelques auteurs mérite d'être évoquée : celle d'un contact avec un champ électromagnétique. À l'appui de cette théorie, il y a la présence, dans les Pentland Hills, non loin de la zone de l'enlèvement, d'une faille géologique naturelle qui pourrait être une source potentielle de radiation électromagnétique. Imaginons que les plaques tectoniques frottent à la suite d'un microséisme. Une puissante décharge se créerait alors sous terre et serait pulsée vers la surface. La proximité du Harperrig Reservoir, avec ses propriétés ionisantes, amplifierait le phénomène. À supposer que Garry et Colin aient traversé un champ électromagnétique lors de leur trajet vers Tarbrax, on peut alors envisager deux scénarios. Le premier d'entre eux, le plus improbable, voudrait que dans le même temps les deux hommes soient tombés inconscients, le système électrique de la voiture ait cessé de fonctionner et le véhicule se soit arrêté. Après un moment, les deux occupants de la voiture auraient retrouvé leurs esprits, la voiture aurait redémarré et ils auraient découvert plus tard qu'ils avaient perdu plus d'une heure et demie dans l'incident.

Pour plusieurs raisons, ce scénario paraît douteux. Il est difficile de croire qu'aucun véhicule ne serait passé sur la route durant ces quatre-vingt-dix minutes. De plus, les deux témoins n'ont jamais dit qu'ils avaient redémarré la voiture. Lorsqu'ils ont repris conscience, elle était en train de rouler. En aucun cas, elle n'aurait pu redémarrer d'elle-même après un passage dans un champ électromagnétique. À moins qu'elle n'ait jamais cessé de rouler, ce qui suppose une maîtrise du défilement du temps bien au-delà de nos connaissances...

L'autre scénario possible serait le suivant, peut-être plus concevable : lorsqu'ils sont entrés dans le champ magnétique, les deux témoins ont souffert d'une sorte de crise d'épilepsie, de convulsions temporales qui les ont fait agir de manière inconsciente, comme s'ils étaient hypnotisés ou en pilotage automatique.

Des expériences scientifiques ont montré que ce type de convulsions peut modifier la consolidation des informations reçues dans le cerveau. Pire, elles peuvent créer toutes sortes d'hallucinations visuelles, auditives, tactiles ou odoriférantes.

Il est scientifiquement admis que ces hallucinations peuvent prendre la forme de sifflements, de grondements, d'odeurs intenses, de lumières aveuglantes, d'illuminations variables, de sons amplifiés, de visions kaléidoscopiques, d'un défilement rapide d'images fixes comme si le temps était fracturé, de visions déformées par rapport aux dimensions des êtres et des objets... Or, toutes ces illusions, qui résultent d'un mauvais fonctionnement électrique du cortex cérébral, se retrouvent plus ou moins dans le récit des deux Écossais.

De telles manifestations ont également été rapportées par des personnes souffrant de migraines sévères, comme ce sera d'ailleurs le cas pour les deux témoins dans les jours suivant l'incident.

Selon ce scénario, il devient alors possible que Garry et Colin aient roulé durant un moment dans un état second, puis que Garry se soit garé sur le bord de la route et qu'ils soient restés là pendant la période de temps manquant. Ensuite, lorsque les effets se sont estompés, Gary a redémarré sa voiture et ils ont repris leur trajet comme si de rien n'était. Après quelques secondes, ils ont retrouvé toute leur lucidité et c'est à ce moment que leur voiture aurait fait un violent écart, comme ils l'ont ensuite raconté.

Les effets des champs électromagnétiques sur certaines zones du cerveau sont d'autant plus intenses chez les personnes électrosensibles, dont certaines peuvent même expérimenter les sensations d'être touchées, observées, et même vivre parfois des sorties de corps.

Des stimuli de nature électromagnétique peuvent donc, dans certaines conditions, affecter le fonctionnement bioélectrique normal de certaines zones du cortex cérébral.

Cela nous permet donc de suggérer une hypothèse, certes peu réaliste dans l'absolu, mais cependant médicalement plausible.

Un *cover-up* militaire ?

Une intervention militaire dans le cadre d'une opération non autorisée est une hypothèse hautement envisageable. Elle est au moins aussi inquiétante que l'hypothèse exogène (que j'aborderai ensuite), car elle impliquerait que des unités agiraient de manière autonome, avec leur propre agenda, en dehors de tout cadre normé, sans le consentement ni même l'information du gouvernement britannique.

Sans plonger dans les théories du complot, force est de reconnaître qu'il existe certains organismes, comme la CIA ou la NSA aux États-Unis par exemple, qui ont pratiqué certaines expériences scandaleuses sur leur propre population, comme l'exposition à des gaz innervants, destinés à la guerre bactériologique, aux radiations de micro-ondes et à divers outils ou techniques « psychotroniques » visant à altérer la manière dont les gens peuvent penser (projets Artichoke, MK-Ultra...). Rien ne garantit que ces projets, officiellement clos voici plusieurs décennies, ne se sont pas poursuivis sous d'autres appellations et dans le plus grand secret. Après la volatilisation du projet de Guerre des étoiles après la chute de l'URSS, les projets secrets de manipulation des masses au sein du complexe militaro-industriel sont demeurés à l'état de rumeurs.

Ce qui est arrivé à Garry et Colin sur l'A70, en 1992, pourrait très bien s'apparenter à une manipulation militaire déguisée en fausse abduction extraterrestre. Quoi de mieux que de tester sur de braves citoyens de nouveaux appareils de contrôle cérébral et de manipulation psychologique à base de substances hallucinogènes et de techniques avancées d'hypnose, sous le couvert d'une histoire abracadabrante à laquelle personne ne croira ?

On enlève les sujets, on les soumet en toute tranquillité à un traitement sans doute interdit par les lois ordinaires, puis on les manipule en leur faisant subir un véritable « lavage de cerveau » à base de substances chimiques, de processus psychologiques et, pourquoi pas, d'implants bioélectroniques. Par la suite, les deux témoins vont décrire objectivement et sincèrement ce qu'ils pensent avoir vu, mais ils ignorent en fait que ces souvenirs sont faux et qu'ils leur ont été implémentés dans le crâne.

D'ailleurs, peut-être que ces techniques ne sont pas complètement efficaces, ce qui expliquerait pourquoi Garry et Colin racontent avoir vu un humain au milieu des aliens dans l'ovni. D'ailleurs, il n'est pas si rare que les victimes d'abduction mentionnent la présence d'êtres humains impliqués dans les opérations des soi-disant aliens.

Perçue ainsi, l'abduction des deux témoins ne serait rien moins qu'un écran de fumée fictif destiné à dissimuler des pratiques condamnables d'expériences psychologiques non consenties sur des êtres humains. Dans cette perspective, les enlèvements répétés rapportés par certains témoins auraient pour but d'évaluer comment l'expérience progresse.

Une véritable abduction extraterrestre ?

Le phénomène des abductions a toujours posé question, aux ufologues, aux sceptiques et à tous ceux qui s'y intéressent de près ou de loin. Il est vrai que les témoignages des abducté(e)s paraissent le plus souvent sincères et convaincants, mais on se heurte toujours à l'obstacle de la preuve.

Certes, certains affirment qu'ils n'ont pas besoin desdites preuves pour croire sur parole les abducté(e)s. Mais cette attitude relève de la croyance personnelle, en aucun cas d'une démarche rigoureuse et scientifique. L'interrogation demeure : comment accorder du crédit à ces récits alors qu'il n'y a jamais le moindre élément tangible prouvant la véracité des témoignages ? Dans ces histoires, il est parfois question d'artéfacts, d'implants qui auraient été trouvés ou décelés dans les organismes des abductés. Mais, à chaque fois, ces prétendues preuves s'avèrent soit fausses, soit inexistantes, soit disparaissent mystérieusement avant qu'on puisse les étudier et en garder une trace visible.

Si l'on part du postulat non démontrable que Garry et Colin ont *réellement* vécu une abduction, au moins deux questions se posent : d'où viennent ces êtres et que viennent-ils faire sur Terre ?

Pour la première question, si l'on admet l'existence de ces êtres, ceux-ci pourraient être des visiteurs de trois types : des voyageurs interstellaires, des voyageurs temporels ou des voyageurs multidimensionnels. On pourrait même imaginer que ces visiteurs puissent combiner plusieurs de ces statuts, comme par exemple des visiteurs du futur qui auraient découvert le moyen de nous rejoindre en passant par d'autres dimensions. À ce jour, les trois modes de voyage possibles nous sont inaccessibles : nos capsules habitées n'ont pas encore dépassé la distance Terre-Lune et les voyages temporels ou l'existence d'autres dimensions ne sont que des expériences de pensée théoriques. Ainsi, nous supposons que des univers parallèles puissent coexister avec le nôtre, avec leurs propres lois et dimensions, mais ils nous demeurent invisibles en raison de leur structure et des fréquences sur lesquels ils sont organisés. Ni la lumière, ni la matière ne peuvent traverser ces « membranes » qui séparent les différents univers. Et peut-être que ce que nous appelons aliens ou extraterrestres sont en fait des « extradimensionnels », voire des versions alternatives de nous-mêmes dans une dimension parallèle.

En admettant que les propos de Wood et Wright sous hypnose soient sincères, il faudrait encore pouvoir prouver qu'ils correspondent à une certaine réalité. Mais si l'on part du postulat que leur récit est authentique, alors ce qu'ils rapportent est inquiétant, voire effrayant !

Voilà des créatures inconnues qui enlèvent des êtres humains avec une facilité déconcertante alors que ces derniers sont à bord d'une voiture en mouvement, qu'ils leur font subir des examens dont certains sont particulièrement douloureux, en présence d'autres humains de toute évidence retenus prisonniers, et qui les relâchent ensuite dans la nature, la mémoire comme effacée.

D'ailleurs, on peut se demander pourquoi des êtres capables de telles performances technologiques sur le cerveau ne prennent pas le temps d'effacer complètement les souvenirs de Garry et de Colin, depuis l'apparition de l'ovni jusqu'au retour dans la voiture, et pas uniquement le passage sous l'ovni et la séquence d'abduction…

Quoi qu'il en soit, si les témoignages des deux abductés n'apportent guère d'informations sur l'identité et l'origine de leurs étranges kidnappeurs, ils distillent néanmoins quelques bribes sur le mystérieux objectif qu'ils poursuivraient.

« Leur but : envahir la Terre », disait le générique de la célèbre série *Les Envahisseurs*. Sous hypnose, Garry Wood a bien dit que ces êtres ne lui feraient pas de mal. Mais certaines scènes, et le témoignage de Colin Wright, montrent bien qu'ils n'ont pas forcément la même notion du bien et du mal que nous.

De toute évidence, les êtres rencontrés par nos témoins chercheraient moins à nous annihiler qu'à se procurer quelque chose chez nous. Le terme de « sanctuaire » prononcé par l'une des créatures est sujet à interprétation. Il ne faut pas le comprendre comme un site, un espace sacré, mais dans son sens anglo-saxon, celui d'une réserve naturelle, que l'on cherche à protéger de toute agression.

Revient là une idée récurrente chez nombre d'auteurs de science-fiction, comme dans plusieurs récits d'abductions, celle d'un « zoo cosmique ». L'homme ne serait qu'une espèce parmi d'autres, que des puissances supérieures garderaient ou protégeraient pour un objectif encore indéfini.

Sous hypnose, Garry Wood l'a répété : « Ils ont besoin de nous, nous sommes très importants pour eux, ils ne veulent pas nous détruire. Ils ont juste besoin de nous. »

Au fil des décennies, certains récits d'abduction font état de ces examens médicaux comme si nos visiteurs cherchaient quelque chose ou, mieux, voulaient s'assurer que ce « quelque chose » est toujours là. Notre patrimoine génétique possèderait-il un élément qui leur serait précieux ? Et si c'est le cas, quelle est l'étape suivante ? Que se passera-t-il si jamais « tous les autres » viennent ?

Un autre point intrigue : si ces êtres sont en voyage d'exploration médicale, pourquoi se préoccuper de notre développement ? Qu'entendent-ils par « vous êtes plus développés que nous mais vous avez été freinés » ? Et sur quel plan faut-il considérer cette affirmation, venant de la part d'êtres dotés d'une technologie qui leur permettrait de créer une faille dans l'espace-temps pour voyager depuis leur dimension, et même d'arrêter le temps ?

D'autres observations en Écosse

Il est impossible de faire état de tous les dossiers d'observation archivés en Écosse. Ce territoire est une véritable terre à ovnis, notamment toute la zone qui couvre le sud-ouest d'Édimbourg.

En étudiant le dossier de l'A70, je me suis rendu compte que l'autre cas ufologique majeur en Écosse, connu sous le nom de « contact de Dechmont Woods » ou d'« incident Robert Taylor », s'est déroulé en 1979 près de la localité de Livingston, à moins d'une douzaine de kilomètres de là ! Est-ce une simple coïncidence ?

Le 9 novembre 1979, le garde-forestier Robert Taylor, soixante et un ans à l'époque, affirme avoir vu au lieu-dit Dechmont Law (c'est-à-dire la colline de Dechmont) un appareil volant inconnu. Ayant la forme d'une sphère métallique de plus de six mètres de diamètre doté de petits propulseurs, l'ovni planait au-dessus de la forêt. Il s'en échappa deux sphères plus petites, semblables à des mines sous-marines, qui tentèrent de l'attirer vers la grande sphère. Taylor perdit conscience ; à son réveil, l'ovni avait disparu mais il flottait dans l'air une forte odeur de caoutchouc brûlé.

Ce fut le premier cas de contact ovni répertorié en Écosse et ayant fait l'objet d'une enquête par la police territoriale écossaise. Jusqu'à sa mort en 2007, à l'âge de quatre-vingt-neuf ans, Robert Taylor n'a jamais changé une virgule à sa version. Aujourd'hui encore, l'endroit où aurait eu lieu la rencontre est une destination touristique très populaire chez les amateurs d'ufologie.

Des documents récemment révélés au grand public ont également permis d'apprendre ou de rappeler que d'autres observations d'ovnis ont eu lieu sur le territoire écossais, la plupart par des professionnels qualifiés, hors de soupçon.

Ainsi, en décembre 1996, l'équipage d'un avion qui reliait Aberdeen à Édimbourg a signalé avoir vu depuis le poste de pilotage une « lumière vive » s'élever dans le ciel. En décembre 1998, au-dessus de l'aéroport de Prestwick, un contrôleur aérien ainsi qu'un agent de police disent avoir repéré un ovni sous la forme de « deux grandes lumières blanches et jaunes ». L'objet volant, non identifié à ce jour, a laissé une trace sur le radar de l'aéroport.

Deux autres cas ont également fait couler de l'encre, une lumière très brillante aperçue par un garde-côtier du côté de Shetland en 1997, ainsi qu'une autre lumière, en « forme de cage », sur la région côtière du Fife, à l'est de l'Écosse, entre les estuaires de la Forth et du Tay.

Durant les années 1990, des personnalités politiques se sont interrogées sur des projets militaires suspects ou inconnus dans les bases écossaises de la Royal Air Force (RAF). Suite à des rapports indiquant des contacts radar non identifiés à haute vitesse, notamment autour de la base de la RAF

Machrihanish, située au bout de la péninsule de Kintyre, à l'ouest de l'Écosse, des rumeurs ont circulé selon laquelle cette base aurait été utilisée par l'armée américaine pour tester son avion expérimental de reconnaissance Aurora.

Mais lorsque le député Llew Smith a posé une question parlementaire à ce sujet le 26 janvier 1995, le ministre d'État pour les forces armées de l'époque, Nicholas Soames, a fermement nié que la base de Machrihanish avait été « prêtée » aux Américains pour y exploiter un quelconque appareil prototype. En coulisses, il a également été précisé que la question pouvait déranger les autorités américaines...

Plus tard, dans les années 2000, la RAF a démantelé la base et le site a été proposé à la vente par le ministère de la Défense en mai 2009. Aujourd'hui, il appartient à des intérêts privés qui tentent d'en faire un usage commercial au bénéfice de la région de Campbeltown.

En 2012, des documents jusqu'alors confidentiels ont été déclassifiés et publiés par le gouvernement britannique. On a appris à cette occasion que le ministre de la Défense avait pris l'histoire de l'abduction de l'A70 très au sérieux à l'époque, au point de demander une enquête et un rapport officiel. On ignore les conclusions de ce document.

En conclusion, il s'est très certainement passé quelque chose d'inhabituel le 17 août 1992 sur cette route écossaise, mais je serai bien en peine d'expliquer précisément quoi. Il a été vaguement question de tourner un film ou un téléfilm sur ce dossier vers 2010, mais le projet, dont il n'existe qu'une affiche de préproduction, n'a jamais vu le jour. Le mystère reste donc ancré dans le goudron de l'A70....

Sources

Malcolm Robinson, *UFO Case Files of Scotland*, v.1, Healings of Atlantis Ltd, 2009.

Brian Allan, « The A70 Abduction revisited », 2000, disponible sur le site www.ufocasebook.com

Dayna McAlpine, « The terrifying tale of the A70 incident », 24 juillet 2020, Edinburghlive.co.uk

12.
L'incroyable aventure de la famille Knowles

Encore une rencontre avec un ovni sur une route, mais cette fois-ci dans un coin reculé d'Australie. Ce qui est arrivé en 1988 à une famille ordinaire s'avère encore une énigme complète. Les témoins ont-ils vraiment vécu ce qu'ils ont raconté ? Ou bien ont-ils mal interprété plusieurs faits inhabituels ? À vous de juger !

Demandez-le aux Australiens : traverser la plaine de Nullarbor, au sud-ouest du pays, n'est pas une mince affaire. Considérée comme l'une des zones les plus désertiques et isolées d'Australie, cette vaste étendue est le plus grand plateau au monde de calcaire, d'une superficie d'environ deux cent mille kilomètres carrés, c'est-à-dire deux fois la taille du Portugal.

Comme son étymologie latine l'indique, *nullus* (« nul ») et *arbor* (« arbre »), il ne pousse quasiment rien sur ce territoire aride, plat et inhospitalier. La région est marquée par de fortes amplitudes thermiques : la température peut s'y élever jusqu'à 48° C en journée et il peut geler la nuit. Bien qu'elle soit désertique, la plaine s'étend sur une grande distance le long de la grande baie australienne. L'océan n'est jamais loin. La zone est également réputée pour ses météorites bien conservées par le climat aride.

Plusieurs voies de transport traversent ce territoire inhabité, dont la ligne de chemin de fer qui relie Kargoolie sur la côte ouest à Port-Augusta sur la côte est, avec une portion de ligne droite de quatre cent soixante-dix-huit kilomètres, la plus longue au monde ! Les voyageurs courageux et peu pressés peuvent aussi rallier Perth à Sidney en train en quatre jours. En revanche, si vous envisagez de traverser le Nullarbor en voiture, prévoyez un stock de musique pour passer le temps, car la route est longue et comporte des lignes droites interminables. Le premier Européen à avoir traversé la plaine de Nullarbor en 1841, Edward John Eyre, la décrivait comme une « anomalie hideuse, une erreur de la Nature, un paysage de cauchemar ». Cet explorateur a donné aujourd'hui son nom à l'unique route qui traverse le Nullarbor, l'Australian Highway 1, plus connue sous le nom d'Eyre Highway.

Tous ceux qui ont roulé de jour comme de nuit (et ce serait pire la nuit, dit-on) sur cette route longue de mille six cent soixante-quinze kilomètres d'ouest en est affirment que la portion qui s'enfonce dans le Nullarbor est la plus pénible à affronter. Comme si on pénétrait dans une zone entre deux mondes.

C'est justement cette portion qu'une famille australienne ordinaire est en train de traverser…

Dans la nuit de Nullarbor

Le 20 janvier 1988, une Ford Telstar bleue roule dans l'obscurité sur la longue route qui traverse la plaine de Nullarbor, en Australie. Les phares de la voiture éclairent juste les bas-côtés poussiéreux de l'Eyre Highway et le long sillon de macadam uniforme qui semble ne jamais devoir finir.

À bord du véhicule, Sean Knowles, vingt et un ans, en compagnie de sa mère Faye, de ses frères Patrick, vingt-quatre ans, et Wayne, dix-huit ans, ainsi que des deux chiens de la famille. Tout ce petit monde est parti de l'est de Perth pour rejoindre Melbourne, afin d'y rendre visite à des cousins. Le périple est laborieux et la famille Knowles roule déjà depuis de longues heures.

Aux environs de quatre heures du matin, la Ford roule quelque part entre Madura et Mundrabilla, en plein cœur du désert. Sean est au volant, avec Patrick sur le siège passager avant. Faye Knowles est à l'arrière avec Wayne et les deux chiens.

Soudain, le son de l'autoradio est couvert par des parasites. Sean ne parvient pas à retrouver une station audible.

Environ quinze minutes plus tard, Sean voit surgir dans le lointain, au bout d'une ligne droite, ce qu'il croit être un camion n'ayant qu'un seul phare allumé. Il est interloqué par cette lumière vive qui grossit peu à peu.

Mais lorsque la voiture se rapproche du poids lourd roulant en sens inverse, le jeune homme distingue clairement une étrange boule lumineuse qui plane juste au-dessus de la cabine du camion.

Et surtout, celui-ci ne roule pas droit du tout ! Il tangue dangereusement et mord largement sur le mauvais côté de la route. Comme si le routier avait perdu le contrôle de son véhicule…

Sean s'en rend compte et a tout juste le temps de donner un grand coup de volant pour effectuer une brutale embardée avec sa voiture. La famille

Knowles n'a pas le temps de reprendre ses esprits qu'elle croise une autre voiture, au-dessus de laquelle se trouve à nouveau une boule de lumière.

Un demi-tour très imprudent

Alors, Sean Knowles va commettre une grosse erreur. Intrigué par ce qu'il vient de voir avec ses proches, il décide de faire demi-tour pour tenter d'observer plus longuement la boule lumineuse. Comme il s'agit en fait d'une route à quatre voies, mais pas tout à fait d'une autoroute, il existe, à intervalles réguliers, des bretelles pour faire demi-tour.

La Ford des Knowles se lance donc à la poursuite de la voiture surmontée de la boule lumineuse. En fait, cela va s'avérer une très mauvaise idée car au bout de quelques minutes, la boule de lumière en question se détache de l'autre véhicule… et fonce vers la voiture des Knowles !

À l'intérieur de la Ford, la curiosité fait place à l'angoisse, puis à la panique. Tous les passagers hurlent à Sean d'accélérer pour fuir l'étrange objet. Le jeune homme, bon conducteur, tente diverses manœuvres. Il opère même un nouveau demi-tour et se remet dans leur direction initiale, en poussant la voiture à fond, presque jusqu'à deux cents kilomètres à l'heure !

Agrippé par un ovni !

C'est inutile… La mystérieuse boule de lumière vient de se plaquer avec un bruit sourd sur leur voiture.

Aussitôt, des rayons de lumière, aveuglants, semblent transpercer le toit de la Ford et inonder l'habitacle, comme des doigts qui fouilleraient dans une boîte. L'un des deux jeunes frères, Patrick, assis à l'avant à côté de Sean, dira avoir eu la sensation que « son cerveau était aspiré hors de sa boîte crânienne ». Les deux chiens de la famille, terrorisés, hurlent à la mort.

Les quatre passagers, tétanisés, sont persuadés que leur fin est proche. Surtout, ils ne se sont pas rendus compte de quelque chose : alors que leur voiture roulait à tombeau ouvert, elle a été littéralement soulevée du sol par l'objet et elle survole désormais la route !

Un geste impensable

Assise à l'arrière, la mère de famille, Faye Knowles, va commettre un acte d'une folle témérité. Elle baisse la vitre de la Ford et s'enhardit à tendre la main vers la mystérieuse boule toujours plaquée sur le toit de l'auto. Elle racontera ensuite qu'elle a touché quelque chose de chaud, de spongieux, qui lui a fait penser à une ventouse.

Mais au même moment, elle ressent une forte décharge électrique, et elle retire brusquement sa main en criant. Lorsqu'elle regarde sa main, celle-ci est rouge et gonflée, mais la surface de la peau est… glacée.

De son côté, à l'avant de la Ford, Patrick cherche lui aussi à baisser sa vitre, mais l'habitacle est tout de suite envahi par une sorte de cendre noire, qui dégage une odeur épouvantable, celle d'un cadavre en décomposition selon les passagers.

D'autres phénomènes stupéfiants se produisent : les cheveux se hérissent et les voix des passagers sont déformées, plus graves, comme si on les avait enregistrées et passées au ralenti.

Fuite dans les buissons

Subitement, la voiture chute, tombe brusquement sur la chaussée en roulant et l'un des pneus arrière éclate sous le choc.

C'est à ce moment que Sean et les membres de sa famille réalisent que leur voiture s'était élevée dans les airs !

Les quatre passagers n'ont pas le temps de se poser des questions. Sean, dans une manœuvre d'urgence, parvient à stabiliser la voiture qui tangue et l'arrête sur le bas-côté. Toute la famille en sort immédiatement et part se réfugier dans les buissons les plus proches. C'est la seule chose à faire, il n'y a aucun arbre, encore moins de forêt ou de colline derrière lesquels se dissimuler.

De leur cachette, ils pourront juste voir ce qu'ils décriront comme « un œuf dans une tasse » planer au-dessus de leurs têtes. Puis, avec un fort bourdonnement électrique, l'engin inconnu va décrire quelques cercles dans le ciel tout en balayant le sol d'un pinceau lumineux, comme s'il cherchait à retrouver la famille Knowles. Finalement, l'œuf lumineux disparaît et les Knowles peuvent enfin regagner leur véhicule, en état de choc.

Lorsqu'ils se remettent à se parler, ils constatent que leurs voix sont toujours déformées (le phénomène va persister une quinzaine de minutes, le temps que Sean change la roue éclatée). Mais là, nouvel accès de panique : l'engin ovoïde réapparaît au loin !

La fuite vers la station-service

Toute la famille se rue dans la voiture. Dans cette région quasi désertique, avec très peu de trafic, il n'y a aucune localité dans les environs. Sean fonce jusqu'au relais de Mundrabilla, situé à une quarantaine de kilomètres de leur position. Dans leur fuite fébrile, les Knowles heurtent même un kangourou, ce qui froisse une aile de la voiture. Mais, Sean l'avouera plus tard, il n'aurait freiné pour rien, ni personne au monde. D'autant que la boule lumineuse semble les suivre! Mais sans jamais les rattraper. L'énigmatique objet ne disparaît que lorsque la Ford des Knowles parvient à la station-service.

Dès leur arrivée, les quatre passagers, traumatisés, racontent leur incroyable aventure aux routiers et au pompiste. Ce dernier a ensuite témoigné: « J'ai d'abord cru qu'il s'agissait d'une plaisanterie. Ils étaient à la fois tendus et apeurés. Lorsque je me suis approché de la voiture, j'ai senti une odeur bizarre semblable à celle que dégagent les matériaux d'isolation. » La voiture est recouverte d'une sorte de dépôt sombre qui ressemble à de la suie. Il constate aussi que la main de Faye est effectivement très gonflée et que les chiens perdent leurs poils par poignées…

Un routier du nom de Graham Henley leur dit avoir aperçu au loin une lumière et l'avoir vue planer au-dessus de leur Ford. Lui aussi sent une odeur de Bakélite qui imprègne la voiture et il remarque que le toit du véhicule est étrangement bosselé en quatre endroits.

Déclaration à la police

Plusieurs heures après, les Knowles se présentent, à cinq cent cinquante kilomètres de Mundrabilla, au poste de police de Ceduna pour raconter leur mésaventure. Voici ce que le sergent Fred Longlet déclarera à leur sujet: « Ces gens avaient vraiment vu quelque chose. Quoi, exactement… Eh bien, je n'en sais rien. Ils étaient dans un état effrayant, même cinq heures après l'incident. Retournés… On peut même dire livides et tremblants. La femme remerciait le ciel d'être encore en vie. Ces gens étaient dans un état mille fois pire que tous ceux qui m'avaient rapporté des observations d'ovni jusque-là. Il était arrivé quelque chose. Leur voiture, après tous ces kilomètres parcourus, était encore couverte de cendre ou de poussière noire. Il y en avait même à l'intérieur. D'où pouvait-elle venir? Là-bas, il n'y a rien d'autre que du sable. »

Au même moment…

Un fait insolite va venir apporter de la crédibilité à l'aventure des Knowles. On apprend un peu plus tard que dans la demi-heure suivant la rencontre de la famille avec un ovni, l'équipage d'un bateau de pêche au thon, à environ soixante-dix kilomètres de là, a signalé un mystérieux objet volant qui a survolé leur navire en bourdonnant. Détail extraordinaire : durant quelques minutes, les hommes à bord ont subi eux aussi des distorsions de voix !

Les autorités sont certaines que les pêcheurs ne pouvaient pas savoir ce qui était arrivé aux Knowles sur la route. Cela ne suffit pas pour reconnaître que l'aventure des Knowles est authentique, mais c'est un élément qui vient l'appuyer.

Agitation médiatique

Le récit de la famille Knowles parvient rapidement à la connaissance des médias qui s'emparent du sujet. Plusieurs articles de presse relatent leur témoignage. Moins de deux jours après les faits, les quatre membres de la famille sont invités dans une émission de télévision. Face à l'animateur Derryn Hinch, ils racontent à nouveau leur rencontre avec l'ovni, comment l'objet s'est posé sur leur voiture et l'a soulevée dans les airs.

Patrick précise : « Soudain, l'objet s'est posé sur la voiture et l'a soulevée du sol. Tout le monde criait, c'était la panique. Une lumière très vive a pénétré dans la voiture. On était tout étourdis et nos voix ont commencé à se déformer. C'était un peu comme dans le film *Rencontres du troisième type*, quand le type est près du passage à niveau et que la voiture s'élève dans les airs… »

Le jeune Knowles se trompe dans son souvenir. Dans la séquence du film de Spielberg, la camionnette conduite par Richard Dreyfuss ne décolle pas du sol. Mais cette réminiscence erronée ne remet pas en cause l'authenticité de son témoignage. Elle montre juste que tout être humain peut se tromper de bonne foi lorsqu'il se souvient d'un fait passé, notamment sous le coup de l'émotion.

Hélas pour les Knowles, toute l'affaire a fini par prendre des proportions qui les ont dépassés. L'équipe de la chaîne de télévision australienne Channel 7 a réclamé l'exclusivité de l'histoire, en échange d'une compensation financière, et a rendu compliqué l'accès à la famille pour les chercheurs ufologiques. D'abord disposée à coopérer et à raconter librement son aventure, la famille Knowles va vite se retrouver désemparée devant la pression médiatique. Il ne faudra pas attendre longtemps avant qu'elle décide de mettre fin à tous les entretiens et de chercher refuge chez des proches dans la région de Melbourne.

L'enquête des ufologues

L'aventure vécue par la famille Knowles crée une telle polémique que l'association ufologique la plus importante d'Australie décide de s'en mêler. À l'époque, il s'agit de la Victorian UFO Research Society (VUFORS). Vingt ans plus tôt, en 1968, cet organisme avait pris la relève de la Victorian Flying Saucer Research Society (VFSRS), elle-même lancée en 1957 pour reprendre les activités d'associations précédentes. La VUFORS lance donc une investigation approfondie sur cette histoire, en dépêchant sur place l'un de ses enquêteurs, Paul Norman.

Le 30 janvier 1988, l'ufologue se déplace et va concentrer son examen sur la principale pièce à conviction, la voiture. Il fait d'abord des tests sur l'autoradio qui a émis des grésillements lors de l'expérience, mais l'appareil est en parfait état de marche. Il regarde ensuite les traces sur le toit, qui correspondent aux témoignages de la famille et ne présentent rien de particulier.

Paul Norman prend en compte la déclaration de Sean Knowles, qui a affirmé avoir atteint deux cents kilomètres à l'heure au moment où la voiture ne touchait plus le sol. L'enquêteur constate qu'il est impossible d'atteindre cette vitesse sur la route.

En revanche, plus tard, la chaîne australienne Channel 7 réalisera un test pour un documentaire qui va démontrer que le compteur d'un véhicule équivalent peut afficher cette vitesse lorsque les roues avant tournent dans le vide!

L'analyse de la poudre noire

Dans le même temps, alors que Norman poursuit ses investigations, on a fait analyser à Adelaïde la poussière sombre retrouvée dans l'habitacle. Il s'agirait pour l'essentiel d'un oxyde de fer dégagé par l'usure des freins.

Pourtant, un des chauffeurs routiers présents à la station-service, M. Henley, a déclaré que cette substance avait une consistance curieuse, semblable à celle de la silicone, et ne ressemblait absolument pas aux particules métalliques créées par la friction de disques de frein.

Le premier officier de police qui a interrogé la famille Knowles a confirmé les propos du routier : pour lui aussi, la poussière trouvée dans la voiture ne pouvait pas provenir des freins.

Face à cette contradiction, l'ufologue Paul Norman se charge d'adresser un échantillon de cette poudre à un laboratoire réputé, travaillant notamment pour la Nasa. La contre-expertise va s'avérer étonnante : pour le laboratoire, ce ne sont pas des particules provenant des freins, mais un mélange d'oxygène, de carbone, de silicium, de potassium et, ce qui est encore plus inhabituel, un composé chimique de synthèse aux propriétés radioactives, l'astate.

Ce qui est stupéfiant, c'est que la période de l'astate, c'est-à-dire le temps nécessaire pour que la moitié de sa masse radioactive se décompose en une autre matière, n'est que de quelques heures. Autrement dit, au moment de l'enquête de police, ce composé devrait avoir complètement disparu. Pourtant, ce sont bien des particules rémanentes irradiées qu'on a pu observer avec un agrandissement de cinq mille fois. Est-ce que ce sont ces particules qui sont responsables de la brûlure spectaculaire de la main de Faye Knowles ?

Les autres indices

Paul Norman examine de près le pneu de la roue arrière. Avant l'incident, celui-ci était en parfait état. Le voici déchiré en ligne droite sur toute sa circonférence. Pour les experts, c'est une marque anormale car lorsqu'un pneu éclate, ordinairement, à la vitesse supposée de la voiture, il s'ouvre comme la peau d'une mandarine.

Du côté de la partie supérieure du véhicule, Norman note, comme le pompiste ou les policiers, des indentations à chaque coin du toit, comme s'il avait été perforé. Pour lui, il est clair qu'aucun hélicoptère ne peut faire cela, d'autant plus que le bruit particulier d'un tel engin n'aurait pas désarçonné la famille Knowles.

L'enquête de la VUFORS n'ira pas plus loin. De fait, bien des points demeureront non élucidés et on ne retrouvera jamais les conducteurs des deux autres véhicules impliqués et mentionnés dans le témoignage de la famille Knowles.

Au final, malgré les recherches et les analyses, seul un petit nombre d'éléments matériels permet d'établir l'incident du Nullarbor : le pneu éclaté de la voiture, des traces de freinage brusque sur la chaussée à l'endroit supposé du contact, la grande détresse de la famille et de leurs deux animaux de compagnie, le témoignage du conducteur du camion, Graham Henley, qui affirme avoir observé le même objet volant que les Knowles... En dehors de ces éléments, le reste est impossible à prouver. Pour autant, plusieurs hypothèses ont été émises pour tenter d'expliquer cette expérience effrayante.

L'hypothèse « naturelle »

Dans les quarante-huit heures qui suivent, suite aussi à l'interview télévisée de Knowles, des experts se prononcent déjà pour avancer une explication. Sans pouvoir se mettre d'accord, bien entendu. Pour certains, cela doit être une météorite, comme celles qui tombent en masse dans cette région. Mais aucune rentrée atmosphérique n'a été enregistrée et on ne connaît pas d'objet céleste qui vienne se coller sur le toit d'une voiture en mouvement...

D'autres experts sont persuadés que les Knowles ont vu un banal lever de soleil ! Il est vrai que leur voiture avançait en direction de l'est. Mais comment expliquer alors la terreur qui les a envahis, les chocs contre la voiture, la poussière noire...

D'autres encore prétendent que la famille a été piégée dans un orage électrique d'un type un peu particulier. Mais aucune anomalie météorologique n'a été signalée dans le secteur par des chauffeurs routiers ou d'autres voyageurs. Il a été suggéré que la lumière aperçue était de la foudre en boule, un phénomène très rare et peu expliqué, qui n'a été reproduit en laboratoire qu'en 2007. Ce type de foudre, aussi appelée globulaire, peut prendre la forme d'une sphère lumineuse et apparaît lors d'un orage. Parmi les autres pistes, celle d'un feu de Saint-Elme, un autre phénomène naturel qui se traduit par des lueurs aux extrémités d'objets en mouvement (sommet du mât d'un navire, sur les ailes d'un avion...). Mais la foudre ou le feu de Saint-Elme n'expliquent pas à eux seuls l'entièreté de l'expérience insolite vécue par les Knowles.

Un point qui semble pertinent, et j'y reviendrai : les relevés météorologiques révèlent qu'au moment de l'incident, il y a eu une inversion de température dans la région. L'ancien météorologue sud-australien Allan Brunt a fait observer plus tard que de tels phénomènes sont connus dans la région pour réfracter la lumière et déformer les tailles, les formes et les couleurs des objets. Des habitués de la plaine de Nullarbor mentionnent fréquemment la présence de lumières surgies de nulle part.

L'escroquerie

Même si le dossier Nullarbor est considéré comme sérieux par de nombreux ufologues, certains ont quand même avancé des hypothèses rationnelles. Un des sceptiques les plus féroces, Philip J. Klass, est convaincu que l'histoire a été créée de toutes pièces par une famille essayant d'escroquer son assurance. Il affirme que les marques visibles sur le toit de la Ford n'ont pas été laissées par un ovni… mais par une galerie.

La famille a complètement réfuté ces accusations, rétorquant qu'il n'y avait pas de galerie sur leur voiture au moment de leur trajet. Effectivement, les témoins à la station-service n'en ont pas vu, mais rien ne dit que la famille Knowles ne s'en est pas débarrassée quelque part sur la route, pour une raison indéterminée. Mais plus généralement, on peut se demander pourquoi les Knowles auraient inventé une histoire aussi extravagante juste pour masquer des dégâts volontaires sur leur voiture…

L'hypothèse militaire

Comme dans la plupart des affaires ufologiques, la piste d'une intervention militaire a été évoquée, avec peut-être l'éventualité d'un missile lancé par erreur. Effectivement, il existe, à l'est de la plaine de Nullarbor, une zone désertique qui est aujourd'hui le site de la base militaire de Woomera. Ses infrastructures sont logées dans une zone interdite grande comme l'Angleterre !

Mais il n'y a jamais eu de confirmation d'un tel tir de la part de l'armée australienne. Un porte-parole de la Royal Australian Air Force a déclaré qu'il n'avait pas connaissance du vol d'un appareil militaire dans la zone où est passée la famille Knowles. En outre, la description des passagers de la voiture ne correspond pas vraiment à celle d'un missile.

Voici quelques années, un certain William Buckley a inondé les forums ufologiques et les blogs relatant le dossier Knowles de longs commentaires affirmant qu'il s'agissait d'une opération paramilitaire de préparation à un attentat. Au-delà de l'extravagance de sa démonstration, l'absence totale de preuves va dans le sens d'une pure mythomanie de la part de son auteur.

Remarques sceptiques

Tous les observateurs, dont certains ufologues, n'ont pas été convaincus par le récit des Knowles. Des invraisemblances, des traces qui n'en sont pas vraiment… Il n'en suffit pas plus pour qu'on classe l'histoire dans la catégorie des canulars.

Les sceptiques font grand cas, notamment, du fait que les Knowles ont ensuite conduit tout droit en passant devant le poste de police à Eucla, à proximité de la scène de leur rencontre, sans signaler l'incident. Au lieu de cela, ils ont conduit non-stop jusqu'à Ceduna, à quelque cinq cent cinquante kilomètres, avant de s'arrêter pour déposer un rapport officiel. En toute justice pour la famille Knowles, ils peuvent avoir tout simplement voulu mettre autant de distance que possible entre eux et les lieux de l'incident.

L'éclatement du pneu peut très bien expliquer plusieurs faits liés à l'incident. Lorsqu'intervient un tel incident à grande vitesse, le véhicule se met à vibrer fortement, à dévier de sa course, et de la poussière de freins est susceptible de pénétrer dans l'habitacle.

L'auto-persuasion

Robert Bartholomew est un psychologue australien qui a notamment travaillé sur les crises de panique au sein de groupes. Si le concept d'hallucination collective n'est pas validé scientifiquement, il est possible, dans certaines circonstances, qu'un groupe partage la même illusion, surtout si le petit groupe est influencé par un « meneur ». Bartholomew a recensé près d'une trentaine de cas ou de situations dans lesquels une communauté (souvent une famille) a adopté un comportement inhabituel de panique sur la base de données initiales fantaisistes.

Ce fut le cas de l'étrange saga de la famille Tromp, qui vit à Silvan, dans la banlieue de Melbourne. Le 29 août 2016, toute la famille a décampé de sa ferme et s'est lancée dans une virée frénétique sur des centaines de kilomètres, dans un effort désespéré pour échapper à de mystérieuses forces du mal qui, selon eux, tentaient de les tuer. La fuite a duré durant cinq jours avant que les autorités ne viennent à l'aide des cinq membres de la famille. Jacoba, la mère de famille, ainsi que sa fille Riana, vingt-neuf ans, ont été hospitalisées alors que la plus jeune des filles, Ella, vingt-deux ans, tentait de s'enfuir en volant une voiture. Comme dans un film, la famille avait tout abandonné derrière elle, appareils électroniques et cartes de crédit, et pris simplement du cash pour subvenir à ses besoins. Les médias et la police ont évoqué une sorte de schizophrénie collective, mais Robert Bartholomew estime très possible que les Tromp se soient juste fait peur à eux-mêmes. Cela peut sembler incroyable, mais certains comportements outranciers peuvent s'autoalimenter eux-mêmes.

Sous cet angle, Bartholomew a bâti un scénario possible pour expliquer ce qui a pu se passer le 19 janvier 1988. La famille Knowles était sur la route depuis plus de douze heures lorsque quelque chose est arrivé dans le désert de Nullarbor.

La nuit tire vers sa fin et c'est Sean qui conduit, alors que les autres membres de la famille sont endormis. Soudain, le jeune homme remarque une lumière mystérieuse au loin et, ne parvenant pas à l'identifier, se persuade qu'il s'agit d'un vaisseau spatial. L'esprit embrouillé, il réveille en hâte sa famille et sa panique croissante se communique à sa mère et à ses deux frères, encore engourdis de sommeil. Tous vont s'auto-persuader que la scène est réelle, d'autant que dans un accès de peur, Sean appuie à fond sur l'accélérateur, ce qui augmente l'effroi et la confusion chez les passagers. Peut-être poussent-ils des cris, s'invectivent-ils les uns les autres, ce qui a pour conséquence d'exciter les deux chiens. Peut-être l'un d'entre eux a-t-il parlé d'attaque, de fuite…

Ensuite, un des pneus éclate, peut-être en raison de la vitesse excessive ou d'un trou dans la route. La voiture tangue. Une brume grise malodorante envahit l'habitacle, du fait de l'éclatement du pneu. Même lorsque Sean s'arrête sur le bord de la route pour changer, personne ne se calme. Au contraire, il faut partir, au plus vite. Lorsqu'ils atteignent la station-service, ils ne sont pas dans leur état normal et ont toutes les peines du monde à retrouver leur sérénité…

Quant à l'étrange lumière aérienne qui semblait suivre la voiture, il faut revenir à l'inversion de température relevée cette nuit-là. Pour l'ancien météorologue sud-australien Allan Brunt, la famille Knowles a vu l'image déformée des phares d'un camion au loin, qui leur est apparu comme un ovni. Ce type d'illusion apparaît lorsque des rayons de lumière traversent deux couches de température de densité différente. Ils se retrouvent comme « courbés » vers le haut ou le bas, selon les cas. Notre cerveau est trompé. Il présuppose que la lumière emprunte un chemin droit, aussi croit-il que l'objet observé se trouve plus haut ou plus bas qu'il ne l'est en réalité. C'est un phénomène qui donne lieu aux fameux *fata morgana*, des mirages qui font « voler » les choses dans les nuages ou au-dessus des eaux. Les déserts et les pôles peuvent aussi être le théâtre de ces phénomènes optiques.

Étant donné l'absence d'éléments matériels probants et l'état d'angoisse des occupants, il est donc possible que les membres de la famille Knowles, fatigués par un long voyage, dans l'obscurité sur une route qui ne leur est pas familière, ont pris par erreur une anomalie lumineuse pour un vaisseau spatial extraterrestre censé les poursuivre. Cette mauvaise interprétation a déclenché chez eux un état émotionnel intense et incontrôlable.

Cette hypothèse psychologique est intéressante car elle suggère une clé pour comprendre le comportement de la famille Knowles. Mais peut-elle, à elle seule, expliquer la totalité de l'aventure?

Est-il possible que dans cet état d'agitation extrême, les membres de la famille aient pu inventer l'impression d'avoir le cerveau qui sort de la tête, l'odeur de cadavres en décomposition, la texture caoutchouteuse de l'ovni, les voix déformées comme s'ils avaient respiré de l'hélium?

Quoi qu'on pense de l'incident de la famille Knowles, ce n'est ni la première ni la dernière anomalie qui se soit produite sur la plaine de Nullarbor. De toute évidence, la Eyre Highway possède une longue histoire de phénomènes inexpliqués.

Une région marquée par d'autres anomalies

Selon Keith Basterfield, un ufologue australien renommé, il s'est déjà passé un événement insolite entre octobre et novembre 1970 dans la plaine de Nullarbor. Deux personnes qui traversaient le désert ont aperçu une lumière blanche très brillante au-dessus de leur camionnette. Le chauffeur s'est montré incapable de maîtriser son véhicule. Comme dans l'expérience de la famille Knowles, les deux occupants ont eu l'impression que la fourgonnette était soulevée du sol durant un moment. Lorsqu'ils ont retrouvé la route, les deux voyageurs ont constaté avec effarement que plusieurs heures s'étaient déroulées.

John H., un chauffeur routier qui a souvent roulé à travers les plaines de Nullarbor, raconte qu'à trois reprises au moins, il a observé d'insaisissables lumières sur la route. L'épisode le plus impressionnant eut lieu le 4 septembre 1973, lorsqu'une lumière blanche inconnue, en forme de zigzag, est apparue devant lui. Il se souvient aussi qu'une nuit, alors qu'il dormait sur le parking du Motel Roadhouse de Mundrabilla (là même où les Knowles vont venir se réfugier après l'attaque de l'ovni!), quelque chose a brutalement secoué plusieurs fois son camion: sorti du poids lourd, il ne vit personne à proximité... *

En fait l'enquête de Keith Basterfield indique que quatre personnes réparties dans trois véhicules séparés ont t vu passer une sorte de rectangle orange, avec une étrange silhouette à l'intérieur.

Comme l'ufologue l'a reconnu plus tard, « ce n'était pas la soucoupe métallique habituelle, mais une série très étrange d'observations identiques par un groupe de personnes qui ne se connaissaient pas. »

Crash d'ovni et créatures inconnues

En 1977, deux hommes empruntant l'Eyre Highway disent avoir été surpris tard dans la nuit par une boule de feu vert et violet qui s'est écrasée à proximité de leur voiture. S'étant arrêtés sur le bas-côté, ils se dirigèrent vers le point d'impact.

Là, ils tombèrent sur un engin de forme ronde, avec une sorte d'ouverture. Les deux automobilistes s'approchèrent et regardèrent à l'intérieur : ils aperçurent deux petites créatures humanoïdes, sans oreilles ni cheveux, avec de longs bras maigres et d'énormes yeux noirs. L'une des créatures semblait morte, l'autre criait de douleur. Pris de peur, les deux témoins déguerpirent et filèrent tout droit vers l'endroit habité de la zone, une base militaire, qui a lancé une opération de sauvetage.

Un ufologue australien, Bill Chalker, raconte le même épisode sur la base du témoignage d'un informateur directement impliqué dans l'incident. Selon cet informateur, une équipe de récupération militaire arrive sur les lieux en quelques heures. Elle découvre un engin endommagé, ne ressemblant en rien à un aéronef classique connu, de forme triangulaire, avec des débris éparpillés tout autour du site.

Lorsqu'il arrive sur le site, l'informateur de Bill Chalker voit que deux soldats ont déjà pénétré dans l'appareil accidenté. Selon lui, un des passagers de l'ovni est encore vivant. En ressortant, les deux soldats font l'objet d'une procédure de décontamination immédiate. Selon Bill Chalker, le site du crash a été complètement nettoyé, et toutes les traces ont été soigneusement effacées. Le transfert de la créature encore vivante aurait été menée dans le cadre d'une opération conjointe américano-australienne, avec pour objectif de récupérer les êtres vivants et leur technologie.

Autant dire que Bill Chalker n'a pas été en mesure d'apporter des preuves des affirmations de son prétendu informateur. Le témoignage présente des similitudes frappantes avec d'autres récits de crashs d'ovnis, dont celui de

Roswell. Tout au plus peut-on noter que deux sources distinctes ont décrit la même boule de feu vert violet et des êtres semblables, même si la forme de l'ovni varie d'un témoignage à l'autre.

D'autres phénomènes troublants

Le 20 janvier 1988, c'est-à-dire la même nuit que l'expérience de la famille Knowles, mais trois heures après, un ressortissant de Tasmanie et sa petite amie roulent sur l'Eyre Highway en plein Nullarbor. Le couple vient d'atteindre un endroit quelque part entre Penong et Ceduna, donc à quelques centaines de kilomètres des Knowles, lorsque le conducteur entend un bruit sourd sur le toit de leur véhicule.

« Au début, j'ai pensé que c'était la bouteille de gaz sur le toit, mais il n'y avait aucun moyen qu'elle tombe puisqu'elle était vissée », déclare le témoin. Ensuite, celui-ci voit plusieurs lumières blanches émettre des jets de lumière vers le sol. Durant ce passage, sa petite amie reste endormie tandis que la voiture oscille, agitée par des vents violents qui vont souffler au-dessus de la voiture durant une heure environ.

Le 16 mai 1992, vers dix-neuf heures et quart, deux personnes roulent dans le désert de Nullarbor, à une cinquantaine de kilomètres à l'ouest de Cocklebiddy. En ce début de soirée, la température est glaciale. Soudain, sur le bord de la route, ils aperçoivent un objet en forme de dôme, juste devant leur voiture. L'engin mystérieux, qui n'émet aucun bruit, brille d'une couleur rouge vif. Juste avant de passer à sa hauteur, l'objet se volatilise. En regardant dans le rétroviseur et à travers les vitres, ils ont juste le temps d'entrevoir une lueur rose pâle qui se dirige vers l'ouest avant de disparaître définitivement. Les deux témoins indiquent que, malgré le froid de la nuit, ils ont ressenti une forte chaleur à l'intérieur de leur voiture.

D'autres témoignages ont pu être récupérés par des ufologues, comportant des séquences de temps manquant. Quel que soit leur degré de véracité, il semble que voyager à travers la région de Nullarbor, notamment la nuit, ne soit pas quelque chose à prendre à la légère, comme la famille Knowles a pu s'en rendre compte à ses dépens !

Sources

« Family says it was chased by UFO, Police say no hoax », AP News, 21 janvier 1988.

L'interview télévisée des Knowles : www.youtube.com/watch?v=hNe0xtc6q64&f

« UFOs on the Nullarbor Plain », 27 septembre 2007, sur le site www.strangedays.co.uk

Robert Bartholomew, « Australian family suffer bizarre shared delusion », 19 septembre 2016, sur www.psychologytoday.com

« Close Encounters: shedding light on South Australia's X-Files », ABC News, 23 février 2018.

Ashley Knibb, « Looking at the Knowles family UFO encounter », sur son blog https://ashleyknibb.com, 19 janvier 2020.

Brian Dunning, « The Knowles family UFO incident », https://skeptoid.com/episodes/4715, 18 février 2020.

LIEUX INQUIÉTANTS

13.
Clinton Road est-elle une route maudite ?

Cette route qui serpente dans un coin reculé du New Jersey aux États-Unis n'a pas bonne réputation. À son propos, on raconte des histoires inquiétantes. Il s'y passerait, selon certains, des phénomènes inexpliqués. Au point que dans la région, on n'hésite pas à la contourner et à décourager les curieux de s'y aventurer. Visite guidée de cette chaussée que l'on prétend « maudite ».

De prime abord, lorsqu'on songe à des lieux maudits, on imagine tout de suite des espaces géographiques limités, qu'ils soient naturels (montagne, forêt, lac) ou conçus par la main de l'homme (château, monastère, pont, cimetière…). On pense moins aux voies de circulation. Pourtant, certains chemins, routes ou autoroutes souffrent d'une détestable notoriété. À croire que les emprunter est de nature à vous attirer les pires ennuis. Cette réputation néfaste est souvent née avec le temps, peu à peu, à la suite d'un enchaînement de faits malheureux qui, mis bout à bout, ont forgé une image effrayante du tracé en question.

Prenez, par exemple, Clinton Road, une route située dans le New Jersey, aux États-Unis, plus précisément à West Milford dans le comté de Passaic. Longue d'une bonne quinzaine de kilomètres sur un tracé qui s'étend du nord au sud, Clinton Road est tout ce qu'il y a de normal… en apparence. De l'avis des spécialistes de la circulation routière, elle n'est pas considérée comme plus dangereuse ou accidentogène que d'autres. Il y a bien sur son parcours un virage plus risqué que les autres, qui porte le nom évocateur de la « courbe de l'homme mort », mais on n'y a pas enregistré d'accident récemment.

Les amateurs de routes vous diront, eux, que Clinton Road est davantage connue pour détenir le feu de circulation le plus long de tous les États-Unis : à son extrémité sud, au croisement de la route 23, les usagers doivent attendre au moins cinq minutes avant de poursuivre leur périple. Faute en est aux planificateurs de trafic qui ont décidé de sacrifier Clinton Road au profit de la route 23, afin de minimiser les embouteillages aux heures de pointe.

Une route à l'écart des villes

Jusqu'ici, rien de très insolite, il faut l'admettre. En fait, cette route du New Jersey est célèbre pour d'autres raisons. Il s'y produirait régulièrement, dit-on, toutes sortes de phénomènes étranges qui l'ont fait surnommer, au fil des années, la route la plus hantée des États-Unis !

Tout un folklore local s'est ainsi rattaché à Clinton Road, une tendance accentuée sans doute par sa localisation. Il faut dire qu'elle traverse une des parties les plus sauvages et inhabitées du New Jersey. En examinant de près son tracé sur Google Maps, on s'en rend compte tout de suite, c'est un mince trait d'asphalte au milieu d'une énorme tâche verte perdue à l'écart des zones urbaines. Aucun village, quelques riverains isolés ici et là, c'est tout.

Tout un folklore local s'est ainsi rattaché à cette route. Il faut dire qu'elle traverse une partie plutôt sauvage et peu habitée du New Jersey. Une sorte de grande tâche verte au milieu des zones urbaines. Il suffit de regarder son tracé sur Google Maps pour s'en rendre compte. Pas de village, quelques riverains ici et là, et c'est tout.

Parcourir Clinton Road, surtout de nuit, c'est d'une certaine manière quitter provisoirement la quiétude rassurante de la civilisation pour se plonger dans la nature primitive, hostile à l'homme, où tout peut arriver.

Vestiges historiques

Toutes sortes de rumeurs circulent à propos de Clinton Road, sans qu'il soit possible de discerner le vrai du faux, au moins sur le plan factuel. Ainsi, on a dit que le long de la route avaient eu lieu des rassemblements de sorcières, de confréries satanistes et même du Ku Klux Klan. Ce qui s'avère plus authentique, c'est la présence, confirmée, de vestiges liés au passé de la route.

Par exemple, non loin de Hank's Pond à l'est de Clinton Road, il a vraiment existé un étrange édifice, le Cross Castle. Cet édifice de quarante pièces fut bâti en 1907 par un retraité richissime du nom de Richard James Cross pour sa femme et ses trois enfants. Déserté, il tomba en ruine plus tard au XXe siècle, puis fut partiellement détruit par un incendie.

Ce château abandonné devint dans les années 1980 une destination prisée par les randonneurs comme par les adolescents en quête d'émotions fortes ou d'un endroit isolé pour faire la fête.

Selon le magazine *Weird NJ*, il se passait des phénomènes étranges à l'intérieur ou près du site du château. Des visiteurs disaient être saisis de convulsions ou avoir des visions troublantes. Sur les murs intérieurs du château, des symboles sataniques seraient apparus de temps à autre, notamment dans des parties hors d'atteinte des visiteurs. Les rares photos d'époque disponibles montrent des ruines sombres et peu engageantes.

Considérées comme une nuisance par les autorités, les ruines du château ont finalement été rasées le 28 juillet 1988 par le service des eaux de Newark, mais il demeure encore possible d'accéder à ses fondations par un sentier.

Depuis, les amateurs d'insolite se sont reportés sur un autre édifice, le Clinton Furnace, au croisement de Clinton Road et de Old School Road. Certains, trompés par cette curieuse structure conique de brique, l'ont pris pour un temple druidique où des prêtres païens locaux auraient pratiqué des rituels secrets qui devaient demeurer invisibles au commun des mortels. Une pure légende, bien entendu.

En réalité, il s'agit des restes d'une ancienne fonderie de fer construite en 1826. Les autorités du New Jersey l'ont d'ailleurs fait inscrire comme monument historique au National Register of Historic Places le 18 juin 1976. Aujourd'hui, le Clinton Furnace est protégé par une clôture afin d'empêcher les curieux de trop s'en approcher et d'éventuellement se blesser.

The Ice Man

Les gens de la région vous le diront, Clinton Road serait aussi l'endroit où la mafia locale viendrait se débarrasser des corps de ses victimes. Si vous avez vu cet épisode tragicomique de la série *Les Sopranos* où certains des personnages se perdent en hiver dans une forêt du New Jersey, vous avez une idée de l'ambiance.

Dans les faits, cette réputation proviendrait d'une seule affaire criminelle, sordide mais authentique, qui s'est déroulée en 1983.

En mai de cette année-là, un cycliste qui arpentait la route aperçoit un vautour en train de s'agiter dans les sous-bois qui bordent Clinton Road. Prenant son courage à deux mains – l'auriez-vous fait ? –, il descend de vélo et s'approche. Là, à quelques pas, gît ce qui de toute évidence est un corps humain.

L'autopsie révélera plus tard que l'homme est mort d'un acte criminel et, chose étrange, on découvre des cristaux de glace dans les vaisseaux sanguins irriguant son cœur. Ses organes internes se sont également décomposés plus lentement que sa peau. Les médecins légistes en concluent que le corps a été gelé après la mort pour faire croire aux enquêteurs qu'il était décédé plus tardivement que dans la réalité. L'homme n'est donc pas mort sur Clinton Road, mais son corps congelé a été déposé à l'endroit où l'a trouvé le cycliste.

Assez vite, la victime est identifiée comme gravitant autour des activités de la mafia du comté de Rockland et l'enquête, de longue haleine, mène en définitive, en 1986, à l'arrestation d'un homme originaire du New Jersey, Richard Kuklinski, vite surnommé *The Ice Man* (« l'homme de glace »), qui avouera être l'auteur du crime.

Apparitions paranormales

Si Clinton Road est déjà chargée sur le plan historique, que dire du côté paranormal, entre les apparitions de fantômes et les créatures étranges !

L'une des histoires les plus populaires, sans doute parce qu'elle évoque un cauchemar, est celle d'un mystérieux pick-up noir qui surgirait la nuit sur Clinton Road, prendrait en chasse les automobilistes isolés, en leur faisant des appels de phare et en essayant de les expulser de la route, pour finalement disparaître comme par magie.

Dans le même genre, on raconte que le fantôme d'une Chevrolet Camaro sillonnerait la route de nuit, pilotée par une jeune fille qui serait morte écrasée en 1988. Une simple mention de la fille ou de la Camaro la nuit en roulant sur Clinton Road est censée déclencher la manifestation paranormale… Si vous passez par là, vous pouvez toujours essayer !

Sur cette route de toute évidence pas ordinaire, il est aussi question de créatures hybrides, étranges, entre « chiens de l'enfer » et singes, qui auraient été observées une fois encore la nuit. Il se pourrait qu'il y ait une explication rationnelle à cela car, dans les années 1970, se trouvait dans cette zone une sorte de parc d'attractions du nom de Jungle Habitat, fermé en 1976, dont une partie des animaux aurait pu fuir dans les bois et se reproduire en se croisant avec des espèces locales. D'où cette légende d'animaux hybrides qui hanteraient le voisinage.

Il n'en demeure pas moins que certains voyageurs rapportent avoir vu sur le bord de la route des gens habillés bizarrement qui regardent simplement ceux qui les voient et ne parlent pas lorsqu'on les interpelle. Parfois, ces personnes disparaissent ou ne sont apparemment pas vues par tous les témoins présents.

On ne compte pas non plus les signalements de gens ayant ressenti un sentiment de malaise ou de peur grandissante lorsqu'ils roulaient sur Clinton Road, au point parfois de faire demi-tour.

Une simple balade virtuelle avec Google Street permet de repérer des points étranges en bord de route, comme cet arbre couvert d'inscriptions et de marques mal identifiées – un mémorial pour un accidenté de la route ? – ou bien ce halo inexpliqué à l'entrée de la propriété de l'un des rares riverains…

Le pont de l'Enfant fantôme

L'autre *spot* qui attire les passionnés d'insolite est un des ponts traversés lors du parcours sur Clinton Road, que l'on a baptisé le pont de l'Enfant fantôme. On ignore tout de l'origine de cette histoire et si ce garçonnet a bel et bien existé, mais il se serait noyé alors qu'il nageait sous l'eau ou, selon une autre version, serait tombé alors qu'il était assis sur le rebord du pont.

Depuis, son fantôme apparaîtrait régulièrement, mais sous certaines conditions. La légende, en effet, veut que si l'on jette une pièce dans la rivière en contrebas à minuit, cet enfant mort la renvoie dans la minute…

Dans certains récits, les témoins affirment avoir vu le petit garçon. Dans d'autres, le fantôme pousse le témoin dans l'eau si elle ou lui regarde un point précis du pont… Bref, ce n'est pas forcément un endroit où stationner longtemps !

Enfin, je ne serais pas complet si j'omettais de mentionner, parmi les histoires que l'on raconte, celle des fantômes de Terrace Pond. Ce lac, perdu au milieu de la forêt à l'est de Clinton Road, est accessible en quarante-cinq minutes à pied par un sentier de randonnée. C'est un endroit d'une sauvage beauté, où des téméraires viennent se baigner – parfois se noyer – alors que c'est rigoureusement prohibé.

Une nuit qu'il campait avec des amis près de Terrace Pond, un homme fit la rencontre de deux gardes forestiers. Peu après, il apprit que les hommes en question étaient deux gardes morts accidentellement sur les lieux en 1939…

Route « la plus hantée d'Amérique » ou pas, Clinton Road baigne sans nul doute dans une ambiance empreinte de mystère, entre réalité et fantasme. Il ne fait pas bon s'y attarder…

Sources

« Clinton Road : The most haunted Street in America », roadtrippers.com, 29 août 2016.

« Clinton Road, a dark ride », weirdnj.com

Vincenzo Balzano, *Clinton Road*, Ankama, 2020.

14.
L'effrayant cimetière du Diable

Au fin fond d'une forêt de Sibérie, se trouve un lieu que d'aucuns pourraient qualifier de maudit. Rien, en apparence, ne semble y pousser et les rares visiteurs qui se sont rendus sur place parlent d'un lieu dont on a rapidement envie de fuir…

Le cimetière du Diable, ce n'est pas un cimetière tel qu'on l'entend d'ordinaire, avec ses rangées de sépultures et de mausolées. Non, c'est juste une prairie. Mais une prairie très particulière, qui prend la forme d'une clairière circulaire au milieu d'une forêt de Sibérie.

Un lieu à l'écart du monde

En ce lieu, d'un diamètre d'environ deux cents à trois cents mètres, la végétation est rare, les seules branches d'arbres que l'on peut y voir ont l'air carbonisé. On y trouve aussi des restes d'oiseaux et d'animaux, mais ceux-ci, pour une raison inconnue, ne se décomposent pas. Aucun bétail ne vient s'ébattre dans cette prairie et les quelques humains qui vivent à proximité prennent bien soin de s'en écarter.

Envie de vous y rendre? Prévoyez du temps et préparez-vous à un véritable parcours du combattant. De prime abord, cette zone peu engageante est difficile à trouver, même sur Google Maps où elle ne figure que comme une tache claire au milieu d'immense massifs forestiers.

C'est un euphémisme de dire qu'on y est à l'écart du monde. Visez la Sibérie, au centre de la Russie et au nord de la Mongolie. Nous sommes déjà à cinq mille kilomètres de Moscou. Puis pointez le district de Krasnoïarsk. L'endroit, très difficile d'accès, se trouve à huit cents kilomètres de cette ville principale…

Comme il y a très peu de routes, il faut environ douze à treize heures depuis Krasnoïarsk pour s'y rendre en véhicule. En supposant que les conditions de circulation soient propices, c'est-à-dire pendant une période courte de l'année, en raison du froid…

Dans toute la région de Krasnoïarsk, on considère cette zone comme l'endroit le plus effrayant de toute la Russie. Les gens l'appellent « le cimetière du Diable » ou parfois la «clairière du Diable» ou « la clairière de la mort ». On se demande même si le Malin n'a pas fui l'endroit tant il est inhospitalier.

Certes, il y a bien une petite localité à proximité, mais de manière générale, l'endroit est quasiment inhabité et extrêmement sauvage. Sur place, en traversant la taïga, vous découvrez des pentes raides couvertes de bouleaux et des plaines parsemées de tourbières.

Et si par chance vous touchez au but, les guides locaux refusent de s'approcher de la prairie à moins de deux ou trois kilomètres. De deux choses l'une alors, soit vous faites demi-tour, soit vous continuez à vos risques et périls…

Une sale réputation qui remonte aux années 1920

La première mention de ce lieu inquiétant remonte au début de 1920. Un paysan, Semyon Polyakov du village de Karamyshevo, a raconté récemment comment son grand-père menait un petit troupeau de wapitis dans la taïga lorsqu'il est tombé par hasard sur cette prairie étrange. Sous ses yeux, plusieurs wapitis se sont écroulés net sur le sol, qui était chaud, comme brûlé.

Par la suite, on a déplacé le chemin pour contourner largement cette zone car tous les éleveurs craignaient que leur bétail ne meure à l'approche du site. Mais on a constaté quand même une mortalité massive chez les bovins des villages de Kostino, Chemba et Karamyshevo.

À la fin des années 1920, un expert en bétail du nom de Semchenko s'est intéressé à la clairière du Diable. Au centre de cette prairie, il y aurait selon lui une sorte de trou, qu'on ne voit pas, pourtant, sur les rares photos de l'endroit. Il aurait laissé tomber une corde dedans, de plusieurs dizaines de mètres, sans en atteindre le fond. Semchenko a également remarqué que des oiseaux morts gisaient près de ce trou et que leur chair était d'une étrange couleur pourpre. Certains, dans la région, ont dit qu'ils avaient la peau qui scintillait...

Il est difficile de mesurer la vraisemblance de cette déclaration. En URSS, les informations fiables étaient rares, encore plus lorsqu'il s'agissait de faits de nature à déstabiliser l'ordre en place. Il semble toutefois que le gouvernement communiste de l'époque a inventé une sombre histoire de tombes de démons, pour dissuader la population locale, très superstitieuse, de s'en approcher.

Disparitions

Ce qui terrifie les locaux, c'est que dans cette clairière il n'y a rien de vivant, tout périt, des plantes aux animaux et aux gens. Mais ce n'est pas tout : il est aussi question d'une centaine de personnes qui auraient disparu dans la zone depuis les années 1030. Et cela comprendrait au moins trois groupes organisés, dont le dernier en 1992, un groupe de touristes de la ville de Nabarezhnye Chelny qui se sont volatilisés et n'ont jamais été retrouvés.

Sans doute y-a-t-il une explication rationnelle à cela : la région est très sauvage et dangereuse. Il y a de fortes probabilités pour que ces touristes se soient perdus et soient morts de froid. Reste que plusieurs revues soviétiques, puis des amateurs de mystère, ont relayé ces disparitions qui auraient eu lieu en grande partie dans les années 1980-1990.

Expéditions risquées

Quelques équipes téméraires ont tenté une visite rapide du cimetière du Diable. La première expédition scientifique daterait de 1927. Toutes ont rapporté avoir éprouvé sur place de violents maux de tête, des nausées et une anxiété inexplicable. C'était comme si l'endroit pompait l'énergie des explorateurs téméraires et affaiblissait leur organisme. Les équipes retrouvaient leur force et leur bien-être en s'éloignant de la zone.

La clairière du Diable est-elle une anomalie magnétique localisée ? En 1991, une expédition est partie de la ville de Vladivostok explorer la prairie maudite. Un des participants, Alexander Renpel, a décrit la situation : « L'aiguille de ma boussole était figée et pointait vers le Nord seulement. Le soir, les gens du groupe ont eu des picotements dans tout le corps, certains ont eu des maux de dents. Tout le monde se sentait mal et inquiet. En début de soirée, nous nous sommes approchés de la prairie. Nous avions un poste de radio, qui a crépité et qui s'est éteint, nous avons préféré faire demi-tour. »

Deux autres expéditions montées par le groupe de recherche Phénomenon, qui s'intéresse aux phénomènes inexpliqués, n'ont pas eu plus de succès. À chaque fois qu'elles s'approchaient de la clairière, tout leur équipement (téléphone, radio, caméras) tombait en panne ; elles n'ont pas pris le risque de continuer. Il a été également rapporté que les montres s'arrêtaient ou se mettaient à retarder.

C'est comme si l'endroit se mobilisait pour repousser les intrus. Une des expéditions a juste trouvé les ruines d'un vieux moulin à eau dans la forêt, le long d'un cours d'eau. Les explorateurs ne s'expliquent pas sa présence, car il est situé loin de tout, à plus de cinq ou six kilomètres du premier village. Ce moulin aurait été construit dans les années 1920, justement au moment où le phénomène aurait commencé. Il y avait donc quelqu'un dans le coin à cette époque...

Hypothèses

Site dangereux ou juste un délire local ? Il est difficile de trancher tant les informations sont lacunaires sur le cimetière du Diable. Même les photos sont rares.

Dans les documents déclassifiés en 1984 de l'Académie sibérienne des sciences se rapportant à la période 1908-1979, il est avancé l'hypothèse que la mort des plantes et des animaux pourrait être due à des oscillations acoustiques à basse fréquence et des chocs sismiques brefs mais fréquents. Sans pour autant qu'il y ait des preuves ou des mesures scientifiques de ces phénomènes.

Dans les années 1980, Victor Zhuravlev, professeur de physique et de mathématiques, membre du département sibérien de l'Académie des sciences de l'URSS, a suggéré qu'un feu de charbon souterrain brûle en permanence sous le cimetière du Diable. En cas de manque d'oxygène, la combustion du charbon s'accompagne de l'émission de gaz de monoxyde de carbone incolore et inodore qui empoisonne les organismes vivants. Ce qui pourrait expliquer les maux de tête et autres maladies signalées sur place.

Mais est-ce que cela expliquerait la forme circulaire de la prairie ? Surtout, cela ne permet pas de comprendre pourquoi les instruments tombent en panne et les disparitions signalées dans cette zone.

Une autre théorie, intéressante, relie le cimetière du Diable à la chute de la fameuse météorite de Toungouska en 1908. On sait que, cette année-là, un corps céleste s'est écrasé dans la taïga en Sibérie, détruisant de vastes zones inhabitées. Un morceau de cette météorite aurait pu s'écarter de sa trajectoire et venir frapper cette portion de la région, créant cette mystérieuse prairie aux propriétés si particulières. Cela aurait déclenché à cet endroit une altération du champ magnétique qui pourrait expliquer les maux de tête des visiteurs, la mort des animaux et des plantes et le fait que les instruments électroniques se détraquent.

Sauf que selon les archives de l'Académie sibérienne des sciences de l'ex-URSS, la sinistre clairière se trouve quand même à quatre cents kilomètres de l'endroit où la météorite de Toungouska a explosé et que les premières histoires sur la prairie maudite ont commencé à circuler vers 1920 et durant toutes les années 1920, soit plus de douze ans après l'écrasement de la météorite.

Zone militaire secrète

En l'absence de thèse convaincante, on peut aussi imaginer une zone d'expériences militaires secrètes et même, pourquoi pas, une zone de crash d'ovni car certaines caractéristiques font penser à ce que l'on trouve d'ordinaire dans les témoignages ufologiques : maux de tête, altération du champ magnétique, végétation qui ne repousse pas, etc.

S'il s'agit d'un site d'expérimentation militaire, ce qui est dit sur les oiseaux dont la peau « scintillerait » pourrait faire penser à une contamination radioactive – après la chute d'un missile à cet endroit, par exemple –, mais apparemment on n'y aurait enregistré aucune radioactivité. Le gouvernement soviétique qui, manifestement, n'appréciait pas les curieux, a-t-il procédé à cet endroit à un test chimique qui a mal tourné ? Et si oui, lequel dans les années 1920 ?

Au final, le cimetière du Diable est un endroit sinistre, mortifère et mal connu, qui existe réellement et qui pourrait être une sorte de passage vers l'enfer... Les locaux ont même érigé des statues en bois pour dissuader les gens de s'y rendre.

Et comme il n'y a pas de petit profit, il semble que certains entrepreneurs sans scrupule aient mis sur pied un faux cimetière du Diable à proximité du vrai, réclamant une fortune aux touristes naïfs pour atteindre ce nouvel emplacement, sans intérêt… mais tout à fait sûr.

Sources

Wikipédia et Google Maps pour les données géographiques.

Dmitry Sudakov, « Tunguska meteorite created Devil's cemetery in Russia's Siberia », Pravdareport, Pravda.ru, 25 septembre 2009.

Gueorgui Manaïev, « Trois sites paranormaux russes effrayant même les locaux », *Russia Beyond*, 12 septembre 2018.

15.
L'énigmatique Zone du silence

Au nord du Mexique, une région du désert serait le théâtre d'anomalies magnétiques, d'étrangetés locales et de phénomènes paranormaux. Réalité ou mythe construit de toutes pièces pour attirer d'éventuels touristes épris d'ésotérisme ? Comme souvent, la réponse n'est pas facile à trancher.

Prenez une carte du Mexique et visez le nord désertique du pays, au croisement des États de Chihuahua, Durango et Coahuila. Là, s'étend, à environ quarante kilomètres de la plus proche ville, Ceballos, un vaste territoire connu sous le nom de *Zona del silencio*, la « Zone du silence » en français.

Un ancien océan devenu une terre aride et inhospitalière

D'une largeur de cinquante kilomètres environ, ce secteur plat et désolé couvre environ quatre cents mille hectares d'une terre pauvre en végétation. Il fait partie de la haute plaine mexicaine située au sud-ouest du continent nord-américain. Le site est également réputé pour ses innombrables météorites, qui tombent très souvent et dont il est possible de trouver assez facilement des fragments sur le sol.

Il y a des dizaines de millions d'années, pendant la période cambrienne, tout ce territoire était sous les eaux de l'océan Téthys qui s'étendait jusqu'à l'Europe et au-delà. La surface liquide s'est ensuite rétrécie avec l'émergence des continents. Mais une partie de Téthys a subsisté plus tardivement, isolée à l'est de la Sierra Madre occidentale. Cette histoire géologique explique la présence de nos jours, alors que l'eau a disparu, de splendides fossiles marins et de vastes dépôts de sel récoltés à la main par des travailleurs. Le sous-sol possède un labyrinthe de grottes et de cavernes dont certaines, ornées d'art rupestre, sont des cimetières indigènes.

Quasi inhabitée et mal connue, la Zone du silence traîne depuis des décennies une réputation d'étrangeté, plus ou moins entretenue par les rares locaux qui y vivent. Les signaux radio n'y passeraient pas, les boussoles oscilleraient dans tous les sens et on y ferait de curieuses rencontres. Ces histoires au goût de légendes comportent une part de vérité et maintiennent un sentiment d'émerveillement et de mystère.

Le début de la légende

Selon toute vraisemblance, la Zone du silence aurait été signalée pour la première fois dans les années 1930, lorsqu'un aviateur mexicain du nom de Francisco Sarabia aurait été obligé de faire un atterrissage d'urgence dans ce secteur. Ce pilote raconta qu'en survolant cette partie de la région, il avait noté de nombreuses anomalies. D'abord, ses instruments de bord se sont brutalement déréglés et ont donné des indications fantaisistes. Mais ce n'est pas tout, son équipement radio est aussi tombé en panne, comme si une structure interférait avec le fonctionnement normal de ses outils de navigation.

Plus tard, vers 1964, l'ingénieur Harry Augusto de la Peña, qui procédait à des études d'exploration pour la compagnie pétrolière Pemex dans le but de construire un oléoduc, a constaté par hasard que, dans une certaine portion de ce territoire désertique, il était impossible de communiquer par radio.

Intrigué, de la Peña a poursuivi l'analyse du phénomène et est même retourné à plusieurs reprises dans la zone. Car un autre point le troublait : l'anomalie n'est pas fixe, elle semble se déplacer d'un point à un autre, ce qui rend impossible la géolocalisation exacte des interférences radio.

Les conclusions de Harry de la Peña ne sont pas passées inaperçues. Miguel Angel Ruelas, un reporter du journal régional *El Siglo de Torreón*, fondé en 1922, lui a attribué la découverte du site qu'il a baptisé en 1966 la Zone du silence.

En l'absence d'explication scientifique, l'endroit va acquérir une réputation d'étrangeté et nombre de rumeurs vont commencer à circuler…

L'étrange météore de 1969

Trois ans plus tard, la Zone du silence revient dans l'actualité, non pour une histoire de communications radio inopérantes, mais à cause d'un bolide de l'espace.

Le 8 février 1969, au nord de Ceballos, la porte d'entrée de la Zone, une météorite tombe dans le désert et c'est tout de suite l'effervescence chez les scientifiques du monde entier. Pourquoi une telle agitation alors que la région, je l'ai dit, est réputée pour ses innombrables cailloux tombés du ciel? Deux météorites étaient même tombées sur un même ranch en 1938 et en 1954!

En fait, derrière la chute d'une pierre venue de l'espace, se dissimule une étrange histoire, celle racontée par Harry de la Peña lui-même dans l'édition du 4 mars 1970 du journal *El Siglo de Torreón*.

Au début de l'année précédente, en janvier 1969, l'URSS avait lancé une sonde, dans le cadre de leur programme Venera, pour étudier la planète Vénus. Dans son laboratoire de Jodrell Bank, en Angleterre, le célèbre physicien et radioastronome sir Bernard Lovell, a commencé à suivre la trajectoire de la sonde. Mais en anticipant la route de l'engin soviétique, il s'est aperçu qu'il allait croiser plus loin dans l'espace la route d'une météorite. Très rapidement, Lovell en informe les Soviétiques qui font leurs calculs de leur côté. Effectivement, les deux objets en mouvement risquent fortement sinon d'entrer en collision, du moins de se « frotter » d'assez près pour que la sonde en soit altérée.

L'URSS modifie la trajectoire de son astronef, mais à la surprise des scientifiques, la météorite semble faire de même! Elle s'éloigne du danger, puis reprend sa trajectoire initiale! Les Soviétiques ne sont pas au bout de leurs surprises puisqu'ils voient la météorite faire d'abord une orbite complète de la planète avant de venir s'écraser au nord de Ceballos, près de la ville d'Allende, dans l'État de Chihuahua.

Il n'en faut pas plus pour alimenter les rumeurs, voire les fantasmes de certains. Quelque chose serait tombé le 8 février 1969 dans la Zone du Silence, et ce ne serait pas forcément un objet céleste naturel! Il n'est donc pas si étonnant que toutes sortes de gens montrent un intérêt nouveau pour le secteur, scientifiques mais aussi curieux et aventuriers...

Autant le dire tout de suite, je n'ai pas trouvé la moindre trace officielle de cette histoire dans les archives de l'astronomie ou chez les spécialistes des météorites. Certes, le programme Venera et sir Lovell ont bien existé. Mais j'ignore où Harry de la Peña a sourcé ses informations. Cela ressemble davantage à un récit de science-fiction qu'à un scénario scientifique et authentique.

L'une des plus célèbres météorites du monde

Ce qui est vrai, en revanche, c'est qu'une météorite est bien tombée dans la Zone du silence le 8 février 1969; c'est d'ailleurs l'une des plus célèbres au monde, la météorite Allende. On estime qu'au moment de sa chute, elle pesait près de deux tonnes. Les rares personnes qui étaient dehors cette nuit-là à une heure du matin, dans cette région inhabitée, ont pu observer l'énorme boule de feu, de la taille d'une voiture, venant du sud-ouest.

La météorite a traversé l'atmosphère en illuminant ciel et terre sur des centaines de kilomètres. Elle s'est ensuite fragmentée à basse altitude, déversant une myriade de morceaux sur une ellipse au sol de huit par cinquante kilomètres, l'une des plus vastes superficies connues. Un gros fragment a manqué de peu le bureau de poste du village de Pueblito d'Allende, ce qui a donné son nom au bolide.

Depuis, en plusieurs décennies, on a récolté des kilos de spécimens issus de la météorite dans une région désertique plate, avec une végétation basse et clairsemée. Un des fragments les plus gros est conservé au Smithsonian Institute de Washington.

La météorite d'Allende est la plus grosse météorite chondrite carbonée jamais trouvée sur Terre. Les scientifiques la considèrent comme la pierre de Rosette de la planétologie tant elle a fourni de données sur la formation des étoiles. Plus âgée que notre propre système solaire, vieille de quatre milliards et demi d'années environ – le journal *Excelsior* titre, en 1978 : « Des roches plus vieilles que le soleil au Mexique » –, elle permet de comprendre les processus en jeu dans la création de l'univers. Cette trouvaille scientifique, une météorite beaucoup plus vieille que notre système solaire, va également alimenter des théories persistantes mais non étayées sur la nature véritable de l'objet tombé en 1969.

L'intrusion des Américains

Dès le mois de février 1969, un des premiers à apparaître sur la zone du crash de la météorite fut une sommité, Wernher Von Braun, le fameux nazi spécialiste des fusées nazi qui aida les Américains à bâtir leur programme spatial. Après sa visite, guidé par Harry de la Peña, Von Braun déclare que l'endroit est un site idéal pour héberger une base spatiale américaine. Devant la réprobation des autorités mexicaines, il tente de faire machine arrière en proposant, en mars 1970, que la Nasa n'y installe qu'un observatoire. Mais ce projet n'est pas accepté non plus.

Juste pour entretenir la réputation de la Zone du silence, Von Braun se fend d'une déclaration pour le moins étrange : « Pour choisir le site idéal sur la Lune où atterrissent nos astronautes, nous avons envoyé au préalable des vaisseaux inhabités avec des appareils modernes pour mesurer le terrain, faire des analyses, prendre des photos. Alors, pourquoi les habitants d'autres mondes ne feraient-ils pas la même chose ici sur Terre ? » Il ajoute : « L'existence d'une grande zone magnétique n'est pas l'œuvre du hasard, mais le produit d'un plan conçu par des esprits intelligents avec un propos défini. »

Le missile perdu

En mars 1970, le Mexique dit non aux Américains. Quatre mois plus tard, au début juillet, un missile Athena, porteur d'une bombe radiologique contenant du cobalt 57, est lancé depuis le Green River Launch Complex de l'US Air Force, situé dans l'Utah, aux États-Unis, en direction de la base de test de missiles White Sands au Nouveau-Mexique, celle-là même dont des militaires enquêtèrent sur le fameux incident de Socorro en 1964 (voir chapitre 11).

Seulement, pour des raisons techniques officiellement inexpliquées, le missile dévie de sa trajectoire de plus de huit cents kilomètres – excusez du peu ! – pour tomber, en pleine nuit à deux heures du matin, à seulement huit kilomètres au nord du Cerro San Ignacio, en plein centre magnétique de la Zone du silence ! Sacrée coïncidence…

Branle-bas de combat chez les militaires américains. Il faut localiser le missile pour en retirer les éléments radioactifs. Les États-Unis en demandent l'autorisation au Mexique, qui accepte à contrecœur. Le gouvernement mexicain a-t-il d'ailleurs le choix et les moyens de prendre en charge cette opération dangereuse ?

Très vite, la Zone du silence est à nouveau envahie par les Américains. Très curieusement, ces derniers vont avoir besoin de plus de trois semaines, vingt-quatre jours en tout, avant de mettre la main sur le missile perdu. Wernher von Braun refait son apparition dans la région et effectue plusieurs vols de reconnaissance à bord d'un Cessna pour localiser le site du crash.

Après avoir trouvé le cône du missile, militaires et scientifiques de la Nasa restent plus longtemps dans la région. Avec l'aide de trois cents travailleurs mexicains, ils édifient une voie ferrée de seize kilomètres pour relier le cratère à la première ville, où ils aplanissent un terrain afin d'y tracer une piste pour des avions cargos. Les Américains installent également des dortoirs provisoires, des cuisines, des unités médicales et des laboratoires mobiles dans le désert. Non seulement ils recueillent les restes du missile, mais aussi des prélèvements massifs de roches, de fossiles, de fragments de météorites et même d'animaux et de plantes, en faisant fi de l'avis des Mexicains.

Tout ça pour récupérer un missile dont le cratère dans le sol était seulement de dix mètres de long sur cinq de large, pour trois mètres de profondeur? D'après certains observateurs, le volume à emporter tenait largement dans un seul wagon et ne nécessitait que quelques jours de travail.

Une présence prolongée

Une question légitime se pose rapidement: qu'ont fait exactement les Américains durant tout ce temps, plusieurs mois, dans la Zone? Selon les témoins de l'époque, ce sont des tonnes de débris qui sont partis vers une destination inconnue. Les Américains ont fourni une justification lapidaire: il fallait non seulement extraire le missile, mais également évacuer des centaines de tonnes de sable radioactif à dépolluer. D'où la voie ferrée dans le désert, la piste d'atterrissage et le campement provisoire.

Pourquoi pas? Mais un doute subsiste sur la finalité de leur séjour prolongé dans le désert, qui s'apparente par bien des points à un pillage déguisé. Outre ce qu'ils ont emmené ailleurs, en ont-ils profité pour faire les expériences que les Mexicains leur avaient empêché de faire en leur refusant le droit de bâtir une base dans le secteur?

Dans tous les cas, le silence qui a entouré cette opération a fait naître bien des rumeurs dans la région. De nos jours, il ne reste plus aucune trace du cratère créé par le missile de sept tonnes et haut de cinq étages, ni de la voie ferrée, ni des installations éphémères américaines.

La réputation de la Zone reprend du mordant

Échaudés par le passage des Américains, plusieurs scientifiques mexicains comme Harry Augusto de la Peña ou le Dr Luis Maeda Villalobos font pression pour que l'on protège la Zone du silence et que l'on puisse en étudier tranquillement les particularités. Soutenus par leurs confrères, ils militent pour la construction d'un laboratoire mexicain, une lutte récompensée dans les années 1970 par l'Unesco, qui proclame la Zone « réserve de la biosphère Mapimí ». Sur place, une station de recherche va accueillir des scientifiques du monde entier, la plupart d'entre eux étant des biologistes venus pour étudier la flore et la faune inhabituelle de la Zone.

Dans le même temps, des habitants de la région ont commencé à raviver les rumeurs et les histoires liées à la Zone. Leurs récits, invérifiables, ont été relayés dans les journaux locaux, puis dans les journaux nationaux mexicains, avant d'être repris et diffusées en Amérique du Nord et au-delà.

Il se dit qu'un certain Jamie, chargé de surveiller le site du crash du missile, a vite compris qu'il fallait profiter de l'attention et de l'argent que cette histoire drainait. Lorsque les militaires sont partis, avec deux autres propriétaires terriens, il a commencé à envisager la construction d'un hôtel pour encourager le tourisme local. Et selon certains, ce serait ce Jamie qui aurait créé des histoires mêlant science et folklore local pour nourrir la réputation de la Zone du silence.

Anomalies magnétiques et phénomènes paranormaux

Au milieu des années 1970, la Société des études historiques de l'État du Chihuahua a relancé l'attention sur la Zone du silence en organisant des sessions de recherche et des conférences alors que dans le désert, on enregistrait étrangement des concentrations intenses d'énergie. De son côté, l'université de Guadalajara a envoyé sur place une trentaine de chercheurs, parmi lesquels des biologistes, des géologues, des zoologues, pour étudier la Zone.

Surtout, en 1976, l'Institut national d'énergie nucléaire (INEN) a missionné deux ingénieurs, Raymundo Cabrera Cruz et Jorge Eduardo Saldana Aguilera, pour examiner de plus près la question des radiotélécommunications défaillantes. Ces experts, en réalisant des investigations sur les ondes hertziennes, ont découvert que la propagation horizontale des ondes était normale, mais que la propagation verticale pouvait s'annuler complètement, provoquant ainsi le fameux phénomène de « silence ».

Les deux ingénieurs ont pu établir que cette anomalie n'était pas due à sa position mais au temps. Selon eux, le facteur temps pourrait indiquer qu'il existe quelque chose qui bouge dans le sous-sol de la Zone du silence.

Quelque chose de mobile? Mais quoi? Pour l'heure, seule des hypothèses ont été émises comme l'existence d'un cône magnétique de la Terre, la présence d'une météorite énorme tombée lorsque la planète était en formation et qui causerait des anomalies magnétiques, ou encore des dépôts de magnétite qui datent de la période lointaine où la Zone était un océan. À moins que ce ne soit des radiations solaires plus importantes qu'ailleurs… Nos deux spécialistes de l'INEN penchent de leur côté pour la proximité du magma du noyau terrestre qui pourraient bloquer les ondes verticales.

En parallèle de ces anomalies magnétiques qui restent mal expliquées, dire que la Zone du silence intrigue est un euphémisme. Comme elle est située entre le vingt-sixième et le vingt-huitième parallèles, presque à la même longitude que le triangle des Bermudes et les pyramides de Gizeh en Égypte, il n'en a pas fallu davantage pour que les passionnés de paranormal s'en donnent à cœur joie en échafaudant des théories fantasmagoriques à base de magie et d'énergie tellurique. Car sur cette même « ligne », avec un peu d'imagination, on peut aussi placer la mythique Atlantide et tous les noyaux de propagation des grandes cultures du monde : perse, hindoue, bouddhiste et chinoise.

La Zone du silence est aussi un haut lieu ufologique. Faut-il s'étonner que la Zone, énigmatique, enflamme l'imagination de certains ?

Pour certains ésotéristes, la Zone du silence serait l'un des puissants piliers d'énergie qui assurent la cohérence de la Terre. Pour d'autres, le site abriterait en sous-sol une civilisation extraterrestre, ou bien des sages tibétains ayant quitté leur pays après l'invasion de la Chine et qui dirigeraient le monde à l'aide de pouvoirs paranormaux.

Tout cela relève de la pure spéculation, voire d'un simple délire, mais il n'en demeure pas moins que de nombreux témoins ont fait état de la présence d'ovnis dans le secteur…

Peut-être que les chutes très fréquentes de météorites dans un ciel souvent sans nuage expliquent une partie des observations aériennes. Mais les locaux racontent aussi toutes sortes d'histoires insolites : certaines nuits, on pourrait entrer en communication avec des entités habitant d'autres mondes, on croiserait parfois des personnages inconnus vêtus de combinaisons brillantes dans le désert…

Benjamin Palacios, un des guides de la Zone du silence, raconte à qui veut l'entendre que lorsqu'il avait douze ans et qu'il se promenait dans la Zone avec son frère, une lumière a jailli du ciel et a encerclé les deux garçons : « On ne savait pas ce qui était en train de se passer. Et lorsqu'on est rentré au ranch, peu après, on s'est rendu compte qu'on avait perdu deux heures ! »

Des habitants de Cebellos ont aussi signalé, à plusieurs reprises, la présence de boules de feu ou d'ovnis multicolores aux abords de leur ville. À chaque fois, ces engins volants s'éloignaient en direction de la Zone du silence.

Geraldo Rivera, fonctionnaire de l'État du Chihuahua et ufologue à ses heures, le confirme : « Il y a énormément de récits d'aliens et d'objets volants non identifiés dans la Zone. Les gens, surtout les touristes, se perdent souvent dans le secteur. On dit qu'à ce moment, de grands êtres blonds surgissent de nulle part… Ceux qui les ont rencontrés affirment que ces inconnus parlent espagnol, demandent juste de l'eau et disparaissent sans laisser la moindre empreinte. Et lorsqu'on leur demande d'où ils viennent, ces hommes de type nordique répondent juste ; "De là-haut". »

La rencontre oubliée entre deux civilisations ?

Deux grandes civilisations du passé ont habité de part et d'autre de la Zone du silence. Au nord, la civilisation Anasazi était installée dans le sud-ouest américain, notamment en Arizona et au Nouveau-Mexique. Les Anasazis, c'est-à-dire les « Anciens », comme d'autres civilisations, prêtaient un grand intérêt aux étoiles et avaient des connaissances en astronomie comme l'ont montré certains pétroglyphes retrouvés dans leur habitat rupestre. On sait aussi que les Anasazis étaient en contact avec d'autres cultures amérindiennes proches, les Hohokams et les Mogollons.

Certains auteurs vont plus loin en suggérant que les Anasazis ont peut-être interagi avec d'autres cultures mésoaméricaines situées au sud de la Zone du silence, comme les Aztèques, et peut-être les Mayas.

En tout cas, à l'apogée de la civilisation anasazi, vers 1000-1300 après J.-C., l'explosion d'une supernova, en 1054, fut très certainement visible de la Terre. Se peut-il qu'à cette occasion des échanges ont eu lieu à propos de cet événement céleste ? Car ce n'est pas forcément une coïncidence que dans les croyances des Anasazis et des Mésoaméricains, on retrouve des visiteurs venus du ciel, décrits comme des êtres de grande taille, à la peau claire et aux cheveux blancs, autrement dit très différents des caractéristiques des populations locales de l'époque. S'il y a eu rencontre entre les civilisations, il est fort possible qu'elle ait eu lieu dans la Zone du silence.

Formes de vie étranges ?

Quoi qu'on pense des histoires sur la Zone du silence, il n'en demeure pas moins que celle-ci possède des particularismes en termes de faune et de flore. Il est donc tout à fait légitime d'en avoir fait un sanctuaire naturel protégé.

La région abonderait en espèces animales et végétales inhabituelles. Il se dit d'ailleurs qu'elles y seraient plus volumineuses et plus résistantes qu'aux alentours. Mais certaines descriptions ont été à l'évidence exagérées afin de différencier la Zone. Ainsi, la couleur pourpre des cactus locaux qui a fait tant parler est surtout apparente en période de sécheresse. De même, les curieux motifs triangulaires que l'on peut voir sur les carapaces des tortues de Bolson n'ont rien d'exceptionnel et sont visibles dans d'autres régions.

La flore de la Zone du silence se divise en deux catégories, l'une est permanente, l'autre ne pousse vigoureusement qu'en été pour disparaître dès l'hiver. Parmi la végétation permanente, la plante la plus prolifique, qui s'étend sur des plaines entières, c'est la *planta gobernadora*, un arbuste toujours vert aux feuilles jaunes plus connu chez nous sous le nom de créosotier. Pouvant atteindre jusqu'à quatre mètres de haut, il diffuse l'odeur caractéristique de la créosote, une substance toxique qui tue toute forme végétale autour de lui. Dans un site où l'eau et les nutriments sont rares, cette faculté de tuer toute concurrence est un atout précieux pour sa survie. C'est aussi l'une des plantes les plus vieilles au monde.

Des études auraient démontré que dans la Zone du silence, le créosotier montrerait des modifications génétiques au niveau de ses racines. De même, il aurait été observé une mutation des pigments du *nopal rastrero*, un des cactus endémiques de la Zone.

Côté faune, sur les parties les plus hautes de la plaine, il reste encore quelques ours et des moutons sauvages. Dans les secteurs encaissés, ravineux, on peut tomber la nuit sur un puma ou un coyote. S'y ajoute une population de renards, de chats sauvages, de ratons laveurs, de marmottes, de lièvres et de rats-kangourous, sans oublier des lézards, des caméléons, des serpents à sonnettes, des scorpions et des araignées.

La Zone est fière d'abriter le plus grand reptile terrestre d'Amérique du Nord, la tortue Gopherus ou tortue du désert, menacée d'extinction. Des chercheurs californiens ont découvert que cette tortue géante a elle aussi connu une mutation, son corps s'étant peu à peu transformé pour s'adapter à la chaleur et à la sécheresse du désert. Ainsi, au lieu de posséder des extrémités se terminant en nageoires, elle est dotée de sabots pour creuser dans le sable où elle s'enterre pour se protéger et pondre. De plus, ses yeux sont devenus jaunes pour se protéger, pense-t-on, de la radiation très forte des rayons solaires dans cette région. Mais apparemment les prétendues mutations génétiques qui ont été parfois mentionnées n'ont pas de réalité scientifique.

Je dois cependant mentionner, mais sans pouvoir confirmer qu'elles ont réellement eu lieu, des expériences qui auraient été menées conjointement par des scientifiques mexicains et allemands, en 1980, sur des bactéries piégées dans des cristaux de sel, dont on sait qu'ils sont abondants dans la Zone du silence. Mises en culture, ces bactéries se sont réveillées après un sommeil de plusieurs milliards d'années et ont germé. Parmi elles, des staphylocoques, des streptocoques, une bacille *subtilis* et un champignon de l'espèce *sporotrix shenckii*. Au vu de leur sensibilité à une large palette d'antibiotiques, il est clair que ces bactéries immémoriales n'avaient jamais été en contact avec eux. Mais les scientifiques, de peur de provoquer une anomalie génétique, voire une épidémie qui aurait mis en péril l'humanité, ont préféré ne pas poursuivre leurs recherches. Ce qui laisse ouverte la question de savoir si la Zone du silence ne contient pas aussi des germes uniques au monde.

Une population immunisée ?

De même, il est souvent dit que la population locale de la Zone du silence serait différente des autres humains. Une étude, hélas introuvable, aurait établi que le sang de la population autochtone aurait des caractéristiques particulières qui la protègerait de la maladie.

Le journaliste T.E. Wilson, qui s'est promené dans la Zone en 2016, raconte avoir rencontré des habitants persuadés que le site possède des propriétés salutaires. Ils ne tomberaient jamais malades et, mieux, certains couples qui ne pouvaient pas avoir d'enfants ont séjourné dans la Zone pour, à leur retour, devenir ensuite à chaque fois d'heureux parents.

Sur les différentes populations qui se sont succédé dans la Zone, on sait très peu de choses. Les Espagnols et les missionnaires européens n'en ont rien dit dans leurs chroniques. On connaît beaucoup mieux les cultures autour de la Zone. Longtemps, les nomades du nord du Mexique étaient qualifiés de *chichimecas*, un terme péjoratif signifiant « sauvages sales » ou « hommes-chiens ». Au départ, on y trouvait des indiens Cocoyomes et Tobosos, mais d'autres nations indiennes y sont passées, comme les Mezcaleros, les Tepehuanes ou les Coahuiltecas.

Plus tard, le territoire a été occupé par les Apaches et les Comanches et il fut le théâtre de plusieurs combats lors de la Révolution mexicaine entre 1910 et 1920. De nos jours, seules quelques familles y résident, et pas toute l'année. Outre les propriétaires terriens, les autres habitants viennent faire brûler la candelilla, une plante du désert qui donne de la cire, cultiver un peu de maïs et récolter du sel.

Polémiques

Au sein des populations locales, la Zone du silence crée la discorde. Certains habitants y voient une opportunité touristique indéniable, source de revenus pour les guides et tous ceux qui peuvent tirer parti de l'histoire du site. Ce dernier, sauvage et magnifique, est de nature à séduire les amoureux des grands espaces inviolés.

Mais une autre partie de la population, non négligeable, tolère tout juste et même voit d'un mauvais œil la visite régulière des *zoñeros*, ces centaines de personnes qui viennent chaque année du monde entier pour tenter de vivre une expérience inhabituelle. Dans cette catégorie, il faut mettre les propriétaires des grands ranchs qui voient passer sur leurs terres d'élevage des touristes sans gêne qui n'hésitent pas à ouvrir et enjamber les barrières au mépris des interdictions.

Entre eux, les propriétaires de ranch adorent se raconter des histoires de touristes, comme celle de ce groupe de curieux en quête de la Zone. Sans se démonter, le *ranchero* leur a répondu qu'ils n'avaient qu'à suivre la route jusqu'à ce qu'ils voient des aliens sauter d'un bord à l'autre. Et les touristes de poursuivre leur chemin après l'avoir remercié pour ce précieux conseil ! L'autre réponse qu'adorent donner les locaux à ceux qui demandent comment aller dans la Zone est : « *Nunca van a llegar* » (« Vous n'y arriverez jamais »).

Il est vrai que les *zoñeros* représentent une menace pour les vestiges historiques et naturels de la région. En l'absence de structures touristiques, ils se servent allégrement sur le terrain, pillant pierres, plantes et tout ce qui peut leur servir de souvenir de leur passage au « pays des aliens », sans compter les déchets qu'ils laissent sur place.

La réserve de la biosphère de Mapimí, la station de recherche écologique qui se trouve au cœur de la Zone du silence, s'est émue de la notoriété de l'endroit et de la violation de l'environnement, qui nuit grandement à ses travaux de préservation de la faune et de la flore.

Que les propriétaires de ranch et les écologistes se rassurent, l'insécurité permanente dans cette partie du Mexique a dissuadé bien des passionnés de paranormal et tari le flot de visiteurs.

Le temps passe et une chape de mystère reste posée sur la Zone du silence. Espace mystique ou sanctuaire naturel ? Sans doute l'un et l'autre. Laissons la conclusion à Homero Aridjis, l'un des plus fameux auteurs latino-américains qui, dans son roman justement intitulé *La Zone du Silence*, nous fait partager toute la poésie de ce site unique en son genre : « La Zone du silence est un territoire de l'imagination où tout est possible. Un cactus qui n'a pas bougé depuis cent ans. Une pierre de l'espace dont la matrice est noire. Un œil humain qui observe des étoiles qui n'existent plus. Un œil vivant et observant sur le corps d'un renard mort. Une tête de tortue qui n'a jamais vu l'ombre sur laquelle elle avance. Un vautour en train de pourrir sur des barbelés. Une mer asséchée. L'oreille de l'infini. Le désert qui grandit jour après jour. L'ombre qui marche à côté de toi. Ton visage quand tu regardes le ciel étoilé. La Zone du Silence, c'est toi et moi quand nous nous endormons après avoir fait l'amour. »

Sources

T.E. Wilson, « Exploring Mexico's Zone of silence, where radio signals fail and meteorites crash », atlasobscura.com, 3 novembre 2016.

Andrea Kaus, « The Zone of silence of Northern Mexico – Scientific marvel or just fiction?», mexconnect.com, extrait d'un article universitaire de 1992.

Michael Barclay, « USAF accidentally launched rocket into Mexico's Mapimi desert 45 years ago », unredacted.com, 13 juin 2015.

Les Hewitt, « Zone of Silence: anomalies in the Mexico desert », historic-mysteries.com

Guy Durand, Wanda B. Campbell et Domingo Cisneros, « *La Zona del Silencio*: ArtAdventure. Une célébration des arts du désert », *Inter* n° 29, automne 1985.

Homero Aridjis, *La Zone du Silence*, Mercure de France, 2005.

COÏNCIDENCES, SÉRIES ET MALÉDICTIONS

16.
Le destin mortifère de l'*Achille Lauro*

Dans le milieu de la construction navale, il existe une croyance, pour ne pas dire une superstition, qui affirme qu'il ne faut pas modifier le nom d'un navire avant qu'il ait pris la mer, sous peine de lui conférer une destinée néfaste.

*Or, l'*Achille Lauro *a porté non pas un, mais deux autres noms avant son lancement! Faut-il y voir un signe avant-coureur irrationnel? Toujours est-il que l'*Achille Lauro *a connu une carrière émaillée de drames qui a nourri sa réputation de navire maudit.*

Une construction retardée par la guerre

Tout commence dans les années 1930, non en Italie mais aux Pays-Bas, la patrie d'origine du paquebot. La compagnie Koninklijke Rotterdamsche Lloyd – devenue par la suite NedLloyd, avant d'être rachetée par Maersk en 2005 – commande un nouveau bâtiment afin de remplacer une flotte de navires vieillissants sur la route des Indes orientales néerlandaises. Sa construction commence en 1937 au chantier naval De Schelde à Flessingue, en Zélande (Pays-Bas).

À l'origine, le nouveau bateau doit s'appeler *Ardjœna*. Sa quille est bien posée comme prévu en 1938, mais la Seconde Guerre mondiale et l'invasion des Pays-Bas par les troupes nazies en mai 1940 viennent donner un coup d'arrêt au chantier.

Les occupants ordonnent la poursuite de la construction du bateau auquel on donne le numéro 214. Mais les ouvriers, redoutant que le navire une fois terminé soit réquisitionné par les Allemands, font traîner les travaux, ralentis par ailleurs par plusieurs sabotages.

Le n° 214 échappe encore à quelques bombardements et il est finalement achevé alors que la guerre touche à son terme. En définitive, il va s'appeler le *Willem Ruys*, du nom du petit-fils du fondateur de la compagnie maritime, pris en otage et abattu durant la guerre. Le navire est baptisé par la reine Wilhelmina en personne, lors de son lancement en grandes pompes le 1er juillet 1946.

Le *Willem Ruys* n'est toutefois véritablement prêt à prendre la mer qu'en novembre 1947. Pour son voyage inaugural, qu'il entame dès le 2 décembre, il relie Rotterdam, au Pays-Bas, à Batavia, la capitale des Indes néerlandaises – actuellement Jakarta, en Indonésie. Ce premier voyage se déroule sans encombre.

Premier incident

Les premières années du *Willem Ruys* sont d'ailleurs plutôt calmes, mais six ans après son premier voyage, intervient un incident, le premier d'une longue série. Le 6 janvier 1953, le *Willem Ruys* effectue une croisière en mer Rouge. À l'époque, il n'est pas rare que des navires de passagers qui se croisent s'approchent à très courte distance afin que les occupants de chaque bateau se saluent. Les occasions de divertissement ne sont pas si fréquentes sur les bateaux de passagers où seule une élite, celle de la première classe, a droit à des prestations de qualité.

Or voici justement que se profile à l'horizon le *MS Oranje*, lui aussi néerlandais, navire jumeau du *Willem Ruys* (voir la fin de chapitre). Les passagers se réjouissent déjà à l'idée d'apercevoir les passagers du navire d'en face, qui croise dans la direction opposée. Mais une mauvaise communication entre les deux bâtiments va être à l'origine d'un regrettable accident.

Alors que les deux bateaux se rapprochent l'un de l'autre, le *MS Oranje* opère une manœuvre brusque et rapide qui lui sera vivement reprochée par la suite. Déboussolé, le capitaine du *Willem Ruys* fait virer son bateau vers la gauche, mais il ne peut éviter la collision.

L'accident ne fait aucune victime, les deux navires se maintiennent à flot, mais les dégâts sont importants, surtout sur l'*Oranje* qui poursuit néanmoins sa route vers l'Asie. Le capitaine évite de contacter Colombo par crainte que le bateau n'y soit retenu pour des raisons de sécurité, et se rend directement à Jakarta. De son côté, le *Willem Ruys*, moins endommagé, rentre à bon port aux Pays-Bas, mais doit subir des réparations au chantier naval.

Transformé en bateau de croisière

Dans les années suivantes, le *Willem Ruys* est d'abord réaffecté sur des trajets dans l'Atlantique Nord, reliant l'Europe à New York et au Canada. Puis, à partir de septembre 1958, on le transforme en un bateau de croisière permettant à de riches voyageurs de rejoindre des contrées lointaines.

Les quatre classes initiales en deviennent deux – « Première » et « Touristique » –, on crée une centaine de nouvelles cabines et on installe partout la climatisation. La coque du navire est également modifiée avec l'ajout de stabilisateurs. Désormais, le *Willem Ruys* peut accueillir deux cent soixante-quinze passagers de première classe, et sept cent soixante-dix passagers de classe touriste.

Dès le 7 mars 1959, le paquebot quitte Southampton pour l'Océanie, en passant par la Méditerranée, le canal de Suez et l'océan Indien jusqu'à Melbourne. De là, il gagne la Nouvelle-Zélande et traverse tout le Pacifique pour regagner l'Europe par le canal de Panama. Le *Willem Ruys,* comme ses homologues néerlandais, l'*Oranje* et le *Johan von Oldenbarnevelt,* deviennent des alternatives sérieuses aux paquebots britanniques.

Sous pavillon italien

Mais au début des années 1960, les compagnies maritimes néerlandaises, concurrencées par l'essor de l'aviation commerciale, sont conduites à réduire leur flotte de navires de passagers. C'est ainsi qu'en 1964, la Koninklijke Rotterdamsche Lloyd revend le *Willem Ruys* à la compagnie italienne Lauro Lines. Voilà donc le *Willem Ruys* qui quitte une dernière fois le port de Rotterdam le 7 janvier 1965, pour rejoindre les chantiers navals de Palerme afin d'y subir une complète rénovation.

Pour l'armateur italien Achille Lauro qui a lancé sa compagnie Lauro Lines en 1960, c'est un rêve qui se réalise. Lui, le cinquième d'une famille de six enfants, a commencé sa vie comme mousse à l'âge de treize ans, puis il a repris la petite flottille de son père alors qu'il avait tout juste vingt ans. En 1936, il a décroché l'exclusivité des transports de passagers avec les territoires italiens d'Afrique et a réussi à étendre sa puissance au sortir de la guerre. La Flotta Lauro détient peu à peu l'une des flottes les plus puissantes de la Méditerranée et devient une des sociétés les plus importantes du Mezzogiorno.

En 1952, Achille Lauro est élu triomphalement maire de Naples, puis devient député en 1963, à la tête du parti monarchiste. À ce moment, il règne en maître sur la capitale de la Campanie. Première puissance économique de Naples, Achille Lauro est à la tête d'un journal et dirige le club de football local. Populiste, il sait se faire aimer par le petit peuple dont il achète les voix par des techniques toutes personnelles, en offrant des paquets de pâtes ou une paire de chaussures (la droite avant le vote, la gauche ensuite…).

Pour celui qu'on surnomme à soixante-dix-huit ans « le vice-roi », c'est donc un rêve et même une consécration. Achille Lauro offre à sa ville un splendide navire, et même deux, puisqu'il rachète au passage l'*Oranje*, qu'il rebaptise l'*Angelina Lauro*. L'armateur a de grandes ambitions pour sa nouvelle acquisition, qu'il considère très vite comme son vaisseau amiral. Et de même que le paquebot *France* deviendra un jour le *Norway*, le *Willem Ruys* est rebaptisé l'*Achille Lauro*. Comme son propriétaire, en toute simplicité.

C'était un bateau néerlandais, ce sera un paquebot italien. La Lauro Lines fait procéder à de nombreuses améliorations. Certains ponts extérieurs sont couverts, les mâts sont démontés et l'antenne radar est modernisée. Le salon d'honneur est rénové dans le style Renaissance et devient le salon des Arazzi.

Sur l'*Achille Lauro*, tout est plus éclatant, plus lumineux. À l'extérieur, le bleu prédomine, symbole de la Campanie. Sur les deux cheminées, rehaussées et affinées, figurent désormais des étoiles blanches, les emblèmes de la compagnie Lauro Lines. De quoi faire rêver tous les gamins de la ville lorsque le paquebot entrera dans le port de Naples… Des Pays-Bas à l'Italie, un nouveau nom, un nouveau pavillon, une autre vie. Pas forcément celle que l'on attendait.

Série noire

Car Achille Lauro et ses collaborateurs de la Lauro Lines l'ignorent encore, le nouveau paquebot, « *la grande nave blu* », comme l'appellent les Napolitains, va connaître une longue série d'avaries et de drames qui feront de lui, avec le temps, un bateau « maudit ».

Pour preuve, l'*Achille Lauro* n'a pas encore pris la mer qu'une première péripétie mobilise les regards sur le bateau. Encore en cours de rénovation, il subit, le 29 août 1965, un incendie, provoqué par une explosion d'origine inconnue. Le sinistre est rapidement maîtrisé mais les dégâts retardent la livraison du navire de six mois. Après son second lancement jusqu'à la fin des années 1960, tout semble aller pour le mieux. D'abord spécialisé dans le transport des passagers à destination des antipodes, l'*Achille Lauro* se consacre définitivement aux croisières à partir de 1970. C'est à partir de ce moment-là qu'étrangement, les choses se gâtent vraiment pour l'*Achille Lauro*.

En 1971, le luxueux bateau de croisière heurte un chalutier napolitain : on déplore un mort. Puis, l'année suivante, le 19 mai 1972, alors que l'*Achille Lauro* est à quai dans le port de Gênes, un nouvel incendie éclate à son bord.

Il s'agit d'un acte malveillant qui ne fera pas de victime mais de gros dégâts, au point que le paquebot ne reprendra du service que fin 1972.

Plus grave est, en revanche, le drame qui se déroule en 1975 lors d'une croisière dans les Dardanelles. Le 28 avril de cette année-là, l'*Achille Lauro* percute le *Youssef*, un cargo bétailler libanais : quatre marins, portés disparus, ne seront jamais retrouvés.

Il connaît encore une mésaventure en 1976 lorsque les douaniers italiens apprennent que le paquebot a embarqué illégalement des machines à sous. Tous les appareils délictueux sont saisis.

La chute de l'empire Lauro

Après cinq ans de répit, l'*Achille Lauro* revient à la une des gazettes le 2 décembre 1981, lorsqu'un nouvel incendie se déclare à bord, alors qu'il croise au large des îles Canaries. Pris de panique, deux passagers sautent à l'eau et périssent noyés.

Le problème, c'est que la santé financière de la Lauro Lines n'est plus du tout la même que dans les années 1960. Achille Lauro, l'armateur napolitain, est criblé de dettes et ne peut financer les réparations. Aussi, les autorités espagnoles retiennent-elles le paquebot sous le prétexte de non-paiement des taxes portuaires. L'*Achille Lauro*, tel un vulgaire rafiot hors-la-loi, reste bloqué onze mois à Ténérife, dans l'attente d'un renflouement financier.

Or du côté de Naples, tout va de mal en pis. Sur la famille Lauro pèse l'épée de Damoclès de la faillite. Achille Lauro est un patriarche très âgé, quatre-vingt-quinze ans, qui a trouvé moyen de se remarier avec une jeune starlette et qui se trouve dans l'obligation, pour réduire ses dettes de céder dix-huit navires, quelques immeubles, sa villa de trente pièces, ses costumes et son argenterie ! Il meurt le 15 novembre 1982, quasi ruiné, laissant derrière lui un clan en miettes… et l'*Achille Lauro* qu'il a conservé jusqu'à la fin.

Après moult négociations, le gouvernement italien réussit à faire libérer le navire qui rentre à Gênes, où il est placé en cale sèche durant un an et demi. Les autorités transalpines trouvent un accord avec la compagnie Lauro Lines et la compagnie Chandris Lines, qui accepte d'affréter l'*Achille Lauro* afin qu'il reprenne ses croisières en Méditerranée dès 1984. Grâce à l'État italien, la légende des mers est maintenue à flot. Mais à quel prix !

Ce qu'ignorent les propriétaires, c'est que le pire est encore à venir.

Attaque terroriste

Le 3 octobre 1985, un millier de passagers embarque à Gênes pour une croisière en Méditerranée. Parmi ceux-ci, Leon Klinghoffer, un Américain de soixante-neuf ans hémiplégique, qui se déplace en fauteuil roulant, accompagné de son épouse. Le nouveau capitaine, Gerardo de Rosa, un Italien du Sud bavard, est un marin expérimenté qui a roulé sa bosse sur tous les océans depuis trente ans. Lui et son équipage font moins attention à un homme, Pedros Floros, ainsi qu'à quatre hommes originaires du Moyen-Orient qui restent dans leur cabine, la V82, en refusant qu'on y fasse le ménage.

Le 7 octobre, l'*Achille Lauro* fait escale à Alexandrie, en Égypte. La plupart des passagers partent en excursion au Caire, on doit les retrouver à Port-Saïd, de l'autre côté du delta du Nil. Le dénommé Pedros Floros fait partie des excursionnistes. Ne restent que les trois cent quatre-vingt membres d'équipage et deux cent un passagers, parmi lesquels de nombreux Juifs, comme les époux Klinghoffer, jugés indésirables dans un pays arabe.

Vers treize heures dix, alors que l'*Achille Lauro* longe la côte égyptienne en direction de Port-Saïd, les quatre « touristes » de la cabine V82 font irruption dans la grande salle à manger. En fait, ce sont des membres du Front de libération de la Palestine (FLP). Ils sont lourdement armés. Ils lâchent des rafales de mitraillette dans les murs et le plafond, retournent les tables et obligent les plaisanciers à s'allonger sur le sol, les mains sur la tête. Très vite, le capitaine est prévenu et doit se plier aux ordres du commando. Celui-ci l'informe qu'il veut aller à Tartous, le deuxième port de Syrie, à cent soixante kilomètres au nord-ouest de Damas. Les quatre hommes sont déterminés, ils affirment que le bateau est piégé et ils réclament la libération de cinquante-deux Palestiniens détenus en Israël. Le capitaine de Rosa apprend également que le dénommé Floros est un de leurs complices.

Les terroristes palestiniens regroupent les otages dans le salon des Arazzi, entourés de bidons de kérosène. Les passagers peuvent se rendre aux toilettes à tour de rôle, mais ils doivent faire vite. Dans la salle des commandes, deux des quatre terroristes surveillent les dix-neuf officiers. Bien que terrorisé, le capitaine essaie d'établir une relation de confiance avec le commando.

Le 8 octobre, le bateau s'approche de Tartous. Mais la Syrie refuse de jouer le rôle de médiateur. En colère et résolus plus que jamais, les quatre terroristes séparent les otages en deux groupes. Tous les Américains, Britanniques et personnes de confession juive, plusieurs dizaines de personnes en tout, sont conduites à l'extérieur sur une plateforme. De la sorte, aucun assaut par hélicoptère n'est possible. Vers quatorze heures, le chef du commando, dont on saura ensuite qu'il s'appelle Majid el Molki, fait transporter Leon Klinghoffer et, à l'écart, il l'exécute de deux balles tirées à bout portant. Deux membres d'équipage, un garçon de cabine et le coiffeur, doivent ensuite jeter son corps à l'eau. Son épouse, Marilyn Klinghoffer, ignore la mort de son mari, elle ne l'apprendra que plus tard. Les terroristes ont ordonné au capitaine comme aux deux membres d'équipage de ne rien dire.

La Syrie refusant toujours d'accueillir le paquebot, le commando veut maintenant assassiner une Juive américaine. Gerardo de Rosa leur dit qu'il vaut mieux s'en prendre à lui, pour le symbole. Il raconte alors la scène qui suit : « Ils allaient le faire. À ce moment-là, même si cela peut sembler incroyable, un petit oiseau s'est posé sur mon bras. D'habitude, j'ai peur de ces bestioles, une frayeur instinctive qui remonte à mon enfance. Mais je n'ai pas bougé. Les deux types se sont concertés. Pour eux, c'était un message d'Allah. J'ai eu la vie sauve. »

N'ayant pu accoster en Syrie, l'*Achille Lauro* repart vers Port-Saïd, en Égypte, suivant les ordres envoyés aux terroristes par Abou Abbas, le dirigeant palestinien chef du FLP et véritable cerveau de l'opération.

Après l'accostage, des négociations entre le gouvernement égyptien et l'Italie permettent aux terroristes d'embarquer dans un avion pour la Tunisie. Mais lorsque l'ambassadeur américain en Égypte apprend la mort de son compatriote Leon Klinghoffer, il ordonne qu'on retienne les pirates. Sauf que l'avion s'est déjà envolé…

Les Américains ne lâchent pas l'affaire. En Méditerranée croise dans le cadre de manœuvres de l'OTAN l'un de leurs porte-avions, l'*USS Saratoga*, qui était à ce moment-là à un haut niveau d'alerte. En une vingtaine de minutes à peine, décollent du bâtiment deux Grumman F14-Tomcat et un avion de surveillance aérienne qui ont pour mission d'intercepter et d'identifier de nuit tous les avions croisant en Méditerranée sur le parcours supposé de l'avion égyptien… dont ils ne connaissent ni l'heure de décollage, ni l'itinéraire !

Au bout de quarante-cinq minutes et trois interceptions infructueuses, ils repèrent le Boeing 737 égyptien, qu'ils obligent à atterrir sur la base aérienne de Sigonella, en Sicile. L'US Navy, la marine de guerre, utilise cette base depuis

1959. Des soldats américains entourent immédiatement l'avion de ligne. Mais l'appareil étant sur le sol italien, les terroristes sont remis aux autorités italiennes. Et ils seront jugés sur le sol italien, malgré une demande d'extradition faite par les États-Unis.

Un accident… à terre

Du côté de l'*Achille Lauro*, après cinquante-deux heures d'angoisse et l'assassinat d'un homme, c'est le soulagement. Mais le paquebot, à qui le destin a déjà joué des tours, est désormais associé à l'histoire du terrorisme.

Même une fois revenus sur la terre ferme, certains passagers du paquebot détourné ont été poursuivis par la malchance. Comme si la prise d'otages n'avait pas suffi. Un bus transportant notamment des passagers allemands de l'*Achille Lauro* s'est retrouvé impliqué dans un carambolage entre une dizaine de véhicules au sud de Karlsruhe, en Allemagne. Ses trente-quatre passagers avaient débarqué à Gênes après avoir récupéré leurs bagages et regagnaient Francfort. Deux camions se sont percutés et l'un d'entre eux a traversé la barrière centrale pour foncer sur une voiture arrivant en sens inverse sur la voie opposée. C'est alors que le bus et six autres voitures sont venus s'encastrer dans les épaves fumantes.

Aucun des passagers du paquebot n'a été tué, heureusement, mais quatorze d'entre eux ont été blessés. Le carambolage a également fait trois morts et trois autres blessés.

Procès

Un mot sur le procès de la prise d'otages. Bien qu'il n'ait pas été à bord du bateau, c'est bien Abou Abbas qui était le cerveau de l'attaque. Les juges italiens l'ont condamné par contumace à cinq peines de prison à vie pour avoir organisé ce détournement. Finalement, il est capturé à Bagdad en avril 2003 par les forces spéciales américaines. Il meurt en détention d'une crise cardiaque le 8 mars 2004, à l'âge de cinquante-six ans.

Les membres du commando ont aussi été condamnés à des peines de prison. Le chef du commando, Majid el Molki, écope de trente ans de prison. Mais il obtient une mise en liberté anticipée pour bonne conduite et est relâché le 2 mai 2009, après avoir passé vingt-trois ans et huit mois en prison.

Bien qu'il soit marié à une Italienne et qu'il doive faire l'objet d'un contrôle judiciaire dans les trois ans qui suivent la fin de sa peine, l'homme de quarante-sept ans est frappé d'une procédure d'expulsion immédiate. D'abord transféré dans un centre de rétention pour immigrés à Palerme, Majid el Molki est expulsé le 28 juin 2009 en direction de Damas, en Syrie. Quelques jours après son arrivée en Syrie, ses proches perdent toute trace de lui. Fut-il condamné à mort ? Revendu aux services secrets américains ou israéliens ? On l'ignore.

Un drame difficile à effacer

Lors d'un séjour prolongé à Gênes, l'*Achille Lauro* panse ses plaies. Toutes les traces de l'attaque terroriste sont effacées et le paquebot est remis en service. Est-il enfin débarrassé de tout souci ? Pas vraiment, car dès l'année suivante, en 1986, lors d'une croisière en Égypte, l'*Achille Lauro* s'échoue sur un banc de sable près d'Alexandrie avant de connaître une alerte à la bombe !

En 1987, mis aux enchères, le bâtiment finit par changer de propriétaire et devient l'un des fleurons de la compagnie StarLauro. Sur ses cheminées, les fameuses étoiles blanches sont maintenant précédées d'un L majuscule.

Même si la tendance est plutôt à oublier la prise d'otages dramatique de 1985, le cinéma et l'opéra vont s'en emparer et raviver les mauvais souvenirs. En 1990, le paquebot va jouer son propre rôle dans un téléfilm, *Embarquement pour l'enfer*, avec Burt Lancaster. Le tournage se déroule dans de bonnes conditions, mais faut-il y voir un signe de la malédiction ? peu après son retour aux États-Unis, une des actrices, Rebecca Schaeffer, est assassinée par un malade mental...

Au même moment, en 1991, a lieu au théâtre de la Monnaie, à Bruxelles, la création mondiale de l'opéra *The Death of Klinghoffer* de John Adams, sur un livret de la poétesse Alice Goodman. Le propos – la prise d'otages par le commando palestinien du bateau de croisière – et les partis-pris interpellent et créent la controverse. En 2020, alors que l'œuvre, jugée antisémite par certains, entre au Metropolitan Opera de New York, elle choque toujours.

D'autant qu'en 1994, une croisière organisée par l'extrême droite italienne sur l'*Achille Lauro* suscite l'indignation des médias, notamment américains, qui rappellent l'exécution de Leon Klinghoffer. Naples fait la sourde oreille à ces reproches.

Un bateau maudit ?

En fait, si l'on en croit les marins, aucune malédiction ne frappe l'*Achille Lauro*. Au contraire, le navire échappe toujours au pire. À chaque fois, une tragédie encore plus épouvantable aurait pu se produire et, à chaque fois, il reprend le large. Au point que le paquebot de triste réputation, tant le sort semble s'acharner sur lui, est en fait considéré par certains comme un bateau miraculé.

Tous les familiers de l'*Achille Lauro* disent que ce paquebot avait une âme, que rien ne pouvait lui arriver. Pour preuve, en 1992, il a même traversé deux typhons. Si les Américains parlent de « vaisseau noir », les Napolitains, mais aussi les Néerlandais nostalgiques du *Willem Ruys*, sont persuadés que leur *Achille* est invulnérable. Malheur à celui qui ose affirmer que le bateau est maudit. À Rotterdam puis à Naples, on n'a cessé de dire qu'il s'en sortait à chaque fois. Par simple fierté patriotique. D'ailleurs, toutes ces tribulations n'ont jamais découragé la clientèle de voyager sur ce paquebot marqué par le sort.

Mais, comme le héros mythologique, l'Achille des océans avait un point vulnérable…

L'ultime croisière

Lorsque l'*Achille Lauro* quitte le port de Gênes le 19 novembre 1994, personne parmi les passagers et encore moins parmi le personnel de bord n'imagine que ce sera son dernier voyage. Le paquebot doit arriver le 2 décembre à Durban, en Afrique du Sud, après une escale dans le port israélien de Haïfa.

Le maître à bord, c'est le capitaine Guiseppe Orsi, cinquante-six ans, qui dirige le paquebot depuis 1987 avec Gerardo de Rosa – mais celui-ci ne monte plus sur l'*Achille Lauro* depuis 1993. Les passagers, au nombre de cinq cent soixante-dix-neuf, sont plutôt âgés (de soixante-cinq ans en moyenne) et originaires pour la plupart d'Afrique du Sud, d'Allemagne, des Pays-Bas et du Royaume-Uni. Environ cent trente-cinq Italiens composent l'équipage, complétés par du petit personnel sud-américain ou philippin. Quatre agents israéliens sont également à bord ; depuis 1985, on veille à la sécurité de tous les passagers. Mais lorsque le destin doit frapper, il est impossible de le prévoir.

Dans la nuit du 30 novembre au 1er décembre, l'*Achille Lauro* navigue vers la Corne de l'Afrique, au large des côtes somaliennes. Vers une heure du matin, un énième incendie se déclare, cette fois-ci dans la salle des machines, où certaines pièces très résistantes n'ont pas été changées depuis 1946.

Dans un premier temps, mécaniciens et personnels de bord, extincteurs en main, tentent par tous les moyens sinon d'éteindre, du moins de circonscrire les flammes, en fermant les portes coupe-feu. En pure perte. La fumée commence à envahir le navire...

Vers une heure et demie, l'alarme retentit : deux longs sifflements réveillent peu à peu les passagers endormis dans leurs cabines.

Il ne faut guère de temps pour que tous se retrouvent sur le pont. Plongé dans l'obscurité, le paquebot n'est éclairé que par des lumières de sécurité. L'atmosphère est angoissante mais les passagers restent calmes. Pourtant, déjà, deux personnes manquent à l'appel : un Allemand de soixante-sept ans, victime d'une crise cardiaque, et un Néerlandais de soixante-treize ans dont le corps ne sera jamais retrouvé.

C'est l'aube lorsque le capitaine ordonne de préparer les canots. L'*Achille Lauro* a lancé un SOS et un cargo, le *Hawaiian King*, se déporte pour venir à la rescousse. Mais, avant son arrivée prévue plusieurs heures plus tard, il faut quitter le paquebot sans tarder. L'évacuation dure toute la matinée du 1er décembre. « La mer était plutôt calme, note le capitaine Orsi, mais c'était difficile avec des gens si âgés. Je suis parti le dernier, vers quatorze heures trente. » Le transfert des passagers est marqué par un nouveau décès, celui d'un passager britannique qui a été heurté à la tête par un radeau de sauvetage.

Enfin, dans l'après-midi, le *Hawaiian King* arrive sur zone. Il faut maintenant faire grimper les passagers depuis les radeaux jusqu'au pont du cargo. Certains passagers peinent à saisir les échelles de corde, certains tombent à l'eau et on doit les repêcher, d'autres doivent s'y prendre à plusieurs fois.

Après avoir passé la nuit du 1er au 2 décembre, les passagers sont hébergés sur d'autres bateaux venus en renfort, parmi lesquels deux bâtiments de l'US Navy. Sur l'un des navires, le cargo libérien *SKS Spirit*, on va déplorer un quatrième décès, celui d'une Néerlandaise de soixante-quatorze ans, victime d'une occlusion intestinale.

Ensuite, tous les bateaux de secours vont emporter les naufragés pour deux ou trois jours de mer vers Djibouti, ou Mombasa au Kenya.

Une brève polémique éclatera une fois tout le monde à terre : certains passagers accuseront l'équipage d'avoir seulement pensé à sauver sa peau. Les responsables italiens répondront qu'il y a peut-être eu des dérapages du côté de certains employés, mais pas de la part des Italiens. Si les membres de l'équipage sont montés les premiers dans les canots, c'était pour assister et encadrer les passagers. Un brin cynique, le capitaine Giuseppe Orsi dira : « Je suis heureux qu'ils puissent nous critiquer aujourd'hui. Cela prouve qu'ils sont en vie... »

Les marins en larmes qui le contemplent depuis le pont du *Hawaiian King* le savent bien : l'*Achille Lauro*, qui se présente avec une gîte de quarante degrés, est perdu. On a bien songé à le remoquer vers un port, mais l'épave explose et prend l'eau. Le 2 décembre 1994, en début de soirée, vers vingt heures trente heure locale, le paquebot mythique sombre.

Un grand plongeon de cinq mille mètres dans les abîmes, qui met fin à tout espoir de renflouage.

À plusieurs milliers de kilomètres de là, dans les Caraïbes, l'ex-capitaine Gerardo de Rosa qui a appris la nouvelle, dira s'être cloîtré dans sa cabine, sur son navire de luxe, l'*Italia Prima* : « Je n'avais jamais autant pleuré, la tête dans l'oreiller pour étouffer mes cris. »

Les plus superstitieux vont noter une coïncidence incroyable : l'*Achille Lauro* coule quarante-sept ans *jour pour jour* après sa première course vers l'Orient.

Bâtiment maudit ou longtemps miraculé, le *Grande Nave Blu* est désormais englouti à jamais dans les profondeurs. Pour les gens de la mer, cette sépulture marine, loin des ferrailleurs vautours, est une conclusion digne de sa carrière tumultueuse. Mais les grands bateaux meurent-ils vraiment ?

Le *MS Oranje*, navire jumeau et maudit lui aussi ?

Si l'*Achille Lauro* a accumulé les difficultés au cours de sa carrière, il ne faut pas oublier que son navire jumeau, le *MS Oranje*, n'a pas non plus été épargné par les coups du sort.

Construit en 1938, il fait son voyage inaugural le 4 août 1939 entre Amsterdam et l'île de Java. Surpris par le déclenchement de la guerre, il est désarmé à Surabaya, puis réquisitionné en février 1941 par l'Australie qui le transforme en navire-hôpital.

En 1947, l'*Oranje* est rendu aux Néerlandais et reprend son service entre Amsterdam, Southampton et Jakarta. Le 6 janvier 1953, c'est l'épisode de la collision avec le *Willem Ruys* en mer Rouge.

En 1959, l'*Oranje* fait l'objet d'une refonte et sa capacité passe de sept cent quarante à neuf cent cinquante passagers. Le 4 mai 1964, il est mis en vente et cédé en septembre, avec le *Willem Ruys*, à la compagnie Lauro Lines qui le renomme l'*Angelina Lauro*. Durant sa rénovation, à Gênes, un incendie se déclare sur le chantier le 24 août 1965, qui cause la mort de six ouvriers. Remis en service en mars 1966, avec une capacité maximale portée à mille deux cent trente passagers, il opère des liaisons entre l'Europe et l'Asie jusqu'en 1976, où il est désarmé à La Spezia, en Italie.

Cette année-là, la compagnie Costa Croisières l'affrète pour une durée de trois ans dans le but d'effectuer des croisières à partir de Port Everglades, un port situé au nord de Miami en Floride. C'est d'ici, notamment, que partent de nombreux paquebots vers les Caraïbes.

Tout se déroule correctement jusqu'au 30 mars 1979. Alors que l'*Angelina Lauro* est à quai à Saint-Thomas, le port principal des îles Vierges, un incendie éclate dans la cuisine située à l'arrière. L'équipage est impuissant à maîtriser le feu qui se répand à tout le navire. Fort heureusement, la majorité des passagers et des membres d'équipage sont à terre à ce moment-là et les rares personnes présentes à bord sont évacuées sans que l'on déplore de victimes.

Les équipes de secours tentent à plusieurs reprises d'éloigner le navire du quai, mais sans succès. Il faudra attendre plus de quatre jours, jusqu'au 3 avril 1979, pour que l'incendie soit enfin maîtrisé. L'*Angelina Lauro*, qui gîte fortement sur bâbord, repose sur le fond du port de Saint-Thomas. Déclaré « perte totale », il est renfloué dès le 2 juillet, puis vendu à la casse.

Le 30 juillet 1979, l'*Angelina Lauro* quitte les îles Vierges pour être remorqué vers Kaohsiung sur l'île de Taïwan où l'on doit procéder à son démantèlement. Mais le 21 septembre, des voies d'eau commencent à apparaître et le bateau sombre le 24 septembre dans l'océan Pacifique.

Son navire jumeau, l'Achille Lauro, ne le rejoindra que quinze ans plus tard…

Sources

Fiche technique du *Wilhem Ruys/Achille Lauro* sur le site ssmaritime.com

« Fourteen people from Achille Lauro injured in highway accident », dépêche agence AP, 19 octobre 1985.

« L'*Achille Lauro* a coulé dans l'océan Indien », *Le Monde*, 4 décembre 1994.

Philippe Broussard, « Les mille et un malheurs de l'*Achille Lauro* », *Le Monde*, 21 janvier 1995.

Michael K. Bohm, *The* Achille Lauro *Hijacking: Lessons in the Politics and Prejudice of Terrorism*, Potomac Books Inc., 2014.

Fabrice Drouelle, « Achille Lauro, octobre 1985, la croisière de la peur », *Affaires sensibles*, France Inter, 11 décembre 2014.

17.
Trois diamants que l'on dit ensorcelés

Se peut-il que des bijoux chargés d'histoire se chargent d'énergie au point de se retourner contre leurs propriétaires ? À en croire les légendes et les malédictions attachées à certains d'entre eux, il semble que des joyaux célèbres, toujours porteurs d'une aura fascinante mais invisible, portent malheur à ceux qui les détiennent. Parmi ces gemmes, ce sont souvent les diamants qui concentrent les récits les plus inquiétants. Voici le destin mouvementé de trois d'entre eux, connus dans le monde entier, que l'on dit, peut-être à juste titre, « maudits ».

Pierre précieuse par excellence, le diamant est devenu populaire comme ornement de joaillerie au xve siècle en Europe. C'est à partir de cette époque que se sont développées peu à peu les techniques de taille qui ont permis de faire naître des créations époustouflantes au fil des siècles. Encore aujourd'hui, on imagine mal les fortunes qu'ont pu dépenser les puissants de ce monde pour s'approprier des joyaux uniques. Pour le meilleur comme pour le pire…

Le Koh-i-Noor

Parmi les millions de touristes qui visitent la Tour de Londres chaque année pour y admirer les joyaux de la couronne britannique exposés dans des vitrines blindées, combien prêtent vraiment attention au Koh-i-Noor, le diamant incrusté dans la croix de Malte qui orne la couronne de la Reine mère ? Surtout, combien savent que cette pierre exceptionnelle a la fâcheuse réputation de tuer ses propriétaires masculins ?

Pourtant, ce joyau, le préféré de la reine Elizabeth II qui l'a toujours perçu comme le symbole de la pérennité de sa monarchie, est l'héritier d'une longue histoire qui plonge dans les racines de l'empire colonial britannique. Il faut bien cela pour une pierre extraordinaire : ce brillant étoilé, de couleur blanche tirant sur le gris, est, avec ses 105,6 carats (21,61 grammes), tout simplement le diamant le plus gros du monde !

De plus, il est d'une pureté chimique rarissime : on le classe dans une catégorie qui ne concerne que 0,8 % des pierres précieuses existantes.

Trouvé en Inde

Comme tous les minéraux légendaires, l'origine du Koh-i-Noor demeure nébuleuse. On lui prête plusieurs provenances en Inde, les plus anciennes remontant à près de cinq mille ans !

En effet, le diamant aurait été trouvé dans le lit du fleuve Godavari, près de Machilipatnam en Inde centrale, ou peut-être dans les collines d'Amravati, dans le Maharashtra. Il a été aussi suggéré que le joyau proviendrait de l'ancienne mine de Kollur, à Golconde, l'ancienne capitale, aujourd'hui en ruines, du royaume de Golkonda (1364-1512), dans l'État du Télangana.

Dans tous les cas, la première indication chronologique attestée remonte à l'an 1520, lorsque le diamant est mentionné dans un ouvrage, *Bâbur Nâmâ*, qui chronique la vie de Bâbur, le fondateur de l'Empire moghol. Propriété du raja de Malva, en Inde, il passe ensuite aux mains des empereurs moghols de 1526 à 1739.

Les Perses lui donnent son nom

Cette année-là, le Perse Nader Chah pille Delhi et s'empare du diamant, qui prend alors son nom actuel. En effet, *Koh-i-Noor* signifie « montagne de lumière » en persan.

Nader est assassiné en 1747. Un de ses lieutenants, l'afghan Ahmad Khan Abdali, s'assure que la veuve de Nader puisse rentrer chez elle en toute sécurité. Pour le remercier, la reine offre le joyau au prince afghan.

Au cœur d'une guerre fratricide entre Afghans

Le Koh-i-Noor devient ainsi la pièce maîtresse du trésor de la cour d'Afghanistan. Toujours en 1747, Ahmad Khan Abdali monte sur le trône sous le nom d'Ahmad Chah Durrani et devient empereur d'Afghanistan. Il règne durant vingt-cinq ans jusqu'à sa mort en 1772.

Par la suite, à partir de 1793, les petits-fils d'Ahmad Chah Durrani se livrent une guerre fratricide pour le trône d'Afghanistan. Ainsi, en 1800, l'empereur en place, Zaman Chah Durrani, est renversé par son demi-frère, Mahmud Chah Durrani. Son sort est terrible : il est aveuglé et emprisonné dans les cachots de Bala Hissar, la citadelle royale de Kaboul. Mais Mahmud, malgré tous ses efforts, ne parvient pas à s'approprier le Koh-i-Noor qui, étrangement, semble s'être volatilisé du trésor royal.

En 1803, un autre frère, Chah Shuja Durrani, renverse Mahmud, se proclame nouvel empereur d'Afghanistan et s'empresse de faire libérer son frère aîné emprisonné. Celui-ci lui révèle son secret : en réalité, le diamant était dissimulé dans les murs de son cachot !

Les Anglais mentionnent le diamant

Le 25 février 1809, l'empereur Chah Shuja reçoit dans sa cour d'hiver de Peshawar un émissaire diplomatique britannique du nom de Mountstuart Elphinstone. Ce dernier est venu le solliciter pour le convaincre de contrer une avancée hypothétique de l'empereur Napoléon sur l'Inde britannique à travers la Perse et l'Afghanistan. L'« Ogre corse » ne s'aventurera jamais aussi loin en Asie, mais l'essentiel est ailleurs.

En rentrant au Royaume-Uni, Mountstuart Elphinstone, qui est aussi historien, publie en 1817 un ouvrage intitulé *Tableau du royaume de Caboul et de ses dépendances dans la Perse, la Tartarie et l'Inde offrant les mœurs, usages et costumes de cet empire*, dans lequel il fait mention du Koh-i-Noor au poignet de l'empereur afghan.

Pour le souverain, 1809 annonce le début de la chute. Bien qu'il s'allie avec le Royaume-Uni, Chah Shuja est rapidement renversé. L'attendent alors des emprisonnements successifs à partir de 1811, à Attock, puis au Cachemire et à Lahore. La mort dans l'âme, l'empereur déchu doit se résoudre à céder le précieux diamant, toujours en sa possession, au raja sikh Ranjît Singh en remerciement pour l'avoir hébergé durant sa longue fuite en 1814.

Aux mains des sikhs

Le Koh-i-Noor devient alors la propriété du grand chef de l'État sikh, qui a prospéré depuis 1801 en modernisant son armée avec l'aide d'officiers français. Les chroniques de l'époque rapportent que Ranjît Singh porte le célèbre diamant en bracelet.

Le souverain meurt à Lahore en 1839, et sa succession est mouvementée. Son fils Kharak Singh décède à son tour le 5 novembre 1840, puis c'est le fils de ce dernier, Nunihâl Singh, qui disparaît le 1er novembre. La veuve de Kharak assure une sorte de régence pour Sher Singh, l'un des frères de Kharak, mais celui-ci est assassiné en 1843.

Finalement, c'est son fils, Dhulîp Singh, qui monte sur le trône de l'Empire sikh… Mais il n'a que cinq ans ! Dans les faits, c'est sa mère, la râni Jundan qui dirige tout. Celle que l'on a surnommé la « Messaline du Pendjab » aurait d'ailleurs, aux dires de certains historiens, orchestré les disparitions précédentes !

Le Royaume-Uni s'en empare

En 1846, les Britanniques entrent en scène. Lors de la bataille de Sobraon, le 10 février, les forces britanniques de la Compagnie anglaise des Indes orientales mettent en déroute les Khālsā du royaume sikh du Pendjab. À la suite de cette défaite, le royaume de Dhulîp Singh est réduit de moitié, le Royaume-Uni installe un résident britannique à Lahore, qui va peu à peu procéder au démantèlement de l'État sikh. En 1848, un second conflit éclate à l'issue duquel, en 1849, le tout jeune Dhulîp Singh – il a à peine onze ans – est envoyé en résidence surveillée dans un centre missionnaire chrétien. S'étant constitué prisonnier politique, le jeune souverain doit remettre le Koh-i-Noor au gouverneur de la Compagnie anglaise des Indes orientales, qui s'en empare au titre des compensations de guerre.

Dans le trésor royal britannique

C'est ainsi que le joyau est présenté le 3 juillet 1850 à la reine Victoria, à l'occasion du deux cent cinquantième anniversaires de la Compagnie. La souveraine britannique le porte d'abord en broche, puis en diadème.

Deux ans plus tard, en 1852, le prince consort Albert supervise la taille du diamant qui passe de 186 carats à sa masse actuelle de 105 carats pour lui conférer plus de lustre. Avec plus de deux mille autres diamants, il est alors monté sur une tiare qui entre dans les joyaux de la Couronne britannique. La reine Victoria la transmettra aux reines Mary et Alexandra.

Puis, en 1936, la pierre précieuse est scellée sur la couronne de l'épouse du roi George VI, la reine Elizabeth (1900-2002), impératrice des Indes de 1936 à 1948 et mère de l'actuelle reine d'Angleterre, Elizabeth II.

D'ailleurs, la dernière fois que le Koh-i-Noor a quitté la Tour de Londres, c'est justement pour être déposé sur le cercueil de la « reine mère », le jour de ses funérailles en avril 2002.

Réclamations indiennes

Régulièrement, les autorités indiennes déposent une demande auprès du gouvernement et de la Couronne britanniques pour qu'on leur rende le Koh-i-Noor. Ce fut le cas en novembre 2015, lorsque des stars de cinéma de Bollywood associées à plusieurs oligarques ont saisi la Haute Cour de justice de Londres pour réclamer le retour du diamant sur le territoire indien.

À l'origine de cette demande, il y a le sentiment d'être le propriétaire légitime de la pierre précieuse, que ce bijou est un « patrimoine volé par le colonisateur »; surtout, ce que contestent désormais les Indiens, c'est la manière dont il a atterri dans le trésor royal. En effet, ils se font fort de rappeler qu'en 1849, les Britanniques ont annexé le Pendjab et ont confisqué le Koh-i-Noor à un souverain âgé de onze ans!

Autant dire que le Royaume-Uni fait la sourde oreille devant de telles requêtes, renvoyant un « non » catégorique en arguant que le diamant est en réalité un don, et que sur le même principe, d'autres nations comme l'Iran ou l'Afghanistan seraient en droit de le réclamer à leur tour. Les Indiens ne s'avouent pas vaincus pour autant.

Et la malédiction, me direz-vous?

Eh bien, elle existerait vraiment et ne concernerait que les propriétaires masculins du bijou. Tenace, elle se serait forgée au XIIe siècle lorsqu'un homme tenta de dérober, dans un temple bouddhiste, le diamant qui ornait alors le troisième œil du dieu Shiva. Dans un élan de rage, la divinité aurait jeté un sort au voleur, promettant la mort à tout homme qui s'approprierait la pierre précieuse.

Est- ce juste une légende? Cela est probable, mais il est vrai qu'au moins une vingtaine de ses propriétaires ont trouvé la mort bien avant l'heure. Tous masculins, cela va de soi. Son premier propriétaire officiel, Nader Chah de Perse, ne meurt-il pas assassiné sous les coups de ses propres officiers? D'autres morts suivront, le plus souvent de manière violente: meurtres, suicides, exécutions...

En revanche, les femmes propriétaires du diamant connaissent une longévité exceptionnelle, à l'image de la reine Victoria, de la reine mère Elizabeth ou de sa détentrice actuelle, la reine Elizabeth II d'Angleterre.

Très superstitieuse, la reine Victoria craignait le Koh-i-Noor, au point de demander dans ses dernières volontés que la pierre ne passe jamais au roi régnant. Le Koh-i-Noor ne doit être porté que par les femmes des souverains. Une mise en garde que les rois Édouard VII, George V, Édouard VIII et George VI ont respecté à la lettre.

En 2021, le Koh-i-Noor est plus que jamais une pièce maîtresse des joyaux de la Couronne. La reine Elizabeth II, âgée de quatre-vingt-quinze ans, célèbre ses soixante-neuf ans de règne. La malédiction ne semble plus d'actualité, mais il y a fort à parier qu'on en reparle le jour où Elizabeth II disparaîtra.

À ce moment, le prince Charles devrait monter sur le trône, à moins qu'il ne décide d'abdiquer en faveur de son fils William. Dans tous les cas, le nouveau souverain serait bien avisé de ne pas défier la malédiction en arborant le célèbre diamant…

Le Florentin

Imaginez un bijou en forme de petite poire translucide, d'une eau envoûtante avec une couleur jonquille sublime et pas moins de cent vingt-six facettes sur neuf côtés : voici un authentique diamant maudit, le Florentin. Lui aussi porte malheur à celui qui le possède, mais on serait bien en peine de prévenir son actuel détenteur puisque le joyau a disparu depuis 1922. Pour cela, et d'autres raisons encore, son histoire mérite d'être contée. C'est celle d'une mortelle épopée.

Chez le duc de Bourgogne

Selon l'historiographe du XVIe siècle Nicolas Vignier, le diamant aurait d'abord appartenu au quatrième et dernier duc de Bourgogne, Charles de Valois-Bourgogne (1433-1477), plus connu sous le nom de Charles le Téméraire.

D'où le tenait-il ? Mystère. Vignier raconte que le duc présenta le bijou pour la première fois à ses dames de cour lors d'une fin de repas en 1471. La pierre précieuse, qui serait l'un des premiers diamants taillés en Europe, était passée entre les doigts experts du fameux diamantaire flamand Lodewyk van Bercken (Louis de Berkem pour les Français), le premier à maîtriser l'art de la taille et du polissage du diamant.

Très fier de son joyau, Charles le Téméraire aimait le porter à son chapeau lors des tournois. À l'époque, le diamant est même surnommé « le Duc ». Non seulement Charles adorait l'exhiber, mais le duc réputé pour sa cruauté bâtit déjà une légende autour de lui en racontant qu'il n'a pas hésité à tuer celui qui est venu le lui proposer, un énigmatique homme au teint basané…

Perdu dans la bataille

Charles le Téméraire ne profite de son merveilleux caillou que durant cinq ans. Alors que la Bourgogne fait la guerre aux Suisses, alliés de Louis XI de France, le duc est surpris par une attaque brusque de ses ennemis dans le canton de Vaud et doit abandonner en hâte le camp de Grandson le 2 mars 1476.

Hélas, il laisse sous sa tente plusieurs trésors ; parmi eux, la cassette de pierres précieuses dont il ne se sépare jamais, même lors de ses aventures guerrières. Une imprudence qu'il paie au prix fort !

Le soir venu, comme il est d'usage en ce temps-là, les Helvètes victorieux pillent le camp et un lansquenet d'Unterwalden découvre les bijoux. Par superstition, il jette ceux qui sont couverts de sang, de peur qu'ils ne lui portent malheur. Mais il conserve pour lui une magnifique pierre brillante aux reflets jaune pâle. Très fier de sa trouvaille, il montre sa prise de guerre aux autres soldats.

On raconte qu'un marchand juif originaire de Florence voit le manège, s'approche pour voir de quoi il retourne, et ayant examiné de près le diamant, propose de l'acquérir contre une somme dérisoire. Le soldat, pas dupe, refuse catégoriquement.

Le lendemain, on retrouve ce dernier poignardé. Le diamant s'est volatilisé… Le marchand florentin aussi.

Chez Ludovic le More à Milan

À partir de là, deux versions coexistent. La première, la plus romanesque, avance que le marchand en question était en fait en mission pour Ludovic Sforza, dit le More (1452–1508), duc de Milan et l'un des plus grands mécènes de la Renaissance. Depuis 1472, il tentait de trouver le moyen de s'emparer du joyau et serait finalement parvenu à ses fins quatre ans plus tard. De retour chez son commanditaire à Milan, il aurait dévoilé fièrement le diamant. Conquis, Ludovic aurait annoncé au Juif qu'il allait le récompenser en rebaptisant le diamant le Florentin, du nom de sa ville d'origine. Mais aussitôt, il aurait ajouté sur un ton machiavélique : « Pour que tu ne puisses jamais t'en vanter et que ce secret demeure le mien, je dois te tuer de ma main ! » Ce qu'il fit sans sourciller, en le poignardant droit dans le cœur. Ensuite, c'est Cecilia Gallerani, sa jeune maîtresse de dix-sept ans, le modèle du tableau célèbre de Léonard de Vince, *La Dame à l'hermine*, qui aurait porté le diamant à plusieurs reprises.

Selon une autre version, le marchand juif aurait en définitive trahi Ludovic Sforza en vendant le diamant volé à une autre célébrité de l'époque, Laurent de Médicis, dit le Magnifique, duc de Toscane. Celui-ci traversait la période la plus faste de son existence, mais du jour où le diamant devint sa propriété, ses affaires périclitèrent, il connut des faillites en cascade. Proche de la ruine, il fut contraint de céder le bijou au duc Sforza qui put le récupérer.

La chute de Charles

De son côté, Charles le Téméraire ne se remet pas de la perte de son sublime diamant. Devenu l'ombre du chef qu'il était, il a perdu foi en sa destinée.

À nouveau défait par les Suisses lors de la bataille de Morat le 22 juin 1476, il se confie à son dernier cercle, Rubempré, seigneur de Bieure, et le sire de Contay, tous deux chevaliers de la Toison d'or : « Lorsque j'ai perdu ce diamant, j'ai tout perdu ! Et ma race est condamnée… »

Il ne croit pas si bien dire puisque quelques mois plus tard, le 5 janvier 1477, Charles le Téméraire trouve la mort avec ses deux amis lors d'une bataille, au sud de la ville de Nancy, alors sous la tutelle du duc René II de Lorraine.

Deux jours après la bataille, on retrouve le corps du duc Charles, pris dans la glace d'un étang marécageux. Il est nu, son crâne est fendu par un coup de hallebarde – la tradition rapporte qu'un soldat, un certain Claude de Bauzémont, l'aurait occis sans le reconnaître – et sa dépouille est partiellement déchiquetée par les loups.

Cruelle ironie : c'est grâce à un diamant qu'il arborait à un doigt de la main droite, mais pas le Florentin, qu'on parvient à identifier Charles le Téméraire. En moins d'une année, son destin a basculé, comme le résume un vieux dire helvétique : « Devant Grandson, perdit ses possessions. Devant Morat, le cœur brisa. Devant Nancy, perdit la vie. »

Rien ne va plus pour Ludovic non plus

Mais revenons au duc de Milan, Ludovic Sforza, le More. Pour lui aussi, la situation se détériore depuis qu'il est entré en possession du diamant :

mort de son épouse Béatrice en 1497 avec son fils mort-né, faillites, tentative d'empoisonnement…

Enfin, il se fait dépouiller de son duché en 1499 par les armées du roi de France Louis XII. Aux abois, Ludovic Sforza se persuade que le diamant est la cause de tous ses malheurs. Pour lui, cette pierre est diabolique. Il se résout à s'en débarrasser, mais son esprit machiavélique dicte de remettre le Florentin à l'un de ses ennemis !

Désireux malgré tout de se racheter, il s'en remet au pape Alexandre VI – Rodrigo Borgia, élu en 1492 – à qui il avoue ses errements. Le souverain pontife flaire la bonne affaire. En échange du rachat des péchés de Ludovic, il lui réclame le diamant, sans aucune autre contrepartie.

Ludovic, trahi par des mercenaires suisses, est fait prisonnier par les Français en 1500 lors du siège de Novare, et emmené en France. Il achève ses jours le 15 mai 1508, au château de Loches, près de Tours.

Du pape à l'empereur ?

Devenu propriétaire du Florentin, Alexandre VI ne veut prendre aucun risque. Le père de l'Église n'est sans doute pas superstitieux, mais il estime qu'il faut modifier le bijou pour qu'il cesse de porter malheur à celui qui le détient. Aussi le chef de l'Église ordonne-t-il qu'on le retaille, d'où sa nouvelle forme, celle de la rose double.

Ensuite, il a été suggéré que la pierre avait fait l'objet d'un échange avec un autre diamant lors d'une tractation entre Alexandre VI et l'empereur d'Autriche Maximilien Ier, qui souhaitait à son tour posséder le fameux diamant.

Le souverain autrichien était d'autant plus déterminé que le joyau aurait dû lui appartenir s'il n'avait pas été volé à Charles le Téméraire. En effet, à la mort de ce dernier en 1477, Maximilien était devenu duc consort de Bourgogne jusqu'en 1482, puis régent impopulaire de l'État bourguignon jusqu'en 1494 pour son fils, le jeune Philippe le Beau, futur duc de Bourgogne, roi de Castille et père de Charles Quint.

Maximilien Ier aurait donc proposé contre le Florentin, le diamant qui avait permis d'identifier la dépouille de Charles le Téméraire. Le pape, conscient d'être le perdant dans ce marché de dupes, aurait malgré tout consenti à accepter pour préserver ses bonnes relations avec l'Empire d'Autriche.

Une autre version de l'histoire relate une arrivée beaucoup plus tardive de la pierre précieuse dans le trésor autrichien. Elle renvoie d'abord le diamant en Toscane, chez les Médicis, après l'avènement du pape Pie V en 1566. Ensuite, durant plus de cent soixante-dix ans, le Florentin demeure quasi invisible, conservé au secret quelque part à Florence. Mais la malédiction qui lui était attachée reste tenace.

Et si c'était une autre histoire ?

L'histoire que je viens de raconter, depuis Charles le Téméraire, est contestée par certains auteurs. Pour ces derniers, le premier signalement attesté du Florentin date en réalité de la fin du XVIIe siècle. Le marchand Jean-Baptiste Tavernier le décrit en 1665 aux mains de la famille des Médicis, à Florence. Dans ses écrits, **Tavernier** estime que le diamant est le plus gros alors connu en Europe et, en fin connaisseur, il pense que sa taille indique une provenance d'Inde.

Cela dit, cette estimation ne contredit pas forcément la version précédente car on ignore qui a donné le diamant à Charles le Téméraire. Cet homme au teint basané qu'il a brièvement mentionné en se vantant était-il un marchand indien ?

En définitive, le diamant est bien identifié en Toscane à la fin du XVIIe siècle.

Propriété des Habsbourg

Toujours est-il qu'on n'entend plus parler du Florentin jusqu'en 1737, lorsque François Ier du Saint-Empire se marie avec Marie-Thérèse d'Autriche et récupère le duché de Toscane. À cette occasion, il reçoit le Florentin, qui devient possession officielle des Habsbourg en 1743. Lorsqu'il est intronisé empereur du Saint-Empire romain germanique en 1745, François fait sertir le joyau dans la couronne du sacre.

Il a été raconté ici et là que le Florentin aurait été ensuite offert à Marie-Antoinette pour son mariage et serait donc parti pour la France en 1770. Autant dire qu'il n'aurait pas porté bonheur à la famille royale française ! En 1810, l'empereur Napoléon en aurait fait cadeau à Marie-Louise et, tout naturellement, le diamant serait revenu en Autriche avec elle en avril-mai 1814. En réalité, rien n'est plus faux. Entre 1770 et 1814, le Florentin n'a jamais quitté le trésor impérial autrichien.

Sissi et les amants de Mayerling

En décembre 1848, François-Joseph devient souverain d'Autriche et de Hongrie. Monarque réputé pour son catholicisme fervent et hostile à toute idée de superstition, il prend l'initiative de faire sceller le diamant au centre de sa couronne. Une décision lourde de conséquences, puisqu'une série de malheurs va s'abattre sur la famille impériale.

Son épouse, la duchesse de Bavière Elisabeth de Wittelsbach, que le monde entier connaît sous le surnom de l'impératrice Sissi, est fascinée par le diamant. Elle le fait dessertir de la couronne et monter en collier en 1888. L'année suivante, l'impératrice prête la pierre précieuse à son fils, l'archiduc Rodolphe, qui souhaite la montrer à sa jeune maîtresse, la baronne Marie Vetsera. Le jeune couple d'amoureux meurt dans des circonstances mal élucidées le 30 janvier 1889, dans le pavillon de chasse de Mayerling.

Après la mort des deux amants, c'est dans la main de son fils défunt que l'impératrice Sissi aurait récupéré le diamant. Pour elle, c'est une mort de plus dans une longue litanie de chagrins et de deuils qui ont marqué sa vie : exécution de son beau-frère Maximilien au Mexique, folie de sa belle-sœur Charlotte, noyade de son cousin Louis II de Bavière, décès de ses parents, Maximilien et Ludovica de Bavière, puis de sa sœur Sophie-Charlotte dans l'incendie du Bazar de la Charité à Paris…

Légende ou réalité ? Le diamant maléfique se trouverait encore dans son sac à main lorsque, le 10 septembre 1898, sortant de l'hôtel Beau-Rivage de Genève, en face du lac Léman, l'impératrice-reine meurt sous les coups d'un déséquilibré italien, Luigi Lucheni. Après la disparition de Sissi, le Florentin est enfermé, avec les insignes impériaux, dans les vitrines de la salle du Trésor voûtée du palais impérial de Vienne, la Hofburg.

Le diamant à l'origine de la Première Guerre mondiale ?

Au début du XXe siècle, François-Ferdinand, l'héritier du trône d'Autriche-Hongrie, eut du mal à résister à la fascination exercée par le diamant maudit. Négligeant les conseils de son épouse Sophie Chotek, il émit le désir de faire retailler le joyau, mais le destin vint contrecarrer son projet. Retour d'énergie ? On raconte que c'est le lendemain du jour où il prit cette décision, le 28 juin 1914, qu'il fut assassiné à Sarajevo avec son épouse par le jeune Gavrilo Princip. Sa mort fut l'élément déclencheur de la Première Guerre mondiale.

La disparition du Florentin

L'empereur d'Autriche suivant, détenteur du Florentin, François-Joseph, s'éteint le 21 novembre 2016 et c'est l'archiduc Charles, l'époux de la princesse Zita de Bourbon-Parme, qui hérite de la pierre précieuse en devenant le nouvel empereur sous le nom de Charles Ier. Son règne est de courte durée car l'Autriche-Hongrie se disloque entre le 22 et le 25 octobre 1918.

Contraint d'abdiquer, Charles Ier doit s'exiler en Suisse avec son homme de confiance, le baron Wenkmann, en charge de conserver la cassette contenant tous les bijoux de l'empereur. Certains d'entre eux doivent être vendus à bon prix pour assurer les finances de l'empereur déchu, mais celui-ci conserve le Florentin.

Charles Ier œuvre ensuite à reconquérir son trône, mais ses tentatives échouent les unes après les autres; en 1921, afin de financer une ultime manœuvre de restauration en Hongrie, l'ex-empereur met en gage le Florentin auprès du joaillier Sonderheimer contre un million six cent mille francs suisses. Celui qui joue les intermédiaires dans cette transaction, c'est le baron Bruno Steiner de Valmont, un ancien conseiller financier de François-Ferdinand.

Hélas pour Charles, ce dernier essai de reconquête est un nouvel échec. Lui et sa famille doivent s'exiler sur l'île portugaise de Madère. Entouré de ses derniers fidèles, l'ex-empereur épuisé admet qu'il a eu tort de se servir du diamant et que celui-ci se venge de lui. Le souverain exilé meurt peu après, le 1er avril 1922, à l'âge de trente-cinq ans.

Entretemps, Steiner s'est rendu chez Sonderheimer avec le diamantaire Jacques Bienenfeld pour faire desceller le diamant. L'épouse de Charles, Zita de Bourbon-Parme, se rend en Suisse en 1922 pour discuter justement du statut du joyau, mais à son grand désarroi, Steiner s'avère introuvable.

Le frère de l'impératrice parvient à mettre la main sur lui, mais le baron filou lui glisse entre les doigts. Finalement, Steiner est arrêté à Paris en juin 1923 alors qu'il occupe un poste de fonctionnaire au ministère des Affaires étrangères sous le nom de Valmont! Il est inculpé d'escroqueries au préjudice de l'ex-empereur. Celui-ci avait autorisé Steiner à mettre en gage les bijoux de la couronne impériale autrichienne, mais le baron avait préféré les vendre et avait déclaré n'avoir reçu de cette vente qu'une somme d'un million six cent mille francs alors que les bijoux valaient autour de quinze millions. Par la suite, les procès intentés à l'escroc ne débouchent sur rien. L'énorme fortune représentée par les bijoux s'est évanouie, et avec elle le fameux Florentin.

Une épopée très hypothétique

Officiellement, on a perdu la trace du diamant depuis 1922. Mais depuis cette date, il s'est raconté nombre d'histoires, qui relèvent sans doute plus de l'imagination de romanciers que de la réalité. Des scénarios dignes d'un film de Spielberg ! Je vous les livre avec les réserves d'usage.

On aurait reparlé du Florentin en 1937, lorsque l'Allemagne de Hitler envahit l'Autriche. Dès son entrée dans Vienne, Hitler aurait fait appeler Seyss-Inquart, le chef des nazis autrichiens, et lui aurait ordonné de chercher partout dans le trésor impérial le fameux diamant. Il s'est dit que Hitler relançait une prédiction de son mage personnel, l'astrologue et illusionniste Erick Jan Hanussen – mort le 25 mars 1933 dans des circonstances troubles – qui avait affirmé que la propriété du prestigieux bijou permettrait de dominer le monde. Rien n'y fit, le diamant n'était nulle part.

Hitler fit envoyer des négociateurs en Belgique chez l'impératrice Zita, mais ils reçurent une fin de non-recevoir. « Le Florentin, aurait-elle affirmé, ne sortira de sa cachette que lors du couronnement du prochain empereur d'Autriche-Hongrie. ». Il y at de fortes probabilités qu'elle ignorait totalement l'emplacement du joyau. Une chose est sûre : le diamant avait probablement quitté la Suisse, le dernier pays où on l'a vu.

Rivalité entre diamantaires

Commença alors une compétition acharnée entre deux hommes, le géologue canadien John Thoburn Williamson, propriétaire des mines du Tanganyika, et Ernest Oppenheimer, le patron de la compagnie De Beers, qui rivalisèrent d'initiatives pour s'approprier le Florentin. L'un et l'autre missionnèrent des enquêteurs dans le monde entier sur la piste de la pierre précieuse. Il fut question d'un aventurier qui avait été en affaires avec Charles Ier, qui avait côtoyé les Allemands durant la Seconde Guerre mondiale et qui, un jour, avait quitté son épouse, emportant avec lui « l'histoire et des millions ». Mais l'avion que prit cet homme pour l'Italie s'écrasa dans les Alpes du côté français et dans l'épave, on ne retrouva ni l'homme, ni sa mallette. Les équipes de secours suivirent des traces de pas dans la neige, mais la piste s'effaçait plus bas dans la vallée….

L'homme fut-il retrouvé ensuite ? Le précieux diamant, à supposer qu'il se trouvait bien dans la mallette, a-t-il été remis à l'un des deux commanditaires,

Oppenheimer ou Williamson ? On l'ignore, d'autant que les deux hommes sont morts à quelques mois de distance, en novembre 1957 et janvier 1958.

Certain ont évoqué l'hypothèse que l'impératrice Zita, disparu en 1989, a peut-être emporté un secret dans la tombe. Mais ceux qui la connaissaient bien n'en démordent pas : elle aurait tout fait pour qu'une pierre d'une telle valeur soit remise à son héritier légitime.

Fausses pistes

Dans le milieu des diamantaires, on est persuadé que le Florentin réapparaîtra, sous une forme ou une autre. D'ailleurs, deux diamants jaunes proposés aux enchères ont été soupçonnés un temps d'être des morceaux du Florentin.

Il s'agit du « Shah d'Iran », un diamant de 99,52 carats apparu en 1923 aux États-Unis, qui proviendrait en fait du trésor de Delhi, et d'un autre diamant de 81,56 carats entouré de brillants, monté sur une chaîne, qui fut proposé aux enchères chez Christie's à Genève en 1981.

Quoi qu'il soit advenu au Florentin disparu en 1922, l'histoire du diamant demeure indissociable d'une guirlande de morts et de mauvais sorts qui ont jalonné son parcours.

Hope

Si le Koh-i-Noor et le Florentin ont mauvaise réputation, que dire du diamant Hope ? Le plus célèbre diamant bleu du monde serait maudit. Il faut dire que son destin est émaillé de drames et de morts violentes. Retour en arrière sur une histoire hors du commun qui s'est forgée en deux parties.

Un diamant bleu inconnu

À Londres, en 1812, sous le règne du roi George III, on inaugure la première usine de production de gaz d'éclairage tandis que dans le milieu de la joaillerie se répand une rumeur : un sublime diamant bleu vient de faire son apparition. On le sait car la gemme de 45,5 carats a été décrite par le lapidaire John Francillon, avec l'autorisation d'un certain Daniel Eliason, un petit négociant en diamants londonien.

Selon toute probabilité, c'est ce même Eliason qui, après l'avoir retaillé, revend le joyau en 1824 à son premier propriétaire véritablement connu, le banquier Thomas Hope, membre excentrique d'une riche lignée de financiers qui possède la banque Hope & Co.

Thomas Hope meurt sept ans plus tard en 1831, mais il a donné son nom à la pierre précieuse qui s'appelle désormais le diamant Hope. Son jeune frère, Henry Philip Hope, collectionneur de gemmes, en hérite. Le diamant apparaît bien dans son inventaire à sa mort sans descendance, en 1839.

La pierre revient alors à Henry Thomas Hope, le fils aîné du premier propriétaire Thomas Hope, qui la conserve jusqu'à sa mort en décembre 1862. Le diamant Hope est exposé en public durant les expositions universelles de Londres en 1851 et de Paris en 1855. À cette occasion, quelques bruits vont circuler sur l'origine de la pierre, j'y reviendrai. Mais personne ne parle encore de malédiction.

Succession mouvementée

Au décès de Henry Thomas se pose la question de la succession. Or, sa seule héritière, sa fille adoptive Henrietta, s'est mariée un an auparavant, en 1861, avec Henry Pelham-Clinton, futur duc de Newcastle. Celui-ci ne présentant pas les qualités attendues, Ann Adele, la veuve de Henry Thomas Hope qui détient le diamant, répugne à en faire son héritier testamentaire de peur qu'il ne dilapide la fortune familiale. Elle décide donc de créer une sorte de conseil, un *trustee*, et elle s'organise afin que l'héritier des domaines soit en définitive le fils d'Henrietta, son propre petit-fils, Henry Francis Hope Pelham-Clinton.

C'est ainsi qu'en 1884, à la mort d'Ann Adele, celui-ci hérite comme prévu. Avec toutefois une condition : il doit prendre le nom et les armes de Hope. Il se plie à la demande en 1887, à sa majorité, et devient Henry Francis Hope Pelham-Clinton-Hope, ou plus simplement Lord Francis Hope.

Dans le legs de sa grand-mère, figure un cadeau extraordinaire : le diamant Hope. Sir Francis en devient propriétaire sous la forme d'une assurance-vie ; il ne peut ainsi se séparer de la pierre qu'avec l'autorisation du tribunal et du fameux *trustee* familial.

La naissance de la malédiction

C'est à partir de ce moment que les chose vont se gâter. Ann Adele n'a peut-être pas fait le bon choix, car Sir Francis Hope va se révéler un piètre gestionnaire.

En novembre 1894, il épouse la comédienne américaine May Yohé, qui s'est fait connaître sur la scène londonienne. Ensemble, ils mènent une vie dissolue et dispendieuse, bien au-dessus de leurs moyens, ce qui leur cause de sérieux problèmes pécuniaires. Sir Francis cause en partie la banqueroute de sa famille en 1897 et c'est son épouse qui doit subvenir à leurs besoins. Mais comme l'écrit un journal de l'époque, « un futur duc et une duchesse peuvent toujours mendier ou emprunter, et ils l'ont fait ».

En 1900, s'étant renfloué, le couple fait le tour du monde. Mais, à son retour, il fait la rencontre du capitaine Bradlee Strong, l'un des hommes les plus séduisants et les plus populaires de l'armée américaine. Coup de foudre pour May Yohé, qui quitte lord Francis sur le champ pour partir avec l'officier américain…

En 1902, le malheureux Hope, qui porte mal son nom – *hope* signifie « espoir » en anglais –, divorce de son épouse, perd un pied dans un accident et fait à nouveau faillite. Dans son malheur, il obtient la permission du tribunal de vendre le diamant Hope pour payer certaines de ses dettes.

Paradoxalement, une fois qu'il s'est débarrassé du joyau, sa situation personnelle s'améliore grandement. Hope se remariera et aura trois enfants avant d'hériter du duché de son frère en 1928. Il mourra en 1941 à l'âge de soixante-quinze ans.

De son côté, tout en poursuivant une carrière modeste dans les music-halls des États-Unis, May Yohé continuera à souffrir du manque d'argent. Tant Bradlee Strong que son dernier mari John Smuts furent des aventuriers plus que des *gentlemen* prospères. Un jour, un journaliste l'interroge sur ses heures de gloire passées et May raconte son lien étrange avec le diamant, à quel point elle a eu l'impression que celui-ci avait influencé son destin. Elle va même jusqu'à attribuer une partie de ses déboires au diamant Hope. L'article qui paraît nourrit la légende de la pierre précieuse. En 1924, le couple s'installe à Boston. May Yohé y meurt dans le dénuement en 1938.

Changements de propriétaires

Le diamant va alors passer de main en main, la succession rapide de propriétaires nourrissant la légende de la malédiction qui pèse sur la pierre précieuse. Revendu par Sir Francis pour vingt-neuf mille livres, le diamant Hope devient en 1902 la propriété du bijoutier londonien Adolf Weil, qui le revend ensuite au courtier américain Simon Frankel pour deux cent cinquante mille dollars. La pierre est sublime, mais trouver un client assez fortuné pour l'acquérir n'est pas chose aisée. Ainsi, pour Frankel, il faudra sept ans avant de trouver un acheteur, et entretemps, le courtier a dilapidé ses avoirs au point que pour régler ses dettes, il doit vendre le diamant à un prix dérisoire par rapport à son prix réel.

La pierre passe alors chez Salomon Habib, un riche collectionneur de diamants turc, puis peut-être brièvement chez le sultan Habdul Amid, puis chez le joaillier parisien Simon Rosenau.

Ce dernier revend le diamant en 1910 pour cinq cent mille francs de l'époque (deux millions d'euros de nos jours) à Pierre Cartier, l'un des petits-fils de Louis-François Cartier, le fondateur de la célèbre marque.

Selon certains, c'est Pierre Cartier qui aurait fait prospérer la légende maudite attachée à la pierre précieuse. Une démarche qui peut sembler curieuse sur le plan commercial, mais qui s'avérera efficace pour séduire de futurs propriétaires amateurs de mystère. Ce sera le cas en 1911.

Evalyn Walsch McLean et le diamant Hope

Pierre Cartier, qui est en charge de la clientèle américaine dans la boutique de la Ve Avenue, à New York, présente le diamant Hope à un couple d'Américains richissimes qu'il connaît déjà, les McLean.

Née en 1886 dans le Colorado, Evalyn Walsh est la fille unique d'une mineur immigré irlandais qui, en 1898, découvre une mine d'or et devient richissime. La famille s'installe alors dans un large manoir à Washington. Dès l'âge de quatorze ans, la jeune Evalyn est envoyée à Paris pour y apprendre le chant, mais elle y mène une vie d'adolescente tumultueuse dans le Paris des années folles.

De retour aux États-Unis, Evalyn, maintenant âgée de vingt-deux ans et toujours aussi mondaine, épouse Ned Lean, dix-neuf ans, héritier de la famille propriétaire du *Washington Post*. Le jeune couple possède plus d'argent que de jugeote, celle qui va devenir la propriétaire du diamant Hope l'admet volontiers : « Cela ne sert à rien de me reprocher mon amour des bijoux. Je n'y peux rien si c'est ma passion. Ils me rassurent et me rendent heureuse. En vérité, c'est quand je ne porte pas de bijoux que certains membres de ma famille appellent un médecin, car c'est un signe que je suis en train de tomber malade. »

D'abord réticents, les McLean se laissent convaincre par Cartier et font l'acquisition du diamant Hope le 28 janvier 1911 pour cent quatre-vingt mille dollars.

Mais pour apaiser les craintes de ses clients, et à leur demande, le joaillier français insère une clause dans le contrat de vente qui tient compte de la sinistre réputation commençant à entourer la pierre précieuse : « Si un décès devait se produire dans la famille d'Edward B. McLean dans les six mois, il est convenu que ledit diamant Hope serait échangé contre des bijoux de valeur égale. » Les McLean, bien que milliardaires, s'appuieront sur cette clause pour retarder durant près d'un an le règlement du diamant à la maison Cartier.

Bénédiction et période de répit

Evalyn Walsh McLean a vingt-cinq ans lorsqu'elle devient l'heureuse propriétaire du diamant Hope. Mais elle ne le portera pas avant de l'avoir fait bénir. Elle n'est pas superstitieuse, mais plutôt perplexe quant à cette histoire de malédiction. En mars 1911, elle a lu un article dans lequel May Yohé, l'ex-femme de Thomas Hope et ancienne propriétaire du diamant, lance un avertissement aux futurs possesseurs…

Il se raconte que le jour de la bénédiction, alors que le diamant repose sur un coussin de velours, des éclairs auraient illuminé le ciel et l'édifice religieux aurait été secoué sur ses fondations. Evalyn ne semble pas s'alarmer de ces signes et le soir venu, avant d'aller se coucher, elle place le diamant sur sa commode : « Pendant des heures, ce bijou m'a regardée fixement, et à un moment de la nuit, j'ai commencé à vouloir vraiment le posséder. J'ai alors mis la chaîne autour de mon cou et j'ai accroché ma vie à la sienne, pour le meilleur et pour le pire. »

Durant les huit premières années, rien ne semble venir entacher son bonheur. Ravie de la notoriété du joyau, Evalyn ne manque pas de l'exhiber en bonne société. Même si un garde du corps est chargé en permanence de le surveiller et de le remettre dans son coffre le soir, la jeune mondaine imagine des mises en scène qui font jaser. Ainsi, elle va jusqu'à faire attacher le diamant autour du cou de Mike, son dogue allemand. Ou bien elle organise de somptueuses *garden-parties* durant lesquelles elle dissimule le diamant dans les buissons et demande à ses invités de le chercher. Elle donne même un nom à ce jeu : *Find the Hope* !

Rattrapée par la malédiction ?

Jusqu'à la fin de ses jours, Evalyn McLean conserve le diamant. Bien qu'elle n'attache pas vraiment d'importance à la malédiction, de nombreux coups du sort s'abattent cependant sur elle à partir de 1919. Cette année-là, son fils Vinson, neuf ans, meurt après avoir été renversé par une voiture.

Au début des années 1930, son mari Ned s'enfuit avec une autre femme. Evalyn divorce en 1932 et le journal familial, *The Washington Post,* fait faillite dans la foulée.

Devenu fou, Ned finira par mourir en 1941 dans un établissement psychiatrique du Maryland. Après l'enlèvement du fils du célèbre aviateur Charles Lindbergh en 1932, Evalyn est aussi la victime d'un escroc, Gaston Means, qui lui demande cent mille dollars pour payer la rançon du petit garçon. L'homme se volatilise avec l'argent pour réapparaître plusieurs mois ensuite en Californie et être confondu par la police. Encore plus tard, toujours dans les années 1930, Evalyn Walsh McLean doit mettre en gage le diamant Hope pour trente-sept mille cinq cents dollars, dans une tentative de dernière minute pour empêcher la saisie d'une de ses demeures.

Le dernier drame de sa vie se déroule en septembre 1946, lorsqu'elle découvre elle-même sa fille de vingt-quatre ans, Evie, morte d'une overdose de somnifères. Terrassée par cette tragédie et affaiblie par une pneumonie, Evalyn Walsh McLean s'éteint le 26 avril 1947 à l'âge de soixante ans. Elle est enterrée au Rock Creek Cemetery de Washington, aux côtés de sa fille.

Le diamant part en tournée

Ces épisodes dramatique entretiennent la légende de la malédiction liée au diamant. Bien qu'Evalyn l'ait légué par testament à ses petits-enfants avec interdiction de le revendre avant leur majorité, la famille décide malgré tout de se séparer du diamant Hope en 1947, au profit de Harry Winston, un marchand de pierres précieuses, qui en devient propriétaire en 1949, ainsi que de toute la collection de bijoux des McLean.

Durant la décennie suivante, Winston expose le collier avec son précieux diamant lors de tournées à travers les États-Unis, d'événements promotionnels et de soirées caritatives. Le diamant apparaît même lors d'un quiz dans une émission de télévision le 16 août 1955. On sait aussi qu'à un moment, Winston a fait légèrement retailler l'une des facettes du diamant pour lui donner plus de brillance.

Dans l'écrin du Muséum

En 1958, George Switzer, un minéralogiste du Smithsonian Institute, lui propose de faire don du diamant Hope à une grande collection de joyaux qui serait exposée au musée national d'Histoire naturelle de Washington. Winston finit par se laisser convaincre.

L'histoire du transfert est restée dans l'histoire, tant elle semble extravagante : le 10 novembre 1958, afin de rendre le transport de la pierre le plus discret possible, Winston l'envoie par la poste, dans un petit colis simplement entouré de papier kraft et oblitéré au tarif ordinaire – avec cependant une assurance conséquente !

Une initiative risquée, qui fait encore frémir rétrospectivement, mais qui offre au passage une belle publicité aux services postaux américains...

Winston, qui n'a jamais cru à aucune des histoires liées à une prétendue malédiction, ne s'en est pas débarrassé par peur de mourir, comme il a parfois été écrit. Il a accepté de donner le diamant au Smithsonian avec l'espoir qu'il permettrait aux États-Unis de posséder une prestigieuse collection de pierres précieuses. Le collectionneur est mort des années plus tard, en 1978, d'une crise cardiaque.

Aujourd'hui encore, le diamant Hope est le plus gros diamant bleu que l'on ait découvert. Exposé au musée national d'Histoire naturelle de Washington, qui est administré par le Smithsonian Institute, le joyau jouit d'une salle entière juste pour lui. Alors qu'il aurait fait au total plus de trente morts dans son histoire, le diamant Hope fait désormais le bonheur du musée : après la *Joconde* au Louvre, ce serait l'objet d'art le plus visité dans le monde !

L'incroyable révélation

L'histoire du diamant Hope aurait pu se terminer là, et elle serait déjà bien mouvementée, mais un coup de théâtre intervient en décembre 2007, qui va faire l'effet d'une bombe dans le milieu de la joaillerie, et de l'histoire tout court.

Deux chercheurs du muséum d'Histoire naturelle de Paris, Jean-Marc Fourcault et François Farges, retrouvent dans les réserves un moulage en plomb rangé par erreur. Farges identifie rapidement ce modèle comme étant celui du grand diamant bleu de Louis XIV, le fameux « Bleu de France » de la Couronne, volé en 1792 lors de la Révolution française. À partir de cette réplique en plomb et de simulations informatiques, le minéralogiste français réussit à établir une filiation entre ce diamant historique français et le diamant Hope apparu en 1812!

Le rapprochement n'est pas nouveau. Déjà, en 1856, le joaillier Charles Barbot avait publié une notice après l'exposition de Paris, pour dire que le diamant Hope qui y avait été exposé, aurait peut-être été retaillé depuis le « diamant bleu de la Couronne ». Des rumeurs avaient persisté, mais il a fallu attendre le travail des chercheurs français pour en avoir une preuve flagrante.

Une enquête minutieuse

François Farges fait des recherches historiques sur le moulage de plomb. Il retrouve dans les collections minéralogiques l'étiquette originale, qui a été donnée vers 1850 par le joaillier parisien Charles Achard. Sur celle-ci, il est inscrit que « Mr Hoppe *[sic]* de Londres » a bien possédé le diamant bleu. Le modèle montre aussi que le diamant Hope en est issu, retaillé entre 1792, date du vol du diamant français, et 1812, date d'apparition du diamant bleu anglais.

À l'issue d'une enquête rigoureuse, on retrace le parcours du diamant depuis sa disparition en 1792. Apparemment, la pierre et ses voleurs quittent la France pour l'Angleterre. C'est un marchand ambulant, habitué des foires, du nom de Cadet Guillot qui la transporte.

Ensuite, le diamant demeure caché à Londres – ou est peut-être parti durant un temps pour Constantinople –, mais selon toute vraisemblance, c'est le fameux Guillot qui cède le joyau au banquier Thomas Hope.

Recel

Comme par hasard, ce diamant bleu « inconnu », retaillé, réapparaît en 1812, exactement vingt ans et deux jours après le vol du Bleu de France, la durée suffisante pour que le délit soit prescrit. Il y a bien eu intention de recel.

Longtemps, on a pensé que Hope avait acquis le diamant déjà retaillé, mais les dernières recherches tendent à prouver que c'est lui qui a demandé la retaille de la pierre, pour éviter que la France ne la réclame. En tout cas, c'est un beau gâchis car le diamant ne fait plus que 45,5 carats et il a perdu sa taille magistrale en « rose de Paris » à sept facettes. Le diamant est plus sombre, moins brillant que le Bleu de France.

Thomas Hope est-il au centre de cette retaille du diamant entre 1792 et 1812 ? À tout le moins, il semble que les joailliers londoniens Eliason et Francillon aient servi de prête-noms pour dissimuler l'origine véritable du diamant, et que Thomas Hope fut le receleur indirect du diamant qui porte son nom.

Si le Hope et le Bleu de France ne font qu'un, se pourrait-il que l'histoire plus ancienne du diamant comporte des épisodes dramatiques, ce qui pourrait venir étayer la thèse d'une malédiction séculaire ? Par chance, l'histoire du Bleu de France est relativement bien connue, même si François Garges et des chercheurs contemporains vont venir l'enrichir. On va s'apercevoir que là encore, le destin du diamant est lié à des événements dramatiques.

Une pierre exceptionnelle

En 1668, le marchand Jean-Baptiste Tavernier, celui dont j'ai déjà parlé à propos du Florentin, revient d'un long périple qui l'a mené dans la vallée des diamants du sultanat de Golconde, avec dans ses bagages, un millier de pierres précieuses extraordinaires qu'il destine au roi Louis XIV. Au milieu des gemmes, l'une d'elles retient l'attention du roi : un diamant exceptionnel de 115,4 carats à la « teinte céleste ».

Louis XIV est littéralement subjugué. D'autant que Tavernier rapporte que, selon la légende, la pierre aurait été dérobée sur une statue de la déesse Shiva, et que le voleur, enfermé toute la nuit dans le temple, aurait été frappé par la foudre au petit matin. Cette légende, fausse ou authentique, va suivre le diamant tout au long de son destin.

Ce qui est certain, c'est qu'à cette époque, en Inde, le pouvoir des diamants bleus est redouté. Sous l'ère moghole, les joailliers locaux utilisaient des pierres aux couleurs de l'Islam, à savoir le rouge, le vert et le blanc, la couleur bleue étant jugée maléfique. On suppose donc que le rusé Tavernier a pu en obtenir un bon prix. Rusé, Tavernier l'est assurément, mais il est également fin diplomate. Il n'ignore pas que le bleu est, avec l'or, l'une des couleurs emblématiques de la monarchie française.

Un des symboles du règne de Louis XIV

Dès 1669, Louis XIV achète à Tavernier les quarante-sept plus gros diamants ramenés d'Inde, dont le grand diamant bleu, pour un très bon prix. Tavernier ne reçoit « que » deux cent vingt mille livres tournois (soit l'équivalent de cent quarante-sept kilos d'or pur) alors que le joyau en vaut presque trois fois et demi de plus. Mais Tavernier reçoit en plus, de la part du contrôleur général des finances, Colbert, un titre de noblesse.

Dans un premier temps, le Roi-Soleil expose son diamant bleu dans un cabinet de curiosités au château de Saint-Germain-en-Laye, puis en 1671, il demande à Jean Pittan, le joaillier de la cour, de retailler la gemme pour lui donner plus de brillance. Une tâche minutieuse qui lui prend quatre ans, afin d'obtenir la taille dite en « rose de Paris ». Le résultat est spectaculaire : tout le monde s'accorde pour dire que c'est un chef d'œuvre de travail lapidaire, avec ses soixante-douze facettes aux reflets bleu foncé exceptionnels et sa double symétrie impaire, autour des chiffres 3 et 7.

C'est à ce moment que le diamant est baptisé le « Bleu de France » (« *French Blue* »).

Délaissé par Louis XV

Le successeur du Roi-Soleil, Louis XV, qui règne de 1715 à 1774, néglige d'abord le diamant jusqu'en 1749, préférant sertir sa couronne royale avec des diamants incolores, jugés plus parfaits.

Mais lorsque le roi est fait chevalier de l'ordre de la Toison d'or, il demande au joaillier Pierre-André Jacquemin d'incorporer le Bleu de France dans l'insigne de l'ordre. À cette occasion, il est réalisé un moulage en plomb du joyau, qui sera publié par l'érudit et collectionneur d'objets historiques Germain Bapst au XIXe siècle et qui contribuera à alimenter les travaux sur la parenté entre le Bleu de France et le diamant Hope.

Sous Louis XVI, le Bleu de France est bien présent dans l'inventaire des bijoux de la Couronne remis en 1783 au duc de Liancourt, Grand Maître de la garde-robe du Roi. Le document décrit un « très grand diamant brillant bleu [...], forme en cœur, d'eau vive et nette, [...] 67 carats 1/8. Lequel a été retaillé depuis et est estimé un million de livres ». Quatre ans plus tard, en 1787, Mathurin Jacques Brisson, le physicien de l'Académie, mesure pour la première fois le poids et les dimensions du diamant bleu.

Le vol du diamant

La Révolution français bouleverse le destin du pays, comme celui du Bleu de France. Entre le 11 et le 16 septembre 1792, alors que Louis XVI et sa famille croupissent à la prison du Temple, une bande d'une trentaine de bandits s'introduit dans le Garde-Meuble de la Couronne, aujourd'hui l'hôtel de la Marine, place de la Concorde à Paris.

Bien que l'hôtel soit sous la surveillance des gardes nationaux, ces malfrats réussissent à dérober la quasi-totalité des joyaux de la Couronne, soit l'équivalent de sept tonnes d'or, de bijoux, d'orfèvrerie et de pierreries ! Bien renseignés, les voleurs ne fracturent que les armoires principales, qui contiennent les pièces les plus prestigieuses du plus beau trésor au monde.

Heureusement, la majorité des grandes gemmes royales seront récupérées, parmi lesquelles les diamants Sancy et Régent. Une partie des voleurs seront arrêtés sur dénonciation et guillotinés devant le lieu de leur forfait.

Mais certaines pièces prestigieuses manquent à l'appel, comme les plus grands insignes royaux de chevalerie (les joyaux de la Toison d'or et du Saint-Esprit) ainsi que l'épée de diamant de Louis XIV.

Hélas, dans le pillage, on doit déplorer la disparition du Bleu de France, qui disparaît dans cette période trouble. La suite, on la connaît…

Le Bleu de France était-il lui aussi maudit ?

Les récits dramatiques sur ses différents propriétaires ne manquent pas. L'hindou qui aurait dérobé la pierre à la statue de la déesse Shiva aurait péri sous la torture. Le marchand Jean-Baptiste Tavernier se serait vu privé de ses biens et se serait exilé en Russie avant de se faire dévorer par des chiens enragés… On a aussi prétendu que c'est parce qu'il avait osé emprunter le diamant à Louis XIV que Fouquet fut lui aussi maudit et termina au cachot.

Plus tard, la princesse de Lamballe, favorite et confidente de la reine Marie-Antoinette, avait l'habitude de sortir avec ce diamant. Après avoir été emprisonnée, elle sera sauvagement assassinée dans les rues de Paris. Quant à Louis XVI et Marie-Antoinette, les propriétaires du diamant, ils seront guillotinés pour haute trahison.

À bien y réfléchir, il apparaît que des légendes sont venues se greffer sur l'histoire du diamant. La plupart des événements aurait eu lieu sans la présence du diamant. Deux de ses propriétaires, les rois Louis XIV et Louis XV, ont certes connu des drames durant leur règne, mais pas forcément davantage que d'autres, notamment au regard de la longueur de leurs règnes respectifs. L'un et l'autre sont décédés de mort naturelle. Quant à Tavernier, censé être mort ruiné et dévoré par des bêtes sauvages, il est en réalité simplement mort de vieillesse à Moscou, à quatre-vingt-quatre ans.

En ce qui concerne le parcours du diamant sous le nom de Hope, là encore, il apparaît que l'histoire de la malédiction a été montée en épingle à la fois par certains propriétaires, mais aussi par une certaine presse avide de frissons. Plusieurs des détenteurs n'ont mentionné aucune série noire qui aurait pu être attribuée au fait de posséder le diamant. Certains propriétaires ont été aussi inventés, comme Simon Montharides, qui aurait repris le diamant au sultan turc Abdul Hamid et qui serait mort dans un accident de voiture avec sa femme et sa fille. Son nom ne figure nulle part dans la liste officielle des propriétaires du diamant Hope…

Au final, une certitude : le mythique « diamant bleu de la Couronne », volé en 1792, et le diamant Hope ne font bien qu'*un*, le second a été retaillé à partir du premier. Sa réputation de pierre maudite reste largement hypothétique, mais son prix et sa légende demeurent inestimables.

Un dernier mystère ?

La pierre n'a peut-être pas livré tous ses secrets. On sait que sa composition chimique est exceptionnelle. Les diamants de type IIb sont rarissimes : ils ne concernent que 0,2 % des pierres existantes.

Plus étrange, des scientifiques ont découvert que lorsqu'on baigne le diamant dans un bain de lumière phosphorescente, des ultraviolets, le joyau émet une luminosité rouge profond qui persiste plusieurs dizaines de secondes !

Les chercheurs pensent avoir découvert le secret de cette propriété déconcertante : ce serait la présence d'un élément, le bore – un élément chimique métalloïde toxique pour l'homme et les animaux –, qui créerait cet effet, de pair avec la couleur bleue du joyau. D'autres diamants bleus auraient un éclat similaire, mais le diamant Hope, par ses dimensions, serait le seul à révéler une lueur rouge aussi intense.

Enfin, dans son numéro du 2 août 2018, la revue de référence *Nature* révèle que les diamants bleus sont les diamants les plus profonds, ils ont cristallisé beaucoup plus loin dans les entrailles de la Terre que la plupart des autres diamants. Et les atomes de bore pourraient provenir des océans les plus anciens de notre planète.

Admirer le diamant Hope, c'est donc contempler directement le milieu d'où sortit la vie.

Sources

Nicolas Mietton, *Destins de diamants*, Pygmalion, 2013.

William Dalrymple, *Koh-i-Noor : l'histoire funeste du diamant le plus célèbre du monde*, Noir sur Blanc, 2018.

Sandy Allen, « The Koh-i-Noor Diamond. From the mines of India to the Crown of England », ourcommunitynow.com, 23 novembre 2020.

« Le mystérieux Florentin », Blogdiamant.fr, 25 mai 2016.

« Le prestigieux Florentin », quetedesoi.unblog.fr, 5 mars 2017, sourcé chez Marc Schweizer-Jacques Couderc.

Pascal Riché, « On a retrouvé le mythique "diamant bleu de la Couronne" », *Rue 89*, 11 novembre 2008.

« The Hope Diamond revealed », *The Guardian*, 2 octobre 2009.

« La malédiction du diamant Hope », *Le Soir*, 25 janvier 2016.

« L'incroyable histoire du diamant Hope maudit », *Forbes France*, 9 décembre 2019.

18.
Troublantes coïncidences à Erdington

Dans la banlieue d'Erdington, en Angleterre, deux meurtres commis à cent cinquante-sept ans d'intervalle continuent d'alimenter les polémiques en raison du nombre incroyable de coïncidences qu'ils comportent. Extraordinaire coup du hasard ou influence paranormale ? À vous de juger !

Erdington, une banlieue tranquille et pittoresque de Birmingham, dans les Midlands de l'Ouest, en Angleterre, n'avait rien pour défrayer la chronique. Ce fut longtemps une bourgade ordinaire, qui évolua lentement depuis le IXe siècle et devint peu à peu une halte sur les routes commerciales.

Durant la Seconde Guerre mondiale, Erdington fit la une des journaux anglais car ce fut le premier endroit à être bombardé par la Luftwaffe, qui visait probablement l'usine de Longbridge, un complexe industriel tout proche qui appartenait au groupe MG Rover.

Mais, en fait, pour beaucoup de passionnés de mystères criminels, c'est surtout un chapitre très sombre de l'histoire d'Erdington qui continue de faire frissonner les habitants de la région : celui des meurtres, non résolus, de Mary Ashford et de Barbara Forrest, qui possèdent de frappantes similitudes.

Mary Ashford

Née à Erdington en 1797, Mary Ashford est une jeune femme de vingt ans, très appréciée dans son voisinage. Son père est jardinier, on ignore tout de sa mère. Au moment des faits, elle occupe un emploi modeste de domestique chez son oncle, un agriculteur de Langley Heath, une petite localité entre Birmingham et Sutton Coldfield.

Comme la plupart des filles de son âge, Mary aime sortir et aller danser là où cela est permis. Ainsi, ce 26 mai 1817 dans la soirée, la jeune femme a prévu de se rendre à la soirée dansante annuelle organisée pour la Pentecôte à la Tyburn House, un pub-auberge, en compagnie de son amie Hannah Cox.

Dans la matinée, Mary quitte Langley Heath pour aller travailler à Birmingham. En chemin, elle fait une halte chez madame Butler, où vit son amie Hannah. Là, Mary dépose les vêtements qu'elle a prévu de porter le soir au bal.

Autour de dix-huit heures, la jeune femme repasse chez madame Butler et se change en prévision de la fête. Mary et Hannah partent ensemble pour la soirée dansante, où elles arrivent sur le coup de dix-neuf heures trente.

Parmi les nombreux participants, un homme s'intéresse rapidement à Mary. Il s'agit d'Abraham Thornton, le fils d'un entrepreneur de Castle Bromwich. L'individu, âgé de vingt-quatre ans et dont les descriptions sont plutôt vagues puisqu'il est tantôt un « beau jeune homme » et tantôt « d'aspect repoussant », s'entiche de la jeune femme et déclare même pour se vanter qu'il va la conquérir le soir-même. Au cours de la soirée, il se montre donc très empressé auprès de Mary, qui ne semble pas indifférente à ses avances.

Minuit approchant, Hannah Cox propose à Mary de rentrer. Les deux jeunes femmes quittent l'auberge et marchent sur la route principale, Chester Road, avec Thornton qui ne veut pas quitter Mary.

Au lieu de revenir chez madame Butler à Erdington avec Hannah, Mary annonce qu'elle préfère aller tout de suite chez son grand-père, qui vit non loin de son lieu de travail. À ce moment, elle néglige le fait qu'elle devra retourner chez Hannah dans la matinée pour y récupérer ses vêtements de travail. Hannah rentre donc seule, alors que Mary et Abraham, restés seuls, continuent en direction de la maison du grand-père.

Ce que l'on sait, c'est que vers trois heures et quart du matin, un ouvrier vit Thornton sortir de la maison d'un ami avec une femme. Les deux hommes se saluèrent, mais la femme en question – selon toute vraisemblance il s'agissait de Mary Ashford –tint son chapeau devant son visage, comme pour ne pas être reconnue.

De toute évidence, Mary n'était pas rentrée chez son grand-père mais était restée au moins trois heures avec Abraham. D'ailleurs, elle se ravisa car peu avant quatre heures du matin, elle passa chez madame Butler et réveilla discrètement Hannah. Tout en se changeant, elle répondit de bonne grâce aux questions de son amie, curieuse. Selon cette dernière, Mary lui semblait calme et de bonne humeur, elle lui dit qu'elle avait passé du temps avec Thornton qui était au-dehors.

Peu après quatre heures, un fêtard qui revenait lui aussi du pub-auberge, vit encore Mary, marchant seule dans le village. Il fut le dernier…

Découverte macabre

Le 27 mai 1817, vers six heures et demie, donc guère plus de deux heures plus tard, un ouvrier du nom de George Jackson, qui travaille dans le Pype Hayes Park, l'un des grands espaces verts de Birmingham qui jouxte Erdington, remarque une flaque de sang dans l'herbe. Puis il distingue deux séries d'empreintes de pas, qu'il suit et qui le mènent vers une fosse remplie d'eau. Devant ce bassin, un paquet de vêtements, un chapeau et des chaussures, dont l'une est ensanglantée.

Jackson alerte des habitants. On draine la fosse à l'aide de râteaux. Le corps de Mary Ashford apparaît rapidement, meurtri, avec des ecchymoses sur les bras. La jeune femme a vraisemblablement été violée avant d'être noyée.

Deux ouvriers trouvent une autre série d'empreintes, qui montrent qu'un homme est reparti seul…

Comme Mary est connue de la plupart des gens qui retrouvent son corps, et que certains l'ont vue la veille au soir au pub-auberge, on trouve assez vite l'identité de la personne avec laquelle elle est partie. Un propriétaire terrien, Daniel Clarke, croise Thornton sur la route de Castle Bromwich et lui apprend la mort de Mary. Le jeune homme est abasourdi et accepte de le suivre au pub-auberge.

Arrive de Birmingham un adjoint de police, Thomas Dales, qui interroge le premier Thornton. Hélas, il commet l'erreur de ne pas prendre de notes et va s'avérer incapable de se rappeler ce que le suspect lui a dit.

Malgré cela, les autorités de police désignent Abraham Thornton comme le principal suspect. Dès huit heures du matin, l'homme est en état d'arrestation. Lors de son interpellation, il aurait dit aux policiers : « Je n'arrive pas à croire qu'elle ait été assassinée ! Comment est-ce possible ? Je suis restée avec elle jusqu'à quatre heures du matin. »

Durant son interrogatoire avec William Bedford, le magistrat local, Thornton reconnaît avoir eu des relations sexuelles avec Mary cette nuit-là, dans les champs. Ensuite, ils ont bavardé et regardé le ciel un moment, puis il a accompagné Mary jusqu'à la maison d'Hannah. Il était autour de quatre heures du matin ; c'est la dernière fois qu'il a vu Mary vivante.

En effet, Thornton explique qu'il a attendu un moment devant la maison de madame Butler, qu'il n'a pas voulu patienter et qu'il est parti. Il soutient catégoriquement qu'il n'a pas tué Mary. Quel aurait été son motif, d'ailleurs ?

La fouille qui est ordonnée révèle cependant que Thornton porte des sous-vêtements tachés de sang. On examine de près ses chaussures et on les compare avec les empreintes de pas trouvées près de la fosse. Au procès, il est dit qu'elles correspondent.

Un examen *post-mortem* du corps de Mary va également montrer que la jeune femme est morte noyée, et qu'avant l'acte sexuel qui a causé un saignement, Mary Ashford était vierge.

Verdict

Le procès d'Abraham Thornton s'ouvre le 8 août 1817. L'opinion publique est convaincue de sa culpabilité. Néanmoins, trois témoins viennent innocenter Abraham en indiquant l'avoir vu ailleurs au moment des faits. Cela, conjugué à l'absence de preuves concrètes, conduit le jury à rendre un verdict de non-culpabilité.

William Ashford, le frère de Mary, refuse de reconnaître la décision du jury et interjette appel d'un second procès. Thornton est donc arrêté une seconde fois.

Mais, dans un épisode qui fera date dans l'histoire judiciaire britannique, Thornton revendique le droit à un duel judiciaire, une vieille coutume médiévale désuète, mais jamais abrogée par le Parlement. Ce n'est rien moins qu'un combat à mort pour prouver son innocence ! Pour en rajouter, Thornton suit le protocole en lançant un gant de cuir à la tête du frère de Mary afin de lancer le défi…

Ulcéré, William Ashford fait valoir que les éléments de preuve contre Thornton sont quand même forts, donc que le duel n'est pas admissible. Mais la cour, présidée par lord Ellenborough, décide au contraire que les preuves en question sont loin d'être indiscutables et, par conséquent, que le duel judiciaire est une option permise à l'accusé pour défendre son verdict de non-culpabilité.

Thornton entend bénéficier de cette faculté, mais Ashford, la mort dans l'âme, décline l'offre de duel, ce qui déclenche la libération de Thornton.

Le public, frustré, n'est pas dupe et continue de croire qu'Abraham Thornton est bien le meurtrier de Mary Ashford. Harcelé de toutes parts, ostracisé dans toute la région, l'accusé déclaré innocent décide finalement de prendre un billet pour les États-Unis.

Après avoir été évincé d'un premier bateau par les passagers, Thornton s'embarque le 30 septembre 1818 pour New York depuis le port de Liverpool. Sur le sol américain, il travaille longtemps comme maçon et fonde une famille. Il meurt en 1860 à Baltimore.

William Ashford, de son côté, exerce le métier de poissonnier à Birmingham et il s'éteint paisiblement dans son lit en janvier 1867, à l'âge de soixante-dix ans.

À la suite de cette affaire, les appels comme celui formulé par Ashford seront abolis par une loi en 1819 et, avec eux, le droit au duel judiciaire.

Mary Ashford repose au cimetière de Sutton Coldfield, et l'on a pu longtemps lire sur sa pierre tombale, avant que le temps ne l'efface, l'inscription suivante : « Comme un avertissement à la vertu féminine et un humble monument à la chasteté féminine, cette pierre marque la tombe de Mary Ashford qui, en sa vingtième année, s'étant rendue imprudemment à un lieu d'amusement sans prendre de précautions, a été brutalement assassinée le 27 mai 1817. »

À la fin du XIXe siècle, Walter Thornbury, un auteur qui écrivit sur cette affaire, conclut ainsi : « Quant aux causes de la mort de Mary Ashford, seul le jour du jugement dernier peut maintenant les révéler. »

Le meurtre non élucidé de Mary Ashford a profondément meurtri la cité d'Erdington. Malgré son côté abject, il aurait pu tomber lentement dans l'oubli. Mais ce qu'ignoraient les habitants de 1817, c'est que la blessure se rouvrirait cent cinquante-sept ans plus tard, dans des circonstances dramatiques étrangement semblables.

Barbara Forrest

Le 4 juin 1974, le corps d'une autre native d'Erdington, du nom de Barbara Forrest, est retrouvé dans un fossé dans le Pype Hayes Park, à cinq cent mètres à peine de chez elle. La jeune femme, qui présente des traces de viol et d'étranglement, travaillait comme infirmière tout près de là, au Pype Hayes Children's Home.

Agée de vingt ans, membre active de l'église luthérienne St Mark, Barbara a elle aussi disparu le lundi de Pentecôte, le 27 mai. La veille, elle est allée danser jusqu'à une heure du matin dans plusieurs bars du voisinage, avec son petit ami Simon Belcher, vingt et un ans, le fils du pasteur de St. Mark. Le jeune homme affirme l'avoir raccompagnée jusqu'à l'arrêt du bus 67, puis avoir pris un autre bus dans une autre direction. C'est la dernière fois qu'on l'a vue vivante.

C'est une véritable chasse à l'homme que lance la police pour retrouver le ou les coupables. Plus d'une centaine de détectives sont impliqués, sous la conduite du superintendant Mick Lenehan. Ils interrogent des passagers d'autobus, mais personne ne se souvient de l'avoir vue dans le bus 67. En fait, son petit ami l'a laissée à l'arrêt de bus, mais il ne l'a pas vue grimper dans le bus…

Les inspecteurs interrogent le voisinage maison par maison, font coller des centaines d'affiches et mettent sur pied une reconstitution. En vain. Pas le moindre résultat.

Suspicion

Au cours de cette enquête de grande ampleur, la police finit par s'intéresser de près, en septembre 1974, à un collègue de Barbara, originaire de Lytham St Annes, qui vit sur Chester Road, donc non loin de la scène de crime. Lorsqu'elle découvre des taches de sang sur son pantalon et que sa mère donne un faux alibi, elle interpelle l'homme qu'elle soupçonne de meurtre.

Le plus stupéfiant, c'est que le collègue en question, âgé de trente-huit ans, s'appelle Michael Ian… Thornton. Lui aussi, comme le Thornton de l'affaire Mary Ashford cent cinquante-sept ans plus tôt, va être acquitté, faute de preuves.

Au septième jour du procès, le juge ordonne aux membres du jury de rendre un verdict de non-culpabilité après avoir entendu qu'il n'y avait aucune preuve d'un lien entre Thornton et le crime.

La ressemblance ne s'arrête pas là car, comme le frère de la pauvre Mary, Erika, la sœur de Barbara Forrest, refuse à son tour d'accepter le verdict. Pas immédiatement, puisque ce n'est qu'en 2012, soit trente-huit ans après les faits, qu'elle demande que le dossier soit rouvert, que des tests ADN soient menés afin de traduire le meurtrier en justice.

Erika, soixante-trois ans, et ses parents, Margarete, quatre-vingt-huit ans, et Gordon, quatre-vingt-onze ans, de Corby dans le Nord, affirment vouloir des réponses pour comprendre pourquoi les indices recueillis sur les lieux n'ont pas été réexaminés avec les techniques récentes de la génétique, comme on le fait souvent pour des *cold cases*. Et si les échantillons ont été égarés, elle estime que la police devrait leur dire.

L'ancien chef des forces de police des West Midlands, John Plimmer, partage la surprise de la famille Forrest qu'aucun examen de l'affaire n'ait eu lieu depuis le drame, surtout à la lumière des progrès réalisés dans les tests ADN. En 2012, il déclare : « Comme avec n'importe quel cas grave, vous obtenez un peu d'ADN et je pense qu'il aurait donné quelque chose. Je suppose que les échantillons qu'ils avaient ont été perdus ou corrompus. S'ils avaient eu les échantillons, ils auraient fait un examen comme pour un *cold case.* »

De son côté, la porte-parole de la police des West Midlands souligne que l'affaire n'est pas close : « Toutes les affaires non résolues font l'objet d'un examen et cette affaire ne fait pas exception. Si d'autres renseignements sont mis au jour ou si d'autres possibilités de preuve sont identifiées, ces questions seront bien étudiées. »

Presque neuf ans plus tard, en 2021, rien de nouveau n'a émergé concernant l'assassinat de Barbara Forrest…

Des similarités dérangeantes

Mary Ashford et Barbara Forrest ne sont que deux des innombrables jeunes femmes assassinées au cours des siècles. Mais dans leur cas, c'est moins la non-résolution des deux meurtres qui a attiré l'attention que les incroyables ressemblances entre les deux affaires.

Qui a eu l'idée d'aller fouiner dans les archives ? Il est difficile de le dire, mais certains chroniqueurs plus aiguisés que d'autres ont comparé les deux affaires et, à leur grande surprise, ils ont trouvé un grand nombre de points communs, pour le moins déstabilisants. Jugez-en plutôt.

Mary Ashford et Barbara Forrest avaient chacune vingt ans au moment des faits. Il est souvent dit qu'elles étaient nées le même jour de l'année, à cent cinquante-sept ans d'écart, mais cette donnée me semble avoir été ajoutée ultérieurement pour renforcer l'étrangeté des ressemblances.

Les deux jeunes femmes étaient célibataires, elles aimaient sortir et danser, ce qu'elles ont fait quelques heures avant leur mort.

Peu avant leur mort, Mary et Barbara ont toutes les deux déclaré à des proches qu'elles avaient le sentiment que quelque chose de grave allait arriver. Mary Ashford avait confié à la mère de son amie Hannah, qu'elle avait « de mauvais sentiments pour la semaine à venir », celle de son assassinat. De son côté, Barbara Forrest avait déclaré à un collègue : « Ce sera mon mois malchanceux. Je le sais juste. Ne me demandez pas pourquoi. »

Toutes deux ont été raccompagnées après la soirée par un ami qu'elles ont quitté ensuite.

Les deux jeunes femmes étaient encore vivantes dans les premières heures du jour où elles sont mortes.

Mary Ashford et Barbara Forrest ont subi les mêmes sévices : elles ont été toutes les deux violées avant d'être assassinées, avec le même mode d'exécution, l'étranglement suivi de la noyade.

Elles ont été laissées pour mortes au petit matin le même jour, un 27 mai, au lendemain du lundi de Pentecôte,

Elles ont été retrouvées dans le même espace, le parc Hayes Park, à quelques centaines de mètres l'une de l'autre, cependant.

Dans chaque affaire, le principal suspect était un homme dont le nom de famille était Thornton.

Chaque suspect a été déclaré non coupable du fait de l'absence de preuves substantielles.

Dans les deux cas, un proche de la victime, frère ou sœur, a contesté la décision du tribunal et demandé une enquête plus approfondie.

Les deux affaires, dans lesquelles personne n'a jamais été inculpé ni condamné, sont devenues des *cold cases*.

Si le meurtrier qui a pris la jeune vie de Mary Ashford en 1817 a clairement emporté son secret dans sa tombe, est-il envisageable que l'assassin de Barbara Forrest en 1974 soit encore en vie ? S'il était encore vivant et n'avait pas encore échappé définitivement à la justice, quel âge aurait-il ?

Les deux meurtres ne sont toujours pas élucidés à ce jour. Certains considèrent les parallèles entre les deux affaires comme une simple série de coïncidences, d'autres y voient le signe de quelque chose de plus sinistre. Du côté d'Erdington, on continue de chercher des réponses…

Les fantômes d'Erdington

Et si, au-delà d'invraisemblables coïncidences, il y avait autre chose qui échappe à l'entendement ? Et si depuis le départ, en cherchant un coupable humain, on faisait fausse route ?

Car, sur le parc où ont été retrouvées les deux malheureuses victimes, circulent d'étranges rumeurs faisant état de phénomènes que l'on pourrait qualifier de paranormaux. Au centre de l'espace vert, une bâtisse, Pype Hayes Hall, est considérée comme l'une des maisons les plus hantées de Birmingham. D'étranges rumeurs circulent sur cet endroit, certaines anciennes, qui ont été rassemblées par l'historien local Patrick Hayes dans son livre *Ghost Stories of Erdington*.

Durant une partie du XXe siècle, de 1949 environ aux années 1970, Pype Hayes Hall a été une maison d'enfants avant d'être reconverti en bureaux pour des travailleurs sociaux. Les enfants ont souvent raconté au personnel de l'établissement des histoires curieuses, comme celle de cet « homme dans une cape noire » qui, selon eux, les poursuivaient régulièrement. Les gamins qui tombaient malades et devaient rester alités ont souvent parlé d'une « dame grise » qui souriait en les regardant. À plusieurs reprises, ils ont aussi remercié les employés pour s'être assis sur leur lit et leur avoir caressé les cheveux… alors qu'aucun membre du personnel ne leur avait rendu visite.

Pour le Conseil qui a géré la maison entre 1920 et 2014, il y a effectivement des histoires de fantômes attachées au lieu. L'ancienne galerie des ménestrels jacobins serait l'endroit de la maison où l'on ressentirait principalement un fort malaise. Un sentiment désagréable que presque tous les employés ont ressenti à un moment en se promenant dans le parc.

Présences invisibles

Il est ainsi question du fantôme de lady Bagot, qui hanterait la maison, construite en 1630 par son beau-père, sir Hervey Bagot, premier baronnet et député anglais du Staffordshire. Selon la légende locale, lady Bagot serait tombée amoureuse d'un majordome et aurait eu une liaison clandestine avec lui. Lorsque celle-ci a été découverte, plutôt que d'être séparé, le couple aurait conclu un pacte de suicide mutuel dans les écuries. Lady Bagot aurait été retrouvé le cœur percé d'une dague courte mais tranchante, non loin du corps du majordome, pendu au plafond de l'écurie. D'autres affirment cependant que lady Bagot serait morte dans un accident d'équitation.

Une autre référence historique, elle aussi tragique, pourrait apporter un début d'explication aux phénomènes effrayants constatés autour de la maison. En effet, au XIVe siècle, toute cette région d'Angleterre a été balayée par une terrible épidémie de peste. Et l'on raconte que dans les terres sur lesquelles a été bâti l'hôtel particulier reposeraient de nombreuses victimes de la mort noire.

La femme en jaune

Plus récemment, des témoignages ont rapporté l'apparition d'une femme vêtue d'une robe jaune à l'ancienne, soit en train d'errer dans le parc, soit à l'intérieur de Pype Hayes Hall, comme l'a vue un soir une employée d'astreinte de nuit. Au début d'une soirée d'hiver, cette dernière, qui se trouvait juste devant la façade de la bâtisse, a clairement distingué une silhouette de femme portant une robe jaune désuète qui la regardait depuis la fenêtre d'un bureau au premier étage. Normalement, à ce moment-là, il n'y avait personne à l'étage. La femme à la robe jaune lui a fait face un bref instant avant de disparaître. La préposée de nuit s'est précipitée dans le bureau en question, mais la pièce était fermée à clé. Lorsqu'elle a pu l'ouvrir, le bureau était vide. Par la suite, l'employée, choquée, a renoncé à travailler à Pype Hayes Hall.

Tout comme un agent de sécurité qui, après avoir effectué une garde de nuit alors que l'hôtel était converti en bureaux pour les travailleurs sociaux, a juré de ne plus jamais y remettre les pieds. Le matin, en rassemblant ses affaires, sans donner plus de détails, il a juste dit à son supérieur : « Peu importe ce qui se passe, je n'y retournerai pas. »

Si l'on ajoute toutes sortes de petites manifestations inexpliquées, comme des livres expulsés des étagères de la bibliothèque, des assiettes et de la vaisselle retrouvées fracassées sur le sol de la cuisine, un tapis qui s'est soulevé tout seul, des fenêtres qui s'ouvrent ou se referment sans explication ; ou encore le bruit étrange d'un trousseau de clés qu'on jette à travers une pièce, on comprend que l'endroit ne laisse pas indifférent.

Un lien paranormal avec les meurtres ?

Plus étonnants… et inquiétants, deux témoignages relient ces manifestations très insolites aux deux meurtres qui ont endeuillé la communauté d'Erdington.

En 1974, la nuit où Barbara Forrest fut assassinée, une employée de la maison d'enfants qui était de service, a déclaré avoir été effrayée par une tempête soudaine. Un coup de vent brusque a fait trembler les fenêtres de l'établissement et des rafales ont soufflé furieusement dans les conduits de cheminée. Elle dit avoir eu si peur qu'elle a déserté son poste et a cherché du réconfort auprès de ses collègues. Selon elle, cette « tempête » a eu lieu à peu près au moment de la mort de Barbara.

Pourtant, selon les rapports météorologiques de l'Observatoire d'Edgbaston, dans la banlieue de Birmingham, aucune tourmente n'a été signalée cette nuit-là à Erdington.

Plus tard, en 1988, un groupe de théâtre local a produit une pièce évoquant les deux meurtres. Une employée sociale qui travaillait dans le hall à l'époque se souvient d'avoir entendu des pas monter un escalier et en descendre un autre, et des portes claquer comme si elles étaient poussées par une personne en colère. Ce témoin dit aussi avoir vu des cendriers tourbillonner à travers une pièce.

Se pourrait-il alors que le ou les coupables des crimes ne soient pas à rechercher du côté des humains mais plutôt de celui de forces occultes qui hanteraient le parc ? Rien n'est vraiment sûr. Il n'en reste pas moins que ces deux affaires, irrésolues à ce jour, étranges par leur ressemblance, baignent dans un environnement plutôt sinistre.

Sources

Naomi Clifford, *The Murder of Mary Ashford: The crime that changed english legal history*, Pen & Sword History, 1988.

Fionnula Bourke, « 14 spooky sightings that show Pype Hayes Hall is haunted », 11 décembre 2015.

Patrick Hayes, *Ghost Stories of Erdington*, Brewin Books, 2015.

Stéphanie Halmazan, « The Eerie Coincidences of the Erdington Murders », *The Huffington Post*, 30 novembre 2015.

« Chilling similarities of the murders of two young women 157 years apart », *Birmingham Mail*, 24 octobre 2012.

Table des matières

Composition :
L'atelier des glyphes

Achevé d'imprimer en mai 2021
sur les presses de la Source dOr
63200 Riom
Dépôt légal : mai 2021
Numéro d'impression : 105190

Imprimé en France